숨겨진 빈곤

여성의 빈곤은 어디로부터 오는가?

이 도서의 국립중앙도서관 출판시 도서목록(CIP)은 e–CIP 홈페이지(http://www.nl.go.kr/cip.php)에서 이용하실 수 있습니다.(CIP제어번호 : CIP2010004410)

푸른사상 여성학 총서

여성의 빈곤은 어디로부터 오는가?

숨겨진 빈곤

정재원

푸른사상
PRUNSASANG

여성 빈곤에 대한 통념에
의문을 던지며

　우리 사회에서 빈곤의 문제를 새로운 관점에서 접근하기 시작한 것은 최근의 일이다. 1997년 IMF 경제위기 이후 빈부의 양극화 문제는 사회적 이슈가 되고 있다. 외환위기 이후 빈곤문제는 노동시장구조의 급속한 변화 속에서 발생하고 있다는 점에서 과거의 빈곤과는 구분되는 사회문제로 인식되고 있다. 빈부격차는 확대되고 있으며 열심히 일을 하여도 가난에서 벗어나지 못하는 근로 빈곤층이 확산되고 있다는 점에서 과거의 빈곤과는 다른 이해와 접근이 요구된다.

　이 과정에서 여성 가구주는 빈곤이슈의 주 대상으로 떠오르고 있다. 여성 가구주는 빈곤에 가장 취약한 대상이라는 점에서 빈곤연구에서 새롭게 주목을 받고 있다. 하지만 지금까지 나온 대부분의 연구들은 여성 빈곤에 대한 통념들을 암묵적으로 전제하고 있으며 이로 인해 여성 가구주에 대한 부정적인 통념이 재생산되고 있다는 점에 주의를 기울여야 한다. 가족해체로 인한 결손가정이라는 낙인화 시각 그리고 청소년 비행과 범죄 등의 문제를 발생시킬 위험이 있다는 병리화 시각, 복지의 시혜 대상으로 접근하는 대상화 시각은 여성 가구주 빈곤연구에 만연해 있다.

이 책은 여성 가구주 빈곤 문제와 관련하여 다음의 일반적인 통념에 의문을 던지는 것으로 시작되었다.

- 여성 가구주의 빈곤은 가족해체 때문인가?
- 여성들의 빈곤화 과정은 동일한가?
- 여성 가구주에게 일자리만 제공된다면 빈곤으로부터 벗어날 수 있는가?

필자가 이러한 의문을 갖게 된 것은 자활후견기관에서 두 달간 수급자들과 함께 일을 해본 경험에서 출발하였다. 보건복지부 지원 프로젝트 사업의 일환으로 참여관찰 방법으로 연구를 진행하였다. 필자는 세탁 및 도시락 지원 사업에 참여하여 수급자들과 함께 미용실에서 수거해 온 세탁물을 빨고, 정리하거나 지역의 독거노인 지원을 위한 도시락을 만들면서 가까이에서 이들의 삶을 볼 수 있었다. 가난한 여성들의 삶에 다가가면 다가갈수록 연구자의 통념과 현실이 얼마나 다른지 알 수 있었다.

이러한 경험은 여성의 빈곤은 어디로부터 오는가라는 궁금증으로 이어졌다. 빈곤을 결과가 아닌 과정으로 접근할 필요가 있었다. 생애사 접근법으로 빈곤과정을 연구하면서 여성 빈곤을 둘러싼 많은 이야기들이 숨겨져 왔음을 알게 되었다. 노동시장과 복지체계를 중심으로 한 접근으로는 여성들이 경험하는 빈곤의 다른 측면을 설명하기 어렵다. 과연 여성 가구주들은 생계 부양자였던 남성을 상실함으로써 빈곤을 경험하게 되는가? 즉, 가족만 유지된다면 여성은 빈곤하지 않을 것인가? 여성들은 사별이나 이혼을 통해서 남성 생계 부양자가 가져왔던 사회적 혜택과 경제적 자원을 잃게 되면서 빈곤을 경험하기도 하지만 남성 생계 부양자 규범에 의해서 빈곤에 이르게 되기도 한다. 특히 어린 시절부터 가난했고 지금도 가난한 여성들의 대부분은 '가장'이 없어서 가난한 것이 아니다. 남성은 생계를 책임지고 여성은 보살핌을 책임지는 성별분업 규범은 중산층 중심의 가족규범일 뿐이다. 저소득층의 여성들은 가족을 보살피기 위해서 생계를 책임져야 했고 '정상적인 가족'을 유지하기 위해서 남편의 폭력을 견디고 있었다. 남성 생계 부양자 규범 때문에 여성들은 빈곤에 취약하게 되고 이들의 이야기는 가시화되지 않았다.

성 역할 규범과 모성 규범, 정상가족 규범 등 가족을 중심으로 작동되는 규범들은 빈곤의 여성화라는 결과를 초래하는 실질적인 차별기제이다. 여성이 가난하게 되는 것은 생애과정에서 작동되는 차별의 누적 결과라 할 수 있다. 가족해체라고 하는 사건은 이러한 누적된 차별의 결과가 가시화되는 계기일 뿐이다. 따라서 여성들이 경험하는 가난은 단지 소득결핍이라는 물적 차원의 문제로만 설명될 수가 없다. 성 차별적인 노동시장 구조와 가부장적인 가족 규범은 다차원적인 배제와 차별로 연결되어 있다. 이러한 악순환의 고리를 끊기 위해서는 경제적 지원을 넘어선 통합적인 접근이 되어야 한다. 가난한 자에게 일자리만 제공된다면 빈곤으로부터 벗어날 것이라는 가정은 우리 사회에서 강력한 빈곤신화로 작동되고 있다. 하지만 여성에게 빈곤은 물적 결핍의 결과만이 아니라 가부장제 사회에서 여성이 어떠한 방식으로 남성과 관계 맺어 왔는가를 보여주는 결과이다. 여성들 마음 속 깊은 곳에서 충돌하고 있는 다양한 갈등에 귀 기울이지 않는다면 탈빈곤 전략은 성공하기 어려워 보인다.

이 책은 지금까지 여성 가구주 빈곤 논의에서 전제되었던 가정과 지식에 대한 의문에서 시작하였다. 여성 가구주의 빈곤이 가족해체 때문이라는 인식은 한부모 가정에 대한 부정적 인식을 강화하고 있으며 여성들의 빈곤경험을 왜곡시키고 있다. 가족만 유지된다면 여성은 빈곤하지 않을 것이라는 기존 시각을 문제화하고 관점 전환의 필요성을 제안하고 있다. 또한 방법론적 차원에서 과정으로서의 빈곤에 주목하여 여성 가구주의 생애사를 분석함으로서 소득 중심의 전통적인 빈곤접근으로는 설명되지 않았던 여성 가구주 빈곤에 대한 다각적인 접근을 모색하고 있다.

이 책이 완성되기까지 많은 분들의 도움을 받았다. 우선 오랫동안 격려와 따뜻한 지도를 아낌없이 해주신 나의 스승 조순경 교수님께 진심으로 감사드린다. 또한 세심한 코멘트와 정서적 지지를 해주셨던 김인숙 교수님과 송다영 교수님께 감사드린다. 그리고 이 연구에 참여하여 자신의 인생 이야기를 진솔하게 나누어주신 여성들께 깊은 감사를 드린다. 이 분들에게 너무나 많은 빚을 지고 있다.

끝으로, 이 책의 출판을 승낙해 주시고 바쁜 일정에도 꼼꼼하게 편집 작업을 해주신 푸른사상 출판부 여러분께 감사드린다. 그리고 연구가 진행되는 동안 끊임없는 지지와 사랑을 보내준 남편과 아이들에게도 고맙다는 말을 전하고 싶다.

2010년 11월

정 재 원 두손 모음

제2부 가족경험과 빈곤화 과정

제3부 배제의 누적과 빈곤의 재생산

제4부 여성 빈곤에 대한 통념을 넘어서기

제1부_
숨겨진 빈곤과 빈곤의 역동성

1장
여성 가구주의 빈곤은
'가족해체' 때문인가?

빈곤은 이제 전 세계적인 이슈가 되고 있다. 지구화와 경쟁의 심화, 노동시장의 불안정 증가 등으로 인한 불평등이 빈부의 양극화 현상으로 나타나면서 빈곤에 대한 새로운 이해와 접근을 요구하고 있다. 북미와 유럽을 중심으로 80년대 이후부터 진행되었던 '신빈곤'(new poverty) 논쟁은 바로 이러한 새로운 흐름을 반영하고 있다. 신빈곤 논쟁을 일으켰던 출발점은 경제성장에도 불구하고 왜 갈수록 많은 사람들이 경제적 불안정을 경험하고 있는지, 그 현상을 어떻게 이해해야 할 것인가라는 물음이다. 불안정 고용이 증가하고 여성 가구주 가구의 급증 그리고 사회적 보호의 한계로부터 나오는 빈곤의 새로운 유형에 직면하면서 북미를 중심으로 하층계급(underclass)이라는 새로운 개념에 주목하여 자격 있는 빈자(deserving poor)와 자격 없는 빈자(undeserving poor)라는 구분을 하기 시작하였고, 서유럽을 중심으로는 사회적 배제

(social exclusion) 개념을 통해서 사회적 주변화와 사회적 참여, 시민권의 의미를 제기하기 시작하였다. 이처럼 빈곤은 개인적인 문제가 아닌 사회적인 문제로서 그리고 불평등의 문제로서 인식하기에 이르렀다.

한국사회에서도 빈곤은 주요한 사회문제로 쟁점화되고 있다. 1997년 IMF 경제위기 이후 빈곤의 양극화 문제는 사회적 이슈가 되고 있다. 비정규직 양산으로 표현되는 노동시장 구조의 급속한 변화는 소득분배 구조를 더욱 악화시킴으로써 과거의 빈곤과는 다른 사회문제로 빈곤을 인식하게 되었다. 외환위기 이후의 빈곤문제는 기존의 빈곤문제와 전혀 다른 성격을 갖고있다는 점에서 '신빈곤'으로 통칭되고 있다(노대명, 2002). 빈부격차 확대, 부익부 빈익빈 현상 심화와 함께 열심히 일을 하여도 빈곤 상황에서 벗어나지 못하는 근로 빈곤층(working poor)이 확산되고 있다는 점에서 과거의 빈곤과 구분된다.

이러한 과정에서 여성 특히 여성 가구주의 빈곤문제에 대한 문제의식이 확산되고 있다. 여성은 '노동위기'의 사회에서 '빈곤위기'를 가장 먼저 경험하는 집단이기 때문이다. 여성 직종을 중심으로 비정규직이 확산되면서 여성은 근로 빈곤층의 주요 집단이 되고 있다. 특히 여성 가구주는 빈곤에 가장 취약한 대상이라는 점에서 빈곤 연구에서 자주 언급되고 있다. 우리 사회에서 여성 가구주 가구가 차지하는 비율은 1990년에 15.7%에서 2000년에는 18.5%, 2010년에는 22.2%로 지속적인 증가세를 보이고 있다. 문제는 여성 가구주 가구의 비율 증가가 빈곤층 내 여성 가구주 가구의 비율 증가로 이어지고 있다는 점이다.

여성 가구주 빈곤문제에 대한 사회적 관심의 기저 한편에는 여성 가구주의 빈곤이 남성 가구주의 빈곤과는 달리 가족구조의 변화로 시작된다는 시각이다. 사고 및 질병 등에 의한 40대 남성 가장의 사망률 중

가와 이혼율 증가에 의한 '가족해체'[1]는 여성 가구주 증가의 원인이자 동시에 빈곤의 원인으로 인식된다. 여성 가구주가 겪는 문제는 '가족해체'의 부정적 효과로 인식되기 때문에 여성 가구주의 증가는 그 자체로 사회문제가 된다. 따라서 이러한 시각에서는 여성 가구주의 발생을 예방하는 것이 여성 가구주 빈곤에 대한 장기적인 정책대안이 될 수 있다. 즉, 이혼을 예방하기 위한 가족의 중요성을 인식하게 하고, 가족의 경제력을 강화하고, 청소년 대상 성교육을 실시하고, 중년 남성의 건강증진과 안전의식 제고는 여성 가구주 발생 예방을 위한 정책으로 제시되고 있다. '가족해체' 예방이 빈곤의 여성화 현상에 대한 장기적인 대안이라면 결혼은 단기적인 빈곤탈출 대안으로 제시되고 있다.

여성 가구주 탈빈곤 정책은 바로 그 문제를 어떻게 정의하는가와 연결된다는 점에서 여성 가구주의 빈곤 원인을 가족구조 자체의 결함으로 설명하는 접근은 특정 형태의 가족을 강화하는 가족 환원론적 해결책을 제시하게 된다. 여성 가구주 빈곤에 대한 연구가 이러한 결론을 제시하는 것은 여성 가구주의 빈곤 문제를 해결하기보다는 오히려 낙인화 시킴으로써 탈빈곤을 더욱 어렵게 만들고 있다. 여성 가구주의 문제는 정상적인 가족기능이 해체되어 발생되는 것으로서 가족기능의 해체는 그 자체가 사회문제이기도 하고 비행·범죄 등 또 다른 탈선적 문제를 창출하는 사회문제로 인식되기 때문이다. 따라서 여성 가구주 가

---

1 '가족해체'는 성별 노동 분업을 전제한 이성애 핵가족을 보편적인 가족형태로 전제하고, 이 유형에서 벗어난 다양한 가족형태, 특히 이혼으로 인한 여성 가구주 증가는 가족이 해체된 가족위기 현상으로 인식하고 있다는 점에서 부정적 의미를 담고 있다. 필자는 여성 가구주 가구의 증가를 가족해체 개념을 적용하여 설명하는 방식에 대해서 비판적 입장을 갖기 때문에 맥락에 따라서 이 개념을 사용해야 할 경우에는 '가족해체'라는 표현을 사용하고자 한다.

구는 교정이 필요한 문제가구가 되는 것이다. 여성 가구주의 빈곤은 '가족해체'를 통해서 생계 부양자였던 남성(남편)을 잃음으로써 발생되는 사회적인 문제이기 때문에 여성 가구주의 빈곤은 여성의 이슈가 아닌 빈곤가족의 '가장'의 문제로 승인된다.[2] 이러한 논의는 가족을 정상과 결손 또는 비정상으로 이분화해온 '정상가족 이데올로기'를 해체하기보다는 유지(이재경, 2004: 231)시킴으로써 여성 가구주에 대한 낙인을 재생산한다.[3]

한편 여성주의 관점의 연구들은 여성 가구주 빈곤의 문제를 가족 기능의 문제가 아닌 성 차별 구조와의 연관 속에서 논의를 전개하면서 새로운 관점을 제시하고 있다(김영란, 1997; 정미숙, 2001; 이숙진, 2002; 황미영, 2002; 송다영, 2003). 즉, 여성 가구주 빈곤의 문제를 교정이 필요한 결손가족의 문제 혹은 복지의 우선적 시혜대상으로서의 빈민가족의 문제로 접근하는 것을 비판하면서 여성 가구주 빈곤의 문제를 성 차별 구조에 기인한 젠더의 문제로 인식하게 하는 데 커다란 기여를 해왔다.

하지만 여성주의 관점에서 분석하고 있는 성 차별 구조는 주로 성 차별적인 노동시장 구조를 밝히는 것에 집중되어 왔다. 여성 직종을 중

---

2 여성 가구주의 빈곤을 연구할 때 이러한 문제에 더욱 주의를 기울일 필요가 있다. 여성 가구주는 빈곤층에 집중되어 있는 대표적인 집단으로 인식되어 여성 가구주의 문제를 빈곤가족의 문제로 등치시키는 위험성이 높기 때문이다. 지금까지 여성 가구주의 빈곤은 그들 가족의 '비정상성'으로부터 나오는 것 혹은 개인에게 일차적인 책임을 부과함에 따라서 그들의 빈곤문제는 여성의 문제가 아닌 가난한 가족의 문제로 이해되어 왔다. 여성 가구주의 빈곤에 관한 연구가 가난한 가족의 문제로 읽히지 않기 위해서는 여성의 이슈로서 여성 가구주의 빈곤이 쟁점화되어야 한다.

3 이재경은 우리 사회에서 가족의 다양성 담론이 확산되면서 그 동안 비정상(결손 또는 문제) 가족으로 범주화되었던 가족들을 일탈로 보지 않고 '다양성의 이름으로' 수용하고자 하는 노력이 있어 왔지만 이러한 노력은 진정한 다양성의 수용이기 보다는 정상가족을 기준으로 한 변이 현상으로 보는 관점이었다고 비판하고 있다(이재경, 2004: 237~8).

심으로 확대되고 있는 비정규직화는 빈곤집단으로서 여성 가구주의 문제를 부각시키는 주요한 지표로 사용되고 있다. 노동시장에서의 주변적인 지위가 여성 가구주의 빈곤을 초래하고 고착화시킨다는 점에 대해서는 이론의 여지가 없을 것이다. 그러나 성 차별적인 구조가 개인의 삶 속에서 어떻게 작동되는지, 성별분업의 원리가 어떻게 여성들을 빈곤에 취약하게 하는지와 관련된 역동적인 분석이 결여됨으로써 빈곤을 초래하는 차별기제에 대한 논의는 상대적으로 미흡하였다. 노동시장과 복지체계에서의 주변성에 초점을 맞춘 결과 빈곤과 젠더와의 상호연결성에 대한 논의가 충분히 이루어지지 못했다. 주변성의 맥락이 빠진 주변성의 결과만을 강조하게 되면서 여성 가구주는 성 차별구조의 피해자로 부각된 것 또한 사실이다. 국가의 적극적 개입의 요구와 사회적 지원의 필요성을 설득하기 위한 노력의 일환이었음에도 불구하고 이러한 접근은 여성 가구주 빈곤을 차별의 문제가 아닌 복지지원의 문제로 인식하게 한다.

이와 함께 여성 가구주의 빈곤을 성 차별구조의 문제로 인식하고 분석하지만 여성들을 경제적으로 동일한 이해관계를 갖는 집단으로 보편화(universalization)시킴으로써 여성들 사이의 다른 목소리에 주목하지 못했다. 즉, 남성 생계 부양자 모델을 기본으로 하는 사회구조에서 여성의 결혼관계 해체는 남편이 가져왔던 사회적 혜택과 경제적 자원을 잃게 됨으로써 빈곤이 발생된다는 설명은 여성들 내의 다른 경험을 설명하지 못한다. 남성이 생계 부양자로서의 역할을 하기 어려운 저소득층에서의 빈곤경험은 남성 생계 부양자 상실의 결과가 아닌 남성 생계 부양자 규범 때문에 여성들의 빈곤이 발생되고 비가시화 될 수 있다. 여성 가구주가 빈곤한 것은 젠더 때문만이 아니라 그들의 가족이

하위 계층일 경우 더욱 빈곤하게 살아가고 있다는 계급적 관점이 제시되고 있다(강욱모, 2004: 132). 젠더는 그 자체로 독립적이기보다는 불평등을 발생시키는 다른 분석범주들과 항상 교차한다(Crenshaw, 1994; Sokoloff and Dupont, 2005; Adair, 2005). 이러한 관점은 모든 여성이 동일한 경제적 이해관계를 갖는 것이 아니며 빈곤에 이르는 경로 역시 차이를 나타낸다는 점을 의미한다.

지금까지 여성 가구주 빈곤 논의가 남성 생계 부양자/여성 보살핌 책임자라는 중산층 중심의 가족 모델을 전제함으로써 저소득층 여성의 목소리는 침묵되어 왔다. 저소득층 가족에서 생활했던 여성들은 남성 생계 부양자를 잃음으로써 빈곤에 이르렀다기보다는 이와는 다른 빈곤경로가 있을 것이다. 이러한 다른 목소리를 드러내지 않음으로써 여성 빈곤 문제에 있어서 젠더를 강조하지만 결과적으로 가부장적 가족의 이념을 재생산하는 효과를 내고 있다. 결혼관계 해체 이후에 여성 가구주들이 겪는 소득 수준의 하락 문제는 남성 생계 부양자 상실의 결과로만 설명될 수 없다. 계급적 배경의 차이 그리고 가족구성원간의 권력 관계의 차이 등 다양한 요인의 개입에 의한 결과일 수 있다. 그동안 이러한 다양한 요인들이 밝혀지지 않음으로써 생계 부양자로서의 남성의 지위는 더욱 공고화되고 있다.

이러한 결과는 과정(process)으로서의 빈곤에 대한 관심이 부족했던 것에 기인한다. 지금까지 설명되어 왔던 빈곤을 둘러싼 경제적·사회적 변수에 대한 분석은 결과(outcome)로서의 빈곤문제를 설명하는 것이다. 빈곤선(poverty line)을 중심으로 한 소득빈곤(income poverty) 중심의 접근은 빈곤층의 총량적인 규모와 변화의 흐름을 파악함으로써 빈곤의 여성화 현상을 쉽게 파악할 수 있는 유용한 자료를 제공하고 있다.

그러나 소득중심의 전통적인 빈곤 관점에서 설명되는 지표들은 빈곤의 결과를 설명하는 것이기 때문에 이 지표를 통해서 빈곤의 원인을 해석하는 것은 심각한 오류를 범할 수 있다. 노동시장이나 복지체계에서 드러나는 성별 불평등 관련 지표들은 빈곤의 원인이 아니라 빈곤의 결과이자 구조의 효과를 설명하는 것이다. 여성 가구주의 빈곤 결과를 초래하는 다양한 사회적 맥락이 분석되지 않을 경우 여성 가구주에 대한 기존 통념은 재생산될 수밖에 없다. 여성 가구주의 빈곤을 '가족해체'의 결과로 인식하는 이유는 여성 가구주의 빈곤실태를 남성 생계 부양자가 부재한 결과로 해석했기 때문이다. 여성들은 남성 생계 부양자를 상실했을 때 경제적 지위가 하락할 것이라는 메시지가 빈곤논의를 통해서 유포되고 있다.

빈곤여성 문제를 언급할 때 가장 많이 언급되고 있는 빈곤의 여성화 개념은 빈곤층에 여성들이 집중되어 있다는 양적인 측면의 특성을 보여주는 것일 뿐 여성들이 경험하는 빈곤의 질적 특성에 대해서 아무것도 말해주지 않는다. 여성이 빈곤에 더 취약하다는 문제와 성 차별주의에 의해 여성의 빈곤화와 주변화가 강화되는 문제는 분석적 차원에서 구분되어야 한다. 여성 가구주의 빈곤이 어떻게 만들어지고 재생산되는지 빈곤을 이끄는 다양한 과정에 대한 맥락화된 사회적 분석(Jackson, 1998; Razavi, 1999; Jackson and Palmer—Jones, 1999)이 함께 이루어지지 않는 한 여성 가구주에 대한 부정적인 통념들은 해체되기 어렵다.

결과(outcome)로서의 빈곤문제에 초점을 맞추는 것은 소득배분의 성별 불평등 구조를 드러내지만 이러한 불평등한 결과를 가져오는 권력의 문제에 대해서는 설명하지 못한다. 특히 여성들은 남성들과 달리 가족 내의 지위에 의해 남성들과 동일한 방식으로 노동권과 사회권을 향유하지 못하고 있다는 점(송다영, 2005)을 고려해 볼 때 가족 내 권력 관계가 어떻게 여성들을 빈곤에 취약하게 하는지 분석되어야 한다. 지금까지 여성 가구주 빈곤연구에서 가족은 양육, 가사, 간병으로 요약되는 문제로서 노동시장 진입 시 장애 요인으로 설명되거나 가족 내 사적소득 이전이 빈곤완화에 어떠한 효과를 갖는지를 분석하는 변수로 사용된다. 혹은 병리적 관점에서 여성 가구주는 적응과 치료의 대상이 되고 있다. 가족은 보살핌의 책임이 일차적으로 부여되는 가족복지의 공간으로서 전제되기 때문에 가족 내 성 역할과 성 평등과 관련된 가족의 가치지향 문제에 대해서는 거의 관심을 기울이지 않았다(김인숙, 2004).[4]

결과로서의 빈곤은 여성 가구주들이 어떠한 기제에 의해서 빈곤에 이르게 되었는지 설명하지 못한다. 여성 가구주의 빈곤이 단지 '가족해체'의 결과가 아니라면 무엇이 여성 가구주들을 빈곤으로 옭아매는가, 어떠한 과정을 거쳐서 여성 가구주들은 경제적으로 무력화되는가, 가족은 모든 여성들에게 경제적 안전망으로 작동되는가, 가족 내 지위는 여성의 경제적 독립과 어떠한 관련을 맺는가?

이러한 질문은 방법론에 있어서 새로운 접근을 요구하는 것이다. 결과(outcome)로서의 빈곤이 아닌 과정(process)으로서의 빈곤, 자원배분의 문제만이 아닌 권력관계를 문제화하는 빈곤 관점이 요구된다. 현재

---

4 김인숙은 가족복지 지식의 주도적 패러다임을 "적응과 치료"로 분류하면서 가족복지 연구자들의 인식의 초점이 가족의 적응을 돕고 치료하는 문제에 있는 반면 가족의 보호적 기능이나 가족의 가치지향 등에 대한 문제의식은 매우 미미하였다고 평가한다. 이러한 문제는 가족 현상의 구조적 원인과 인과적 과정에 대한 이론적 사유가 부족했던 결과이며 이러한 편향된 연구경향은 한국사회의 현실적 적합성과 거리가 있다는 점에서 새로운 방향이 모색되어야 한다고 지적하고 있다(김인숙, 2004).

유럽을 중심으로 사용되고 있는 '사회적 배제(social exclusion)'는 기존의 빈곤에 대한 새로운 접근법으로서 세계적으로 많은 주목을 받고 있다. 유럽에서는 빈부격차가 확대되고 빈곤이 만성화되면서 빈곤과 불평등에 관한 새로운 접근법으로서 사회적 배제를 공식 의제로 채택하여 소득이전정책(income transfer policy) 중심의 복지정책과는 다른 정책방향을 설정하고 있다.[5] 국내 빈곤 연구자들은 한국사회의 빈곤문제가 경제위기로 인한 일시적인 현상이 아니라 구조적이고 장기적인 성격을 띠고 있음에 주목하면서 기존에 빈곤을 단순히 경제적인 관점에서 고찰했던 연구경향에서 벗어나 빈곤에 대한 보다 본질적이며 다차원적인 논의가 필요하다는 인식에서 사회적 배제 접근에 주목하고 있다. 연구자들은 사회적 배제 개념이 우리나라의 빈곤문제를 이해하는데 어떤 함의가 있는지 검토하기 위해서 개념을 소개하거나(박능후, 1999; 박병현·최선미, 2001; 심창학, 2001; 문진영, 2004), 사회적 배제 개념을 적용하여 빈곤실태를 새롭게 분석하고(송다영, 2003; 신명호 외, 2004), 사회적 배제의 지표개발과 정책적 적용 가능성을 검토(강신욱 외, 2005)하고 있다.

사회적 배제는 빈곤의 다차원적(multi-dimensional) 성격과 역동적인 과정(dynamic process)을 강조하고 있다는 점에서 여성 가구주가 빈곤층을 형성하게 되는 경로와 사회적 맥락 그리고 빈곤탈출을 어렵게 하는 중층적인 과정에 대한 논의를 가능하게 한다는 점에서 방법론적 강점이 있다. 하지만 지금까지 논의되고 있는 사회적 배제 담론은 여전히

---

5 유럽연합(European Union)은 2000년 3월 개최된 리스본 유럽 정상회담에서 사회적 배제의 극복을 유럽 사회 모델의 중심요소로 규정하였으며, 동년 12월에 개최된 니스 유럽 이사회에서는 각 회원국을 대상으로 '빈곤 및 사회적 배제 극복을 위한 국가행동계획(NAP/inclusion)을 마련하고 실시할 것을 결정하였다(문진영, 2004: 256).

노동시장으로부터의 배제를 핵심적인 배제로 인식하고 있다는 점에서 여성 가구주의 빈곤문제를 설명하는 데 한계를 드러내고 있다. 노동시장으로부터의 배제는 실업율을 통해서 설명되며, 노동시장 안에서의 배제는 노동빈곤(working poor)을 통해서 설명되는 것과는 달리 가족으로부터의 배제는 노인 단독 가구, 소년소녀가정 가구, 한부모 가구의 증가를 통해서 설명되고 있다(강신욱 외, 2005). 개인이 사회에 통합되는 핵심적인 제도는 노동시장이며 가족(The Family)은 개인들의 경제적 위기를 완충하는 장소로서 인식된다. 그러나 성별에 따라서 사회에 통합되는 방식이 다르고 특정 성(주로 여성)에게 가족이라는 공간이 사회 통합을 저해하는 장으로 작동된다면 가족은 주어진 것으로 전제될 것이 아니라 배제가 작동되는 장으로 분석되어야 한다.

여성의 '숨겨진 빈곤'(hidden poverty)(Lister, 1991)은 물질적 결핍만을 의미하는 전통적인 빈곤 관점으로 설명될 수 없으며, 가족을 주어진 것으로 전제하는 기존의 사회적 배제 관점에서 역시 설명될 수 없다. 여성의 이슈로서 빈곤이 쟁점화되기 위해서 가족은 빈곤 분석의 중요한 단위로 설명되어야 한다. 여성의 빈곤이 남성과 다르며 불평등하게 경험되는 과정의 한 축에는 가족이 존재한다. 특히 우리 사회는 유교적 가부장제의 특성이 강하게 작동되는 사회로서 성별분업 이데올로기나 남성이 곧 생계 부양자라는 통념들은 물적 토대보다 더욱 강고한 형태로 우리의 문화 속에 자리 잡고 있다(조순경, 1998)는 점에서 가족규범은 여성의 빈곤과 밀접히 연결될 수밖에 없다. 가족관계 안에서의 여성의 경험은 노동시장 진입 이전에 여성의 자원형성 과정에 영향을 끼치며, 딸로서 아내로서 그리고 어머니로서의 규범과 정체성은 성 차별적인 노동시장 구조의 영향력이 여성들에게 일방적으로 행사되지 않는 지점이기도 하다. 가족 내의 권력관계를 둘러싼 사회화 과정과 정체성 그리고 가족 규범 등은 여성들의 자원형성을 제한하고 착취에 취약하게 하는 중요한 분석지점이다.

여성 가구주가 빈곤화되는 과정에는 다양한 차원의 차별과 억압이 중층적으로 결합되어 작동될 것이며 그 과정이 바로 사회적 배제인 것이다. 사회적 배제의 결과로서 여성 가구주는 빈곤하게 되고, 가난한 여성 가구주는 심리적, 문화적 소외와 사회적 관계로부터 배제된다는 점에서 사회적 배제와 빈곤은 상호 연결되어 있다. 가족은 여성 가구주의 빈곤을 형성하고 재생산시키는 배제의 장으로서 성별화된 빈곤경험을 설명하는 중요한 분석지점이다. 여성 가구주의 빈곤 형성이 주로 이혼으로 인한 가족해체를 통해서 이루어진다는 지배적인 통념은 가족과의 관계 속에서 형성되는 여성 가구주의 빈곤을 문제화하지 못했다.

따라서 이 책은 여성 가구주의 빈곤은 '가족해체' 때문인가라는 의문으로 출발하여 계급적 배경이 다른 저소득 여성 가구주의 삶의 궤적 속에 나타난 '과정'으로서의 빈곤에 주목하고 있다. 가족 내 권력관계에 의해 여성들이 어떻게 자원배분과 자원통제에서 배제되어 빈곤에 취약해지게 되는지 그리고 그러한 과정에서 형성되는 배제의 누적적 특성이 어떻게 빈곤을 재생산시키는지 살펴보고자 한다.

2장
빈곤과 젠더의
상호연계성

1. 빈곤에 대한 관점과 성별 함의

1) 경제주의적 관점과 여성 빈곤경험의 비가시화

빈곤이란 무엇인가? 빈곤개념은 빈곤에 대한 특정 관점과 시각을 둘러싼 논쟁적이며 역사적인 개념이다. 빈곤이 규정되는 방식은 각 사회마다 다양하며 시대적 상황에 따라 변화해 왔다. 빈곤개념의 변천은 빈곤에 대한 절대적 접근에서 상대적 접근으로의 변화로 이해될 수 있다.[1]

---

[1] 전통적인 빈곤개념은 Booth와 Rowntree가 사용한 '빈곤선'(poverty line) 개념을 중심으로 측정되는 것으로서 빈곤이란 개인 혹은 가구단위에서 기본적인 물리적 욕구를 충족시킬 수 없는 소득의 부족을 의미한다. 이러한 절대적 접근은 2차 세계대전 이후 급격한 경제성장과 함께 도전을 받았다. 지나치게 물질적인 측면만을 강조하는 절대적 접근은 기술발달과 함께 새롭게 창출되는 욕구들을 설명할 수 없다는 비판이 제기

이러한 변화는 빈곤개념이 경제적, 사회적, 정치적 차원까지 포괄하고 있으며 빈곤의 다차원적 성격을 강조하고 있다는 점 그리고 빈곤이 다양한 과정으로부터 나온다는 사실을 그리고 소득결핍 그 이상의 많은 의미를 가지고 있다는 것을 의미한다.

그러나 이론적 차원에서는 빈곤개념이 절대적인 접근에서 상대적인 접근으로 변화하고 있지만 빈곤을 측정하는 방식에서는 여전히 가구 단위 소득을 중심으로 한 분석이 주를 이루고 있어 소득빈곤(income poverty)이라는 전통적인 빈곤개념에 초점을 맞추고 있다.

이러한 경제주의적 관점은 결과로서의 빈곤을 측정하는 데 있어서 통계 자료 확보의 용이성 때문에 가장 일반적으로 사용되고 있다. 누가 빈곤한가를 확인하는 방식으로 사용되는 것은 빈곤선(poverty line) 이하의 가구를 빈곤층으로 분류하는 방식이다. 빈곤선(poverty line)은 빈곤한 자와 빈곤하지 않은 자를 구분하는 대표적인 기준으로 사용되고 있다. 대부분의 사람들이 빈곤을 삶의 질의 문제라기보다는 생존의 문제, 즉 소득결핍의 문제로만 인식하는 이유는 바로 지금까지 나온 빈곤연구가 소득을 중심으로 접근하는 방식이 주를 이루었기 때문이다.

경제주의적 관점의 특징을 정리해 보면 <그림 1>과 같다. 즉, 빈곤은

된 것이다. 빈곤개념의 상대적 접근을 시도한 대표적인 논자는 Townsend로서 그는 빈곤을 경제적인 측면과 사회적 측면에서 정의하고 '상대적 박탈'이라는 측면에서 빈곤을 정의하여 빈곤에 대한 정의를 확대시키는 데 기여하였다. Townsend는 전후 서구와 같은 풍요한 사회에서 소득의 수준과 크기 혹은 배분과 같은 물질적인 측면에 초점을 맞춘 빈곤개념으로는 빈곤을 포착할 수 없다고 지적하면서 물질적인 빈곤과 함께 개인 행위와 삶의 기회를 제약하는 가족, 여가, 교육과 같은 사회적인 측면에 대한 분석이 필요하다고 주장하였다. Townsend와 함께 Sen은 빈곤에 대한 종합적인 접근을 발달시킨 대표적인 학자로서, 삶을 구성하는 가치 있는 기능을 성취할 수 있는 능력에 집중하여 빈곤현상을 불평등이라는 측면에서 접근하고 있다.

소득의 결핍으로 야기되며, 이러한 상황은 실업이나 일자리 부족 등과 같은 노동시장의 문제와 관련하여 이해하는 것이 일반적이다. 경제적 성장은 빈곤을 축소하는 한 방식으로 이해되어 왔으며, 탈빈곤 정책은 일자리 창출이나 노동자들이 더 나은 일자리로 이동할 수 있도록 돕는 것에 집중되어 왔다. 노동자들의 인적자본 즉, 교육수준, 훈련 등에의 투자 등은 임금율에 비례하며 이러한 임금격차는 생산성의 차이를 반영한다고 전제한다. 결국 빈곤을 발생시키는 원인으로 노동시장의 문제를 다루지만 빈곤에 대한 책임은 각 개인에게로 넘겨진다.

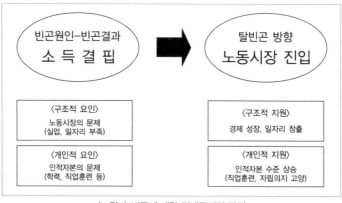

〈그림 1〉 빈곤에 대한 경제주의적 관점

경제주의적 접근은 빈곤의 원인과 결과를 동일하게 파악하며, 분석 단위는 노동시장을 중심으로, 빈곤측정은 가구의 평균소득 혹은 중위소득의 일정비율을 사용한다. 빈곤 원인과 결과를 경제적인 차원에서 접근하기 때문에 탈빈곤 방향 역시 노동시장 중심의 대안을 모색하게 된다. 개인의 차원에서 복지는 소득과 동일한 의미로 이해된다.

이러한 경제주의적 관점에 기반한 빈곤연구는 가구 내의 불평등을 비가시화시킨다는 점에서 그리고 여성 빈곤의 핵심적인 요소를 간과하고 있다는 점에서 본래적으로 성맹적(gender-blind)이라고 페미니스트들은 비판하여 왔다(Kabeer, 1994b; Edwards and Duncan, 1996; Fukuda-Parr, 1999; Ruspini, 2001; Shaffer, 2002).

우선, 빈곤측정에 있어서 개인보다는 총합적인 단위로서 가구를 측정하는 것은 두 가지 전제에 기반하고 있는데 첫째는 자원은 가구 내에서 평등하게 공유된다는 것이며 두 번째는 빈곤가구의 모든 구성원들은 빈곤으로 야기되는 박탈을 동일한 정도로 경험한다는 것이다. 가족 자원이 평등하게 배분된다는 전제는 여성의 빈곤경험을 비가시화하는 주요한 측면이다. 가구 단위의 빈곤측정은 가구 내의 모든 구성원들이 동등한 자원을 공유하는 분리될 수 없는 경제적 단위로 다루어짐으로써 권력관계의 비대칭성으로부터 발생되는 여성 빈곤의 문제를 은폐시키는 효과로 이어진다. 가족 내의 권력관계와 다양한 이해관계는 가족 내의 성별분업과 자원의 배분·통제와 밀접한 관련성을 갖는다. 만약 가족 내의 자원이 불평등하게 공유된다면, 기존의 빈곤측정 방식은 여성 빈곤을 과소측정하고 남성 빈곤을 과대측정할 것이다. Ruspini(2001: 107)는 실증적 연구를 통해서 빈곤을 가구단위가 아닌 개인단위로 측정할 때 여성과 남성 간의 빈곤율의 격차가 더 크다는 사실을 밝혔다. 1991년 독일의 사례에서 중위소득 50% 미만 가구를 중심으로 빈곤율을 측정할 경우 여성 빈곤율 12.1%, 남성 빈곤율 9.7%로 나타났는데, 개인을 중심으로 측정한 결과 여성 빈곤율 20.8%, 남성 빈곤율 5.1%로 나타났다. 반면 영국의 경우 가구소득을 기준으로 측정했을 때 여성 빈곤율 14.9%, 남성 빈곤율 11.3%로 나타나고, 개인을 중심으로 측정한 결과 여성 빈곤율은 24.9%, 남성 빈곤율은 18.7%로 나타났다.

이와 함께 경제주의적 관점은 빈곤원인과 빈곤결과를 소득이라는 물적 결핍의 차원에서 규정함으로써 여성 빈곤의 다차원적 측면을 포착하지 못하며, 결과로서의 빈곤을 발생시키는 차별의 기제에 대한 탐구를 가로막는다. 여성들은 어떠한 과정을 거쳐서 빈곤에 이르렀으며, 빈곤을 재생산시키는 요인들은 무엇인지에 대한 연구의 부재는 여성들이 생산하는 무급 가내생산, 보살핌 노동 등의 가치를 간과하고, 그리고 가족 내의 자원형성과 자원통제에 영향을 미치는 규범과 관습의 문제, 사회적 관계망과 시간 등과 같은 비물질적 차원에 대한 분석이 부재하면서 결과적으로 여성의 빈곤경험을 비가시화시키는 효과로 이어진다.

빈곤은 성중립적인 현상이 아니라 성별화된 현상이라는 주장은 전통적인 빈곤개념의 남성 중심성을 넘어서는 것을 의미한다. 빈곤개념이 전제하고 있는 규범적 그리고 인식론적 가치는 실천적 영역에서의 성차별적 결과로 연결된다. 즉, 경제주의적 빈곤 접근은 노동시장으로부터의 배제가 빈곤을 발생시키는 주요한 원인으로 인식되며 탈빈곤 정책은 실업대책이나 일자리 창출 프로그램에 초점을 맞추게 된다. 그러나 여성의 경험을 살펴볼 때 여성들은 일을 하지 않아서 빈곤한 것이 아니라 열심히 일을 하여도 빈곤의 상황에서 벗어나기 어렵다는 점에서 여성 빈곤 문제의 심각성이 있다. 여성 빈곤의 문제는 노동시장으로부터의 배제가 아닌 통합이라는 조건에서 지속되고 있다.

이러한 조건에서 과연 여성들이 노동시장에 참여하는 비율이 증가한다고 여성의 빈곤율이 축소될 것인가? 노동시장 진입을 목표로 하는 탈빈곤 정책의 문제점에 대해서는 몇몇 페미니스트들에 의해 지적되고 있다. Duncan and Edwards(1997)는 여성들이 임노동에 참여할수록 그들의 빈곤은 축소되고 자녀의 삶의 질이 향상될 것이라는 가정은 많은 국가들의 정책에 반영되고 있는데, 이러한 가정은 세 가지 잘못된 근거 위에 놓여진 것이라고 분석한다. 첫째는 고용수준과 소득수준을 동일한 것으로 보는 것은 단순한 논리라는 것이다. 여성 가구주가 임노동을 통해서 빈곤에서 벗어나기 위해서는 성별분업과 일의 성격 등이 변화되어야 한다. 두 번째는 단지 고용에만 기반한 접근은 부적절하다는 것이다. 여성들의 노동시장 참여율을 높이기 위해서는 공적으로 지원되는 자녀양육 시스템에 의해서 가능하기 때문에 사회적 소득 이전이 매우 중요하다. 세 번째는 단순히 고용에 기반한 가정은 여성 가구주가 이분법적으로 어머니냐 노동자냐라는 선택의 덫에 갇히게 한다는 것이다. 부모역할을 위한 사회적 지원과 남성의 역할에 있어서 깊이 있는 변화가 요구된다.

'일을 통한 빈곤탈출'이라는 탈빈곤 정책의 기본방향은 경제주의적 관점을 반영한다. 일자리만 제공된다면 빈곤에서 벗어날 수 있다는 믿음은 바로 가난한 자는 일을 하지 않기 때문이며 일을 할 수 있도록 일자리 제공과 자립의지를 고양시킨다면 탈빈곤이 가능하다는 빈곤신화를 만들고 있다. Pearce(1990)는 미국사회에서 70년대 빈곤층에 여성이 집중되어 있는 현상을 발견하고 '빈곤의 여성화'라는 개념을 처음으로 소개하였는데 20년이 지난 후에도 빈곤의 여성화 현상이 극복되지 못하는 것은 바로 노동시장 중심의 빈곤정책에 기인한다고 분석하고 있다. 미국사회에서 60, 70년대 이루어진 빈곤과의 전쟁 결과 성인 남성들과 남자 청소년들, 노인들은 이 혁신적인 탈빈곤 프로그램을 통해서 빈곤층에서 벗어날 수 있었던 것에 반해서 여성 가구주 가구는 20~30년 동안 빈곤가족 중에서 차지하는 비율이 36%에서 53%로 증가하는 반대 현상이 나타났다. 그녀는 이러한 결과가 여성의 빈곤이 남성이 경험하는 것과는 근본적으로 다르다는 사실에 대한 인식 부족과 탈빈곤 프로그램이 남성가장 모델에 기초하였기 때문인 것으로 분석한다. 빈곤의 가장 기본적인 문제는 빈곤한 자들 중에서 직업이 없는 비율이 매우 높기 때문이라는 가정은 이들이 적절한 기술을 갖추고 직업을 갖게 되면 빈곤은 경감될 것이라는 믿음에 기반하며 이것은 남성들의 경험으로부터 나오는 것이다. 또한 빈곤을 범죄와 연결시키는 시각은 탈빈곤 정책을 남자 청소년을 타겟으로 설계하게 하고, 청소년들을 빈곤문화로부터 벗어나게 하기 위한 프로그램에 집중하였다. 그 결과 18세 이하 자녀와 함께 사는 여성 가구주 중 44.7%가 빈곤층인 반면 남성 가구주는 7.7%만이 빈곤하다는 것 그리고 일하는 남성 가구주의 4%만이 빈곤한 데 비해 일하는 여성 가구주의 21.4%가 빈곤선 이하의 삶을 살고 있다는 사실을 밝혔다.

Baker and Tippin(1999)은 오스트레일리아, 뉴질랜드, 영국, 캐나다의 사회지원 정책에서 여성 가구주의 노동시장 진입을 강조하기 위하여 사용되는 담론이 매우 이데올로기적이라고 주장한다. 여성 가구주의 노동시장 진입은 '의존성을 축소하기 위하여' 강조되는데 이러한 담론은 의존성 개념이 국가로부터 소득지원을 받는 것과 관련된 특정한 방식으로 사용되기 때문이다. 중산층 아내가 남성가장에게 경제적으로 의존할 때, 남편이 아내에게 보살핌과 자녀양육 부분을 의존할 때, 노동자가 사회보험급여를 받을 때에는 의존성 담론을 사용하지 않는다. 따라서 고용 증진만을 목표로 하는 빈곤 프로그램은 '책임 있는 가족 행위'에 대한 암묵적인 가정을 하고 있기 때문에 결과적으로 저소득 여성 가구주에 대한 처벌적인 효과를 결과한다고 비판한다.

여성의 빈곤문제는 소득에서의 차이 혹은 노동시장으로부터의 배제뿐만 아니라 성 차별 구조와 연결되어 있다는 점에서 물질적 결핍만을 의미하는 전통적인 빈곤 관점은 여성의 빈곤경험을 비가시화시키는 결과로 이어졌다. 이러한 결과는 젠더 렌즈를 통해서 빈곤을 다시 설명해야 하는 것이며, 빈곤과 젠더가 어떻게 상호연결되어 있는지에 대한 물음이 새롭게 강조되어야 하는 이유이다. 그렇다면 기존의 경제주의적 패러다임으로 설명되지 않았던 여성 빈곤경험의 특수성은 무엇이며, 이러한 문제들을 설명할 수 있는 대안적인 패러다임은 무엇인지 살펴보고자 한다.

2) 사회적 배제 관점의 급진성과 적용의 성별성

여성의 빈곤이 남성과 다르며 매우 복잡한 과정을 보이는 것은 빈곤화 과정에 물질적 요인뿐만 아니라 비물질적 요인들이 작동되기 때문이다. 특히 가족 내의 권력관계를 둘러싼 사회화 과정과 정체성 그리고 규범, 제도 등과 관련된 비물질적 요인들은 여성과 남성이 빈곤을 다르게 그리고 불평등하게 경험하는 과정에 영향을 끼친다. Kabeer(1994b)는 가구 내의 배분과정은 법적으로 규정되어 있는 계약보다도 규범과 관례에 의존하며, 공동체의 규범에 의해 강제되는 강력한 믿음과 실천들은 매우 불평등한 사회적 그리고 경제적 공간의 배분을 생산한다고 한다. 이것은 결국 여성들이 자신의 노동력을 포함하여 자원을 형성할 능력을 심각하게 제거하는 결과로 나타난다. 여성들의 이해관계는 가구의 집단적인 이해관계와 묶여 있기 때문에 여성들은 남성과 매우 다른 우선순위와 가능성을 가질 것이라는 점이다. 따라서 여성에게 빈곤의 의미는 자원의 결핍만을 의미하는 것을 넘어선다. 빈곤이 성별화된 현상이라는 점을 분석하는 것은 바로 지금까지 경제주의적 접근으로 설명되지 않았던 "숨겨진 빈곤"(hidden poverty)을 밝히는 것이다.

성별화된 빈곤경험은 숨겨진 빈곤을 설명하는 것과 함께 차별적인 빈곤경험을 발생시키는 과정에 대한 분석을 통해서 이해될 수 있다. 빈곤과 젠더 간의 상호연결성에 대한 분석은 어떻게 빈곤이 만들어지며 재생산 되는지에 대한 맥락적인 분석이 요구된다. 빈곤과정에 대한 이해는 바로 여성의 빈곤경험을 형성하는 사회적 맥락과 노동시장과 가족구조 간의 상호의존성과 관련된 빈곤의 역동성을 밝히는 것이다. 여성들의 숨겨진 빈곤과 그러한 빈곤을 만들어내는 역동적인 과정을 분석하기에 적절한 관점은 무엇인가?

① 사회적 배제 관점과 개념화

'사회적 배제'(social exclusion) 관점은 유럽을 중심으로 기존의 경제주의적 빈곤 접근에 대한 대안적인 패러다임을 제시하는 것으로 논의되고 있다. 90년대 이후 유럽은 시장경제의 변화로 실업이 장기화·구조화되고, 불안정 고용의 증가, 가족구조의 변화, 사회적 보호의 한계로부터 나오는 빈곤의 새로운 유형에 직면하면서 빈곤개념을 넘어서는 새로운 개념으로서 사회적 배제라는 개념을 사용하고 있다. 사회적 배제 개념은 전통적으로 빈곤개념이 가구차원에서 일정수준 이하의 소비지출이나 소득으로 정의되던 것을 다차원적으로 확장한 것으로 금전적인 측면이나 노동시장에서의 실업 이외에 교육, 보건, 환경, 주거, 문화, 기본권 등에 대한 접근 등 다차원적인 사회적 박탈과 장벽들이 존재한다는 점을 포착하기 위한 것이다. 또한 사회적 배제 개념은 빈곤에 대한 경제적인 관점뿐만 아니라 다차원적으로 접근할 필요가 있다는 것 그리고 다차원의 성격, 각 요인들 간의 중첩성을 설명해내고 배제를 일으키는 다양한 요인들을 배제극복을 위해 싸워야 할 영역으로 설정하는 규범적인 개념이기도 하다.

사회적 배제 개념과 빈곤개념을 구별 짓는 그 출발점은 빈곤은 배분의 문제에 그리고 사회적 배제는 관계의 문제에 초점을 둔다는 점이다 (Room, 1995: 5~7). 타운센드와 센과 같은 학자들에 의해 빈곤에 대한 정의는 확대되어 왔다. 빈곤개념이 확대되어 경제적, 사회적, 정치적 차원까지 포괄하고 있으며 빈곤의 '다차원적 성격'을 강조하고 있다는 점 그리고 빈곤이 다양한 과정으로부터 나온다는 사실을 그리고 소득결핍 그 이상의 많은 의미를 가지고 있다는 것을 분석하고 있다. 그러나 이러한 접근은 전통적인 빈곤개념이 지나치게 물질적인 측면만을 강조하고 있다는 점에서, 새로운 시각을 제공하고 있음에도 불구하고 여전히 자원에 초점을 맞춤으로써 배분의 문제가 핵심이 되는 한계가 있다.

이와 대조적으로 사회적 배제 개념은 일차적으로 관계적인 이슈에 초점을 맞추고 있다. 부적절한 사회적 참여, 사회적 통합의 부족, 권력의 부족으로 인한 사회적 배제는 그 사회가 구성되는 조직과 공동체로부터 이탈되는 과정이며, 그들이 가지고 있는 권리와 의무로부터 이탈되는 과정이다. 빈곤개념이 사회는 시장의 경쟁에 참여하는 원자화된 개인의 집단이라는 자유주의적 시각에 기초하고 있는 것에 반해서 사회적 배제 개념은 사회는 위계적인 집단들이 좀 더 광범위한 도덕적 질서에 뿌리를 내리고 있는 상호권리와 의무에 의해서 함께 연결되어 있는 것으로 보며 사회적 배제는 이러한 도덕적 질서로부터 분리되는 과정을 의미한다. 따라서 개인과 사회의 관계의 질은 사회적 배제 현상의 핵심으로 설명될 수 있다. 즉, 사회적 배제의 극복은 바로 사회권의 실현이라는 측면에서 강조된다.

지금까지의 논의에 기반하여 경제주의적 관점과 사회적 배제 관점의 차이를 정리해 보면 <표 1>과 같다. 경제주의적 관점은 자유주의 시각에 기반하여 빈곤의 결과와 배분의 문제에 초점을 맞추고 있으며, 노동시장을 주요한 분석 단위로 설정하고 있기 때문에 정책방향 역시 노동시장 진입을 통한 경제적 자립을 목표로 하고 있다. 반면 사회적 배제 관점은 위계화된 권력관계가 작동되는 사회를 상정하고 있기 때문에 분석 초점은 빈곤 과정에서 작동되는 관계의 문제이며, 분석 단위는 경제적 영역과 함께 사회적 영역과 정치적 영역을 포괄한다. 따라서 정책 방향은 개인들의 사회권을 보장하기 위한 사회적 통합을 목표로 한다.

구 분	경제주의적 관점	사회적 배제 관점
분석 시각	완전경쟁 노동시장에 참여하는 원자화된 개인	권력관계가 작동되는 위계화된 집단과 개인
분석 초점	배분의 문제 / 빈곤 결과	관계의 문제 / 빈곤 과정
분석 단위	노동시장	경제적, 사회적, 정치적 영역
정책 방향	노동시장 진입	사회적 통합과 사회권 보장

〈표 1〉 경제주의적 관점과 사회적 배제 관점의 차이

무엇이 사회적 배제인가에 대한 명확한 정의 규정은 유보되고 있는데 그 이유는 시기별 혹은 국가별로 배제의 대상이 다르고 사회적 배제에 대한 정의는 특정한 사회에서 사회적 통합이 규정되는 방식에 의존하기 때문이다(Silver, 1994). Murard(1997: 26)는 사회적 배제 개념은 다양한 사회문제를 담을 수 있다는 점에서 비어 있는 상자(an empty box)라고 표현한다(Daly and Saraceno, 2002: 93 재인용).

하지만 무엇이 사회적 배제인가에 대한 명확한 정의 규정은 유보되고 있는 상태이지만, 사회적 배제 개념이 가지고 있는 다음의 두 가지 방법론적 특징에 대해서는 사회적 배제를 논하는 대부분의 학자들이 합의하고 있다.

첫째, 사회적 배제는 사회적 불이익 혹은 박탈의 다차원적(multi-dimensional) 성격을 강조하고 있다. 배제의 관점은 금전적인 문제와 함께 경제적, 사회적인 문제 그리고 물질적·상징적 관계, 분배적 갈등과 정체성 정치학, 계급과 지위의 질서, 사회권과 인권을 포괄한다(Gore and Figueiredo and Rodgers, 1995; Lipton, 1998; Bhalla and Lapeyre, 1999).

둘째, 사회적 배제는 단지 정적인 조건이 아니라 역동적인 과정(dynamic process)이다. 배제된 자에게 가족, 친구, 커뮤니티 관계는 시간이 지남에 따라서 박탈의 차원들이 축적되는 지점에서 배제가 심화된다(Silver, 1998; Figueiredo and Haan, 1998; Ulshoefer, 1998; Berghman, 1995).

사회적 배제 접근은 빈곤의 다차원적인 성격을 강조하여 사람들이 빈곤에 이르는 누적 요인들에 대한 통찰을 제공하며 빈곤에 대한 분석을 역동적인 원인 요소로서 분석할 수 있게 한다는 측면에서 장점이 있다.

이와 같이 다차원적인 것을 강조한다는 것은 빈곤의 물질적인 것과 비물질적인 것을 포함하여 연결한다는 것이며, 이 두 가지 측면의 배분적인 측면과 관계적인 측면에서 나오는 불평등을 볼 수 있게 한다. 역동적인 것을 강조한다는 것은 사회적 배제 개념이 빈곤을 이끄는 과정에 주목하여 배제된 자의 행위성에 주목하게 한다는 점에서 주목을 받고 있다.

사회적 배제는 전통적 의미의 빈곤이 주로 '소득의 결핍'이라는 경제적 차원 그리고 정태적인 현상에 초점을 맞추는 것에 대한 비판으로 출발하여 빈곤의 다차원성과 역동적인 측면을 강조하고 있다. 그렇다면 사회적 배제는 빈곤을 대체하는 개념으로 사용될 수 있는가? 빈곤을 소득 혹은 소비의 결핍이라는 협소한 개념에서 정치, 경제, 사회, 문화, 심리 등을 포괄하는 광의의 개념으로 확장할 경우 빈곤과 사회적 배제는 대체하는 개념으로 사용될 수 있다. 이러한 접근은 빈곤의 결과가 단지 경제적 결핍에 국한되는 것이 아니라 다차원적인 의미를 생산한다는 점을 인식하는 데 유용하지만 경제적 결핍을 초래하는 요인들이 어떻게 결합되어 있는지 밝히기 어렵다. 또한 빈곤하지 않지만 사회적으로 배제된 집단이 있다는 점에서 사회적 배제와 빈곤을 대체하는 개념으로 사용하기는 어렵다고 본다.

따라서 사회적 배제 패러다임으로 빈곤을 설명할 때 빈곤은 경제적 자원의 부족 상태를 의미하며 사회적 배제는 이러한 빈곤이 형성되고 재생산되는 과정을 이끄는 차별의 기제를 지시하는 것으로 제한하여 사용할 필요가 있다. 즉, 사회적 배제는 자원배분을 둘러싼 권력관계가 작동되는 과정으로서 물질적 측면과 비물질적 측면의 다차원적인 영역을 포괄하는 역동적인 과정을 거쳐서 빈곤을 형성하고 재생산하는 차별의 기제로 정의할 수 있다.

② 여성의 사회적 배제와 빈곤 : 가족과 노동시장

빈곤의 다차원성과 역동적 과정을 강조하는 사회적 배제 개념은 여성 빈곤 문제를 설명하는 데 유용한 개념이 될 수 있는가? ILO를 중심으로 사회적 배제 개념을 둘러싼 논쟁 중에서 사회적 배제는 성 인

지적인(gender sensitive) 개념이 될 수 있어야 한다고 강조한다. 그 이유는 여성이 배제의 주 대상이 되기 때문에 젠더는 모든 연구와 정책의 핵심이 되어야 한다는 것이다. 사회적 배제 개념은 다차원적이며 다양한 수준의 관점을 제공하기 때문에 젠더분석을 더 풍부하게 할 수 있다(Figueiredo and Haan, 1998). Ulshoefer(1998)는 성에 기반한 차별과 젠더 불평등을 이끄는 것은 사회적 배제의 한 유형이며 젠더와 사회적 배제 이 두 개념은 상호 유용성을 강화하는 비슷한 장점이 있다고 한다. 즉, 성 차별은 다차원적인 영역에서 동시에 일어난다는 점에서 다차원적인 성격을 띠며 사회적 배제로서 젠더 개념은 역사적 개념이며 변화의 필요성과 가능성을 강조하는 역동적 성격을 가지고 있다는 점이다.

그러나 지금까지 진행되고 있는 사회적 배제 담론은 노동시장으로부터의 배제를 핵심적인 배제로 인식함으로써 여성들이 경험하는 사회적 배제의 문제를 설명하지 못하고 있다. 그 이유는 사회적 배제에 대한 관심이 80~90년대 서구 유럽에서 실업의 증가, 특히 청년 실업의 증가와 장기 실업의 문제, 노동빈민(working poor)의 문제가 사회적 연대와 통합을 저해하는 이슈로 제기되면서 사회적 배제 개념을 정책의 중요한 용어로 수용하게 되었다는 맥락에서 찾아볼 수 있다. 개인이 사회에 통합되는 핵심적인 제도는 노동시장이라는 인식에서 사회적 배제 담론은 노동시장으로부터의 배제와 관련된 결과와 문제를 중심으로 논의되고 있다(Kooten, 1999; Vobruba, 1999; Macpherson, 1997).

여성들이 사회에서 배제되는 방식은 노동시장으로부터의 배제뿐 아니라 가족 내에서 수행되는 무급 보살핌 노동(unpaid carework)과 관련되어 있다는 점은 페미니스트들에 의해서 지속적으로 지적되어 온 부분이다(Pateman, 1992; O'Connor, 1996; Orloff, 1933). 가족은 여성들이 사회적 참여와 연대를 이루는 방식에서 남성들과 다른 지점을 발생시키는 단위이지만 사회적 배제 담론에서 가족과 여성의 배제에 대한 분석은 이루어지지 않고 있다. 물론 가족이 사회적 배제 연구에서 주요한 지표로 사용(Paugam, 1995)되기도 하였다. 하지만 가족에 대한 관심은 개인이 경제적 위기 상황에 놓일 때 사회적 통합을 지속시키는 기능 여부에 놓여 있다. 문제는 가족관계망에 따라서 개인이 경제적 위기를 다르게 경험한다고 했을 때 구체적으로 가족 내에서 경제적 지원과 정서적 지원을 하는 사람은 누구인지 질문하지 않고 있다는 점이다. 사회적 배제 담론은 노동시장으로부터의 배제를 핵심적인 배제로 인식함으로써 가족과 보살핌에서의 성별분업 그리고 친밀한 관계, 가족관계에서 여성과 남성에 의해서 제공되는 지원의 다양한 의미는 그저 주어진 것으로 여긴다는 점에서 매우 성별적이다.

또한 사회적 배제 개념이 권력관계를 다루기는 하여도 그것은 내부인과 외부인(insider/outsider)의 문제로 틀 짓기 때문에 노동분업의 문제가 아닌 상호의존성과 관련된 다양한 문제들이 분석에서 제외된다. 여성들에게 이러한 문제는 특히 중요하다. 왜냐하면 사회적 배제의 성별화된 원인의 대부분은 성별화된 분업과, 사회와 제도를 구조화하는 장소와 의미들의 성별화된 위치에 의존하기 때문이다. 결국 공적영역에서의 국가와 시민 간 그리고 권리와 의무 간의 상호의존성에만 초점을 두는 것은 공적영역과 사적영역 간의 상호의존성을 폄하하고 가족 그 자체의 사적영역 내의 상호의존성을 폄하하는 것으로서 여성의 욕구, 경험 그리고 책임을 가치절하 한다(Daly and Saraceno, 2002; 97~100).

지금까지 살펴본 바와 같이 사회적 배제는 경제적, 사회적, 정치적, 문화적 차원에서 발생하는 불평등과 관련된 다차원적 관점과 빈곤과 박탈을 이끄는 메커니즘과 과정에 초점을 두는 역동적 관점을 제공하고 있다는 점에서 여성 빈곤의 숨겨진 측면과 빈곤에 이르는 과정을 분석할 수 있는 유용한 분석틀을 제공하는 것으로 보인다. 또한 빈곤과 불평등을 발생시키는 관계적 측면을 강조하는 사회적 배제는 여성의 빈곤문제를 자원배분의 문제가 아닌 자원배분을 둘러싼 권력관계의 문제로 접근해야 한다는 아이디어를 제공하고 있다.

그러나 사회적 배제 개념이 자동적으로 빈곤의 성별적 특성에 대한 분석을 결과하는 것은 아니다. 사회적 배제 개념의 급진성과 달리 실제 이루어지고 있는 사회적 배제 담론은 노동시장으로부터의 배제를 중심으로 이루어지면서 여성 빈곤의 성별적 특성에 대한 분석을 간과해 왔다. 성별화된 여성의 빈곤경험을 설명하기 위해서 고려해야 되는 관점과 분석범주, 분석 단위와 관련된 방법론적 특징에 대해서는 다음 절에서 살펴보도록 하겠다.

2. 사회적 배제와 젠더

1) 사회적 배제와 젠더관계

빈곤에 대한 접근에 있어서 사회적 배제 관점이 기존의 경제주의적 관점과 다른 것은 바로 사람들 사이의 사회관계에 주목한다는 점이다. 따라서 사회적 배제를 자원배분을 둘러싼 권력관계가 작동되는 과정으로 정의한다면 여성의 빈곤을 발생시키는 권력관계의 핵심에 젠더관계를 놓을 수 있다.

Daly and Saraceno(2002)는 사회적 배제는 두 가지 측면에서 젠더관계를 분석하기 위한 장점을 가진다고 주장한다. 즉, 사회적 배제는 각 영역을 가로지르는 과정과 관계들의 상호의존성을 지적하기 때문에 사회적 관계망 중 가족을 설명해야 할 중요한 단위로 인정하고 있다는 점이다. 젠더 관점에서 사회적 배제가 매력적인 또 다른 이유는 빈곤과 불평등의 담론을 수직적인 관계에서 수평적인 관계에 대한 관심으로 초점을 변화시켰다는 점이다. 계급 분석에 기반을 둔 수직적인 관계에 대한 관심으로는 젠더관계를 분석할 수 없다. 수평적인 관계에서 중심과 주변과의 관계를 파악하는 것은 여성의 위치성을 인식하게 한다. 여성의 위치는 단지 상대적으로 다른 사람과 비교되는 자원의 수준에 의해서 측정되는 것이 아니라 그것은 그 사회의 권력의 중심부로부터 얼마나 떨어져 있는가에 의해서 측정된다. 이와 같이 수직적 관계 그리고 수평적 관계의 이중적 강조는 권력이 정도의 문제만이 아니라 관계의 구조 안에 어떻게 위치 지어지는지를 인식하게 하며, 어떻게 차이가—행위, 개인적 태도, 라이프 스타일 등—불평등을 형성하고 불평등화될 수 있는지를 인식하게 한다(Daly and Saraceno, 2002: 96~7).

중요한 것은 사회적 배제 과정에서 젠더가 어떠한 방식으로 빈곤을 형성하고 재생산하는지를 밝히는 것에 있다. 젠더관계는 사회 안에서 남성들과 여성들 간의 관계를 조직하려고 시도하는 사회적 규칙(스콧, 2001: 215)으로서 성별에 따라서 각기 다른 노동과 가치 그리고 책임과 의무를 배분하는 규칙들에 의해서 구성된다. 여성의 빈곤은 사회 안에서 남성들과 여성들 간의 관계를 조직하려고 시도하는 사회적 규칙이 작동되는 방식과 관련이 있다. Young(2005)은 이것을 구조로서의 젠더라는 개념을 통해서 설명하고 있다. 성별분업과 규범적인 이성애, 권력의 성별화된 위계는 젠더구조를 형성하는 세 가지 기본 축으로서 개인 삶을 제약하고 기회와 자원배분의 특정한 관계를 형성한다. 성별분업의 핵심은 "사적인" 노동과 "공적인" 노동 간의 구분으로서 무임 보살핌 노동과 가사 노동을 주로 수행하는 사람(주로 여성)은 그들의 공적 노동을 보살핌에 대한 책임과 관련하여 배치하여 빈곤에 취약하게 만든다. 규범적 이성애는 법적 제도들, 정책 그리고 이데올로기 등을 구조화함으로써 남성과 여성의 삶을 제약한다. 권력의 성별화된 위계는 성별분업과 규범적인 이성애와 교차하면서 사회적 역할과 위치에 따라 특권이 부여되기도 하고 선택을 제약하여 지배와 착취에 취약하게 만들기도 한다(Young, 2005: 20~5). 젠더에 기반한 위계는 사람들의 기회구조와 선택 그리고 자아인식 등 개인 삶의 모든 측면에 영향을 끼친다는 점에서 젠더관계는 제도적으로 규정된 권력관계로 개념화되어야 한다. 젠더는 여성들이 활용할 수 있는 기회와 자신의 삶을 통제할 수 있는 능력을 제약하여 여성들 자신의 자아인식과 존중감에 영향을 끼치는 권력관계를 구성한다(Roberta, 1996: 16~7). 젠더는 남성과 여성 사이의 차이의 문제라기보다는 개인과 집단에서 실천되는 사회적 관계의 문제이다. 사회구조로서의 젠더관계는 일상생활의 실천을 통해서 구성된다. 따라서 구조로서 젠더관계는 개인 삶의 가능성과 결과를 제약하지만 결정하는 것은 아니다(Connell, 2002).

이상에서 살펴본 바와 같이 사회적 배제 관점은 빈곤이 자원배분을 둘러싼 권력관계의 문제로 접근할 수 있는 관점을 제공하고 있다는 점에서 여성 가구주의 빈곤 형성과 재생산 과정에 작동되는 젠더관계를 분석할 수 있는 유용한 관점을 제공하는 것으로 보인다. 또한 젠더관계가 작동되는 과정은 개인들이 가족영역에서 그리고 노동시장 영역과 가족영역이 접합되는 부분에서 개인들의 저항과 선택, 해석 등과 같은 행위성이 드러나는 과정으로 이해될 수 있다. 따라서 사회적 배제는 자원배분을 둘러싼 젠더관계가 작동되는 과정으로서 단지 물적 차원의 배분의 문제만이 아니라 여성의 역할과 관련된 사회문화적 가치와 같은 비물질적 차원을 포괄하는 누적적인 과정을 거쳐서 여성의 빈곤을 형성하고 재생산하는 차별의 기제로 정의할 수 있다.

2) 빈곤의 다차원성과 가족 내 권력관계

사회적 배제는 시민들이 기본적인 삶의 수준을 누릴 권리가 있으며, 그 사회의 중요한 활동과 제도에 참여할 권리를 당연한 것으로 인정하는 사회권에 뿌리를 두고 있다. 즉, 사회적 배제라는 것은 이러한 사회권의 부정이라는 측면에서 접근하는 개념으로서 빈곤의 다차원적 측면을 강조하고 있다.

그렇다면 빈곤이 다차원적이라는 것은 무엇을 의미하는가? 가장 일반적으로 접근하는 방식은 빈곤은 경제적인 차원뿐만 아니라 사회적·정치적 차원을 포괄하는 것으로 각 영역별 배제의 요소들을 분류하는 것이다(Gore, figueiredo, Rodgers, 1995; Wolfe, 1995; Bhalla and Lapeyre, 1999). 국내에서 사회적 배제 관점으로 접근한 대부분의 연구들 역시 이러한 방식을 취하고 있다. 노동뿐 아니라 주거, 교육, 건강에서의 배제를 분석하거나(신명호 외, 2004), 가족지원체계, 노동시장, 사회복지정책, 사회적 편견과 배제를 분석하고 있으며(송다영, 2003), 사회적 배제 지표로 경제적 배제, 근로로부터의 배제, 주거로부터의 배제, 교육으로부터의 배제, 건강으로부터의 배제, 가족 및 사회적 관계망으로부터의 배제, 사회적 참여로부터의 배제로 분류한 접근(강신욱 외, 2005)이 있다.

그러나 다차원적이라는 의미는 경제적·사회적·정치적 배제 요소들을 확인하는 작업이라기보다는 빈곤이 다양한 과정으로부터 나온다는 사실과 소득결핍 그 이상의 많은 의미를 가진다는 것, 주변성과 그 결과와의 관계를 설명하는 작업이다. Whelan and Whelan(1995)에 따르면, 배제의 요인들을 분석하는 접근은 특정한 사회 집단들이 배제되는 사회적 변화와 과정의 그 역동성을 이해하는 데 한계가 있다고 한다. 핵심은 배제가 다양한 맥락에서 어떻게 작동되는지를 이해하는 것이다. 따라서 빈곤이 어디에서 일어나는지, 빈곤이 어떻게 묘사될 수 있는지 그리고 그것의 결과는 무엇인지에 대한 다양한 이해가 발전되는 것이 중요하다고 강조한다. Paugam(1995)의 연구는 사회적 배제의 다차원성을 이해할 수 있는 대표적인 연구물이다. Paugam은 18세 이상 64세 이하의 프랑스 노동자를 대상으로 경제적 빈곤(economic poverty)과 관계 빈곤(poverty of relationships) 간의 상호관계성에 대한 분석을 하였다. 경제적 위기가 생겼을 때 고용상태별로 가족관계나 사회적 지지망 등의 사회적 관계에 있어서 차이가 있다는 점을 밝힘으로써 박탈의 상호관련성을 설명한다. 즉, 프랑스에서 고용상태가 악화될수록 소득차원의 박탈뿐만 아니라 결혼관계에서도 문제를 가질 가능성이 매우 높으며 가족과 친구들과의 접촉이 드물고, 사회적으로 불필요한 존재라고 느낀다는 점을 밝힘으로써 사회적 배제를 예방하기 위해서는 다양한 공공정책이 동시에 요구된다는 점을 주장하고 있다.

Paugam이 관계 빈곤 개념을 통해서 배제의 다차원적 성격에 접근했다면, Sabour(1999)는 자아배제(self-exclusion)라는 개념을 통해서 사회문화적 배제의 문제에 접근하고 있다. 핀란드의 이민자들이 겪는 사회적 배제는 낙인과정을 통해서 상징적 배제의 형태로 나타나는데, 거리두기(distancing), 무관심(indifference), 낙인찍기(stigmatization)와 같은 비가시적인 배제를 통해서 이민자들을 주류사회에서 강력하게 배제시키고 있다. 자아배제는 이러한 주류문화의 영역으로부터 배제된 자가 어떤 물리적인 압력에 의해서가 아닌 자발적으로 물러서는 상황을 설명하는 개념으로서 이러한 물러섬은 개인적인 선택, 사회적 압력, 문화적 적대감, 좌절적인 경험을 통해서 작동될 수 있다고 한다.

빈곤과 불이익의 다차원성을 설명하는 것은 빈곤의 결과와 의미가 집단에 따라서 다르게 구성될 수 있다는 점을 인식하는 것이다. 자원결핍의 문제로 접근하는 전통적인 소득빈곤개념으로는 성 차별주의, 인종 차별주의, 민족주의 등에 의해서 특정 집단의 빈곤과 주변화가 강화되는 맥락을 포착할 수 없다. 여성 빈곤 문제를 설명하고자 할 때 이 점에 대한 인식은 매우 중요하다. 무엇이 빈곤의 여성화 현상을 추동하는가라는 여성 빈곤 원인에 대한 탐구는 바로 기존 빈곤연구에서 설명되지 않았던 여성의 숨겨진 빈곤(hidden poverty)을 밝히는 작업이다.

젠더는 여성의 숨겨진 빈곤을 설명할 수 있는 중요한 분석적 범주로 논의되어 왔다. 빈곤연구에서 젠더 변수를 고려한다는 것은 기존의 빈곤분석에 있어서 젠더를 단순히 덧붙이는 것이 아니라 지금까지와는 다른 분석틀이 요구된다(Miller & Glendinning, 1989). Jackson(1998)은 발전정책에서 젠더가 도구주의의 관점에서 사용되고 있음을 지적하면서 '젠더를 빈곤의 덫에서 구출'하기 위한 논의를 전개하고 있다. 즉, 세계은행과 같은 주요한 발전기관에서 젠더에 집중하는 정당성은 그것 자체로서 목적이 있다기보다는 여성에 투자하는 것은 경제적 효율성을 위해서 가장 효과적인 통로가 될 수 있다는 도구주의적 접근에 기반하고 있다. 여성은 인구통제의 수단, 지속 가능한 발전을 성취하는 수단,

빈곤감소의 수단이 된다. 탈빈곤 정책에서 젠더를 고려해야 하는 이유는 빈곤층에 여성이 집중되어 있으며 빈곤에 취약하기 때문이다. 그러나 젠더를 인식한다는 것은 '여성을 첨가하는'(adding women) 것이 아니라 발전개념과 실천을 젠더 렌즈를 통해서 다시 사고해야 함을 의미한다.

빈곤과 젠더 간의 상호연결성에 대한 주의 깊은 분석적 검토가 이루어져야 한다는 Razavi(1999: 409~10)의 주장은 빈곤의 성별적 특성에 대한 고민을 한 단계 진척시키고 있다. 기존 빈곤논의에서 빈곤과 젠더를 연결시키는 방식은 크게 세 가지 차원으로 나뉘어진다. 첫째는 여성 혹은 여성 가구주 가구를 빈곤에 취약하거나 빈곤한 자로 동일시함으로써 젠더 불이익과 빈곤 간의 관계를 바로 연결시키는 접근이다. 두 번째는 도구주의적 접근으로서 여성에 투자함으로써 복지를 증진시키거나 출산율을 감소시키는 효과적인 수단이 될 수 있다는 것이다. 세 번째는 복지 결과에 있어서 성별차이를 확인하는 방식을 통해서 빈곤과 젠더 간의 연결을 시도하는 접근이다. 이러한 접근들은 빈곤과 젠더의 관계에 대한 통찰을 제공하며 몇몇 경험적 타당성을 가짐에도 불구하고 매우 일반화된 방식과 문제적인 형태로 제시되고 있다. 빈곤과 젠더 간의 상호연결성에 대해서 어떻게 이해하는가는 빈곤측정과 분석에 영향을 미칠 뿐만 아니라 성 인지적 탈빈곤 정책 형성에 영향을 미치기 때문에 방법론적 그리고 정치적 쟁점을 갖는다.

이와 같이 페미니스트들은 빈곤과 젠더 간의 상호연결성에 대한 주의 깊은 분석이 필요하다고 제안을 하고 있다. 여성의 젠더 위치는 가족에 대한 일차적인 책임과 이로 인한 노동시장으로부터의 배제와 주변화를 결과하며, 복지체계에 있어서도 여성의 주변화를 결과하기 때문이다. 즉, 노동시장의 중심노동력을 구성하는 남성의 경우 실직 시 사회보험의 수혜자가 되지만, 노동시장의 주변노동력을 구성하는 여성의 경우 자산평가에 기반한 공공부조의 수혜자가 되는 것이다. 따라서 지금까지 여성 빈곤 원인에 대한 논의들은 일반적으로 노동시장, 가족, 복지의 세 분석 단위에서 접근하고 있다.

그러나 국내에서 이루어진 빈곤과 젠더의 연결성에 대한 분석은 노동시장에서의 여성 혹은 여성 가구주의 고용상태와 임금수준을 중심으로 설명됨으로써 노동시장에서의 주변적인 지위가 여성 빈곤의 주요한 원인임을 부각시키거나 사회보장제도의 문제를 분석하는 연구가 대부분이다. 가족은 여성 가구주의 증가와 빈곤의 여성화를 자동적으로 연결시키는 인구학적 접근을 취하거나, 유자녀 수 혹은 가구주 외 취업원 수와 같은 가족 특성을 중심으로 분석하고 있어 가족과 빈곤과의 관계에 초점을 두는 연구는 전무하다고 볼 수 있다.

빈곤분석에 있어서 가족관계 내의 권력관계가 설명되지 않음으로써 여성의 빈곤은 숨겨져 왔다. 많은 여성들에게 빈곤은 직접적이든 간접적이든 재정적으로 남성에게 의존하는 것과 밀접히 연결되기 때문에 자원의 배분, 자원통제의 배분, 가족 내 자원 소비의 배분이 문제가 된다(Lister, 1991: 6). 또한 가구와 친족관계의 암묵적인 계약에서 구체화되는 이데올로기, 규범, 실천들은 여성들이 물적 자원과 노동력을 통제하는 상황과 밀접히 관련된다(Kabeer, 1994b: 155). 가족관계에서 여성들은 남성보다도 선택과 기회에서 제한을 받고 있는데, 이러한 선택과 기회의 빈곤은 소녀들이 소년에 비해 학업에서 불평등한 기회를 갖게 되며 이것은 고용에서의 선택뿐만 아니라 창조적인 삶의 선택 역시 제한받는 결과로 연결된다(Fukida-Parr, 1999: 101).

가족영역이 빈곤분석의 중심영역으로 들어오는 것은 보살핌 노동이 빈곤분석에서 주변화될 수 없음을 의미한다. 보살핌 노동에 대한 가치 부재는 여성들이 노동시장에서 차별받는 이유이기도 하고, 보살핌에 대한 책임의 성별화된 분업은 아동양육의 사회적 지원이 부적절한 이유이기도 하다(Dinerman, 1986; Moore, 1996; Evans, 1998). Folbre(2001)의 표현에 따르면 여성의 빈곤은 "보살핌 노동을 수행한 형벌"(care penalty)인 것이다.

가족 내의 권력관계와 보살핌 노동이 빈곤과 어떠한 연관성을 갖고 있는가에 대한 질문은 독립성과 의존성의 의미를 재구성해야 한다는 목소리로 나타난다(Lewis and Hobson, 1997; Baker and Tippin, 1999). 여성 가구주는 복지에 의존하는 대표적인 집단으로 인식되고 있으며, 국가에 대한 여성들의 의존성을 감소하는 방법으로 사회적 급여에서 탈피하여 노동시장으로의 진입을 강조하고 있다. 서구에서 여성 가구주는 '복지 어머니'(welfare mother)로 불리면서 단지 경제적인 측면에서 국가에 의존하는 것에 대한 비난뿐만 아니라 도덕적이거나 심리적인 문제로 인식하여 비난의 주된 대상이 되었다(Fraser and Gordon, 1994). 그러나 여성들이 의존적이게 된다는 것은 보살핌을 받는 것이 아니라 반대로 보살핌 노동을 하는 것이다. 여성에게 경제적 의존성과 빈곤은 '보살핌 노동의 대가'인 것이다(Lister, 1990).

3) 여성의 '숨겨진 빈곤': 젠더와 계급

여성의 숨겨진 빈곤을 설명하는 중요한 분석적 범주로서 젠더는 불평등을 발생시키는 다른 분석범주들과 항상 교차한다는 점에 주목해야 한다. 특히 계급은 여성 가구주의 빈곤문제를 분석하는데 매우 중요한 범주이다. 여성 가구주가 빈곤한 것은 젠더 때문만이 아니라 그들의 계급적 배경이 빈곤하기 때문에 한부모 가족이 되고 더욱 빈곤하게 살아가고 있다는 인식이 점증되고 있다(강욱모, 2004: 132).[2]

이제까지 빈곤의 여성화 담론은 경제적 이해관계가 동일한 '여성' 집단을 전제하여 왔다. 여성 가구주가 빈곤하게 된 이유는 남성 생계 부양자 가족구조를 기본으로 하는 사회구조 속에서 여성이 결혼관계 해체로 이제까지 남편이 가져왔던 사회적 혜택이나 경제적 자원을 잃게 됨으로써 경제적 빈곤을 경험한다는 해석이 지배적이다. 그러나 이러한 해석은 빈곤의 여성화 담론에 내재되어 있는 중산층 중심의 가족주의를 전제한 결과이다. 결혼관계 해체로 빈곤층이 되는 경험은 중산층 가족에서 생활하였던 여성이 이혼이나 사별로 인한 계층적 지위의 하락을 경험하는 경우에만 해당되는 사실이다. 인터뷰했던 여성들 중 상당수는 결혼할 때부터 저소득 계층 가족을 구성하였으며 남편이 알코올중독이나 도박 등의 이유로 생계 부양자로서의 역할을 전혀 하지 않았고 여성들이 실질적인 생계 부양자로서의 역할을 도맡아 하다가 빈곤의 악순환의 고리를 끊기 위한 마지막 대안으로 이혼을 선택하였다.

---

2 영국에서 한부모의 빈곤문제를 분석하는 데 있어서 계급관점의 중요성을 지적하는 연구들이 증가하고 있다. 가족과 근로생활조사(Family and Working Lives Survey : FWLS)에 의하면 10대에 출산한 여성의 약 56%가 한부모가 되고 있는데 이 여성의 가족배경은 아버지의 사회계층이 A(전문직)가 2%, B(고위관리자 및 다른 전문직)가 5%인 반면, 미숙련직은 23%에 달하고 있는 것으로 나타나고 있다. 이렇게 볼 때 미혼모가 될 가능성은 전문직 아버지를 가지고 있는 여성의 경우는 매우 드문 현상이나 비기술직 근로자로 내려갈수록 높아짐을 알 수 있다. 전체적으로 미혼모의 2/3는 근로계층의 아버지를 가지고 있으며, 더욱이 15%는 그들이 16세가 되기 전에 아버지가 없거나 혹은 사회계층이 몇몇 이유로 분류되지 못하고 있는 실정이다(강욱모, 2004: 132~3).

여성들은 사별이나 이혼을 해서 빈곤해지기도 하지만 빈곤하기 때문에 이혼을 하고 더욱 빈곤의 덫에 갇히기도 한다. 지금까지 나온 저소득 여성 가구주의 빈곤실태를 살펴보면 여성 가구주의 학력이 매우 낮은 것으로 보고 되고 있다. 강남식 외의 조사(2003)에서는 여성 조건부 수급자 300명 중 중졸 이하 학력의 비율은 63.0%이고, 저소득 여성 가구주 193명의 빈곤실태를 조사한 김수현의 조사(2001)에서는 중졸 이하 학력이 전체의 58.5%, 실직 여성 가구주 6,949명을 대상으로 조사한 김경희의 조사(1998)에서는 고등학교 중퇴 이하의 저학력층이 전체의 58.1%에 분포하고 있음을 보여주고 있다. 우리 사회에서 학력은 다른 어떤 요인보다 계급적 위치와 연결되어 있다는 점에서 이러한 결과는 저소득 여성 가구주의 상당수가 결혼관계 해체 이전에 이미 경제적으로 취약한 계층이었을 가능성이 높음을 간접적으로 시사해주는 수치라고 볼 수 있다.

여성들이 계급에 따라서 빈곤에 이르는 경로가 다르다면 이들이 경험하는 빈곤의 의미는 다르게 구성될 것이며, 빈곤에 대한 대처 전략 역시 다를 수밖에 없다. 조혜련(2003)은 저소득 여성이 한부모가 되기 전에 실질적인 생계 부양자 역할을 했던 여성과 전업주부였던 여성들 사이에 일을 해야 한다는 압박감을 받아들이는 정도에 있어서 차이가 있다고 분석하고 있다. 즉, 한부모가 되기 전부터 일을 해왔으며 가족의 실질적인 생계 부양자였던 여성들은 한부모가 된 이후에 가족 내에서 이들이 수행하는 역할이 변함이 없고, 오히려 남편이 사라짐으로 해서 가족생활은 더 안정적이며 경제적으로도 전보다 나아지기도 한다는 것이다(조혜련, 2003: 48~9).

남성 생계 부양자/여성 가사 담당자라는 중산층 중심의 전형적인 가족 삶을 전제하는 한 여성들이 빈곤에 이르는 다양한 경로는 보이지 않는다. 빈곤의 여성화 담론에서 중산층 가족 모델이 가장 이상적인 가족형태로 전제되고 있기 때문에 저소득층 여성의 목소리는 침묵되어 왔다. 저소득층 여성의 억압과 주변성을 설명하는 데 있어서 젠더 이외의 인종과 계급의 범주를 고려함으로써 새로운 분석틀과 설명력이 제공될 수 있다는 것은 서구에서 진행된 흑인 페미니즘의 핵심적인 문제제기였다. 특히 Crenshaw(1994)[3]가 제안한 '교차성'(intersectionality)이라는 개념은 여성들의 위치가 인종, 계급, 젠더, 성적 지향성과 같은 권력 시스템과 편견, 계층화, 젠더 불평등, 이성애 중심주의와 같은 억압의 교차에 의해서 창출되는 사회적 맥락 속에서 파악될 수 있다는 점을 지시한다. 이러한 시각은 아내폭력을 분석하는 데 있어서도 적용되고 있다. 지금까지 아내폭력의 문제를 분석하는데 있어서 젠더 불평등은 아내폭력을 발생시키고 지속시키는 가장 주요한 요인으로 설명됨으로써 유색인종 여성들의 경험은 비가시화되었다. 젠더와 계급, 그리고 인종 억압이 어떻게 교차되는가에 따라서 아내폭력의 다양한 패턴들이 밝혀질 수 있다고 논의되고 있다(Sokoloff and Dupont, 2005).

여성 빈곤을 분석하는 데 있어서도 인종과 계급 범주가 간과되었다는 비판이 페미니스트들을 중심으로 제기되고 있다(Evans 2005; Adair,

---

3 Crenshaw(1994)는 정체성의 정치학이 종종 집단 내의 차이를 간과하고 있다고 지적하면서 유색인종 여성이 겪는 폭력의 경험은 인종차별주의와 성 차별주의가 교차한 산물이라고 주장한다. 구조적 교차성(structural intersectionality)개념은 유색인종 여성의 경험을 구성하는 구조적 요인으로서 젠더와 계급, 인종이 교차하는 방식을 설명하기 위한 것이며, 정치적 교차성(political intersectionality)개념은 반인종차별주의와 페미니즘이라는 정치적 아젠다 안에서 인종차별주의와 가부장제가 유색인종 여성의 경험 속에서 어떻게 교차되는지 관심을 갖지 않음으로써 결과적으로 이들의 종속과 억압을 재생산하는 방식을 설명하는 개념이다.

2005). Adair(2005)는 페미니스트들이 여성의 억압적인 경험을 분석하는 데 있어서 인종, 계급, 젠더, 섹슈얼리티의 교차성을 분석해야 한다고 주장하고 있지만 이러한 주장과는 달리 현대 페미니스트 연구에서 계급은 거의 고려되지 않고 있다고 비판한다. 이에 따라 가난한 여성들의 삶은 단순히 연구의 대상이 되고 있으며 가난한 여성의 계급 경험이 젠더와 인종, 섹슈얼리티 등과 어떻게 교차되고 있는지에 대한 이론과 경험연구가 전혀 이루어지지 않고 있다고 한다.[4] 젠더는 그 자체로 독립적이기보다는 불평등을 발생시키는 다른 분석범주들과 항상 교차한다는 점에 주의를 기울여야 한다.

4) 빈곤의 역동성과 여성의 행위성

빈곤과 불이익의 다차원적 특성에 대한 강조는 자원의 결핍이 아닌 개인과 사회와의 관계의 질에 대한 초점으로의 이동이다. 반면 빈곤의 역동성(dynamic)에 대한 강조는 빈곤의 결과가 아닌 빈곤에 이르게 되는 과정에 대한 초점으로의 이동이다. 즉, 다차원적인 것을 강조하는 것은 빈곤의 물질적인 것과 비물질적인 것을 연결하여 이 두 가지의 배

---

4 Adair는 페미니스트 연구에서 계급에 대한 고려가 거의 이루어지지 않고 있음을 밝히기 위해서 페미니스트 연구 커리큘럼, 주요 텍스트, 저널 등을 조사하였다. 국립단과대학과 사립단과대학, 4년제 대학으로부터 확보한 100개 이상의 강의개요(syllabi) 분석을 통해 인종, 계급, 젠더, 섹슈얼리티에 대한 소개가 놀라울 정도로 많지만 젠더와 인종의 이슈에는 대략 각 강의개요의 36%를 차지하는 반면 젠더와 계급의 교차를 설명하는 부분은 오직 7%에 그치고 있음을 밝히고 있다. 또한 여성학 과정에서 사용되는 주교재의 내용분석을 통해서 젠더에 대한 내용이 34%, 인종에 대한 내용이 40%, 섹슈얼리티에 대한 내용이 19%, 계급에 대한 내용이 7%임을 밝히면서 페미니스트의 주장과 달리 계급은 분석에서 제외되고 있다고 주장한다(Adair, 2005).

분적인 측면과 관계적인 측면에서 나오는 불평등을 볼 수 있게 하며, 역동적인 것을 강조하는 것은 사회적 배제 개념이 빈곤을 이끄는 과정에 주목하여 빈곤을 재생산하는 메커니즘에 관심을 갖게 한다는 점에서 주목을 받고 있다.

Berghman(1995)은 다음과 같은 <표 2>를 통해서 사회적 배제와 빈곤 두 개념 모두 이중적인 함의를 가질 수 있으나 설명하는 내용에 따라서 개념을 구분하여 사용할 수 있다고 한다.

	정태적 결과 (Static outcome)	역동적 과정 (Dynamic process)
소　득 (Income)	빈곤(Poverty)	궁핍화(Impoverishment)
다차원적 (Multidimensional)	박탈(Deprivation)	사회적 배제(Social exclusion)

〈표 2〉 사회적 배제 개념과 빈곤 개념의 차이 (자료: Berghman(1995), p. 21)

빈곤과 사회적 배제 간의 관계를 구분 짓는 중요한 기준은 바로 시간에 대한 인식이다. 빈곤이 장기화될 경우 빈곤으로부터 벗어날 기회는 점점 축소되는데 이 과정에서 형성되는 빈곤경험은 사회적 배제의 경험과 밀접히 연결된다. 시간은 단지 빈곤이 발생되는 시기가 아닌 빈곤과 사회적 배제의 다양한 경험들을 만드는 매개가 된다. 빈곤이 지속되는 과정은 빈곤의 다양한 의미가 형성되는 과정이다. 사회적 배제의 원인은 바로 이러한 빈곤경험 안에 내재한다. 사회적 고립의 증가, 의욕 감소, 이상한 행동, 사회적 추방의 경험 등이 그 예이다(Walker, 1995).

과정으로서 빈곤에 초점을 맞추는 것은 빈곤이 발생하는 맥락과 빈곤경험에 대한 이해를 요구한다. 특히 여성의 경우 생애과정 관점은 여성 빈곤의 특수성을 이해하는 중요한 출발점이 될 수 있다. 가족과 노동시장과 관련된 생애과정의 변화는 남성보다는 여성에게 더 근본적이기 때문이다. 남성의 빈곤이 주로 노동시장과 관련된 위기와 관계가 깊은 반면 여성의 빈곤은 중요한 가족 사건들과 밀접히 연결된다. 결혼율의 감소와 별거와 이혼, 동거의 증가 그리고 혼외 출산율 증가 등 가족 삶의 변화와 함께 실업과 여성의 고용불안정, 주변화 등 노동시장에서의 변화는 복잡한 방식으로 상호연결되어 여성의 빈곤에 영향을 미치고 있다. 여성의 경제적 상황은 사별, 이혼 혹은 별거 등과 같은 가족 사건과 매우 밀접히 연결되며 양육에 대한 책임으로 여성들은 더욱 빈곤해질 가능성이 높다(Kabeer, 1994b: 158~9; Ruspini, 2001: 110~13).

여성의 빈곤이 어떻게 생산되고 재생산되는지 그 과정의 역동성에 대한 분석은 빈곤과 젠더의 연결이 다양한 층위에서 구성된다는 사실에 주목하는 것이다. 즉, 빈곤과 젠더가 연결되는 방식은 단일하지 않으며 다양한 층위로 구성된다. <표 3>에서 살펴볼 수 있듯이 빈곤과 젠더는 구조적 차원에서는 노동시장과 가족, 계급이 상호교차하며, 규범적 차원에서는 생계 부양자 규범, 모성 규범, 정상가족 규범, 성 역할 규범, 성 규범이 작동되면서 상호연결된다.

층 위	내 용
구 조	· 수직적 관계 : 계급 · 수평적 관계 : 노동시장 – 가족
규 범	· 생계 부양자 규범, 모성 규범, 정상가족 규범, 성 역할 규범, 성 규범
개 인	· 정체성과 행위성 : 여성들의 적응, 저항, 선택, 해석

〈표 3〉 빈곤과 젠더가 연결되는 세 가지 층위

그러나 이러한 조건들이 개인 삶 속에 미치는 영향력은 여성들이 처해 있는 상이한 맥락에 따라서 다르며 그 다름은 개인들이 다양한 권력관계들을 이동하고, 협상하는 과정을 통해서 구성된다(McNay, 2000: 17). 여성을 성 차별구조의 피해자로만 재현할 때 빈곤이 구성되는 과정은 분석될 수 없다. 지금까지 빈곤의 여성화 담론은 저소득 여성 가구주의 목소리를 '특정한 방식'으로만 드러내었다. 빈곤실태를 중심으로 파악되는 여성 가구주의 문제는 절대적인 빈곤선상에 있는 소득의 문제, 낮은 고용 안정성과 낮은 급여의 문제, 경제활동의 장애요인으로서 미취학/취학자녀의 보육 문제와 건강 문제 등 사회적 지원이 시급히 요구되는 대상으로서 주로 접근되었다. 피해자로 재현된 여성 가구주의 문제는 전통적인 복지주의 관점과 결합되면서 여성 빈곤의 문제는 복지 지원의 문제로만 읽혀졌다. 무기력한 피해자로 재현된 여성 가구주의 문제는 외부의 개입에 의해서만 문제가 해결될 수 있다는 시각을 강화하여 왔다. 피해의 실태에 대한 강조는 여성 가구주의 빈곤을 성 차별 구조의 차원에서 설명하려는 노력을 병리적인 문제 혹은 결핍된 개인의 문제로 환원시켜 버린다. 여성들이 빈곤으로부터 고통을 겪는 다양한 차원을 설명하면서도 그것이 '그들만의 문제'가 아닌 '성 차별구조의 문제'로 설명할 수 있는 접근이 요구된다. 그것은 바로 구조와 개인의 일상적인 삶을 매개시켜주는 행위성(agency) 개념을 통해서 시도될 수 있다.

구조적 힘이 일상생활의 수준에서 어떻게 작동되는지를 이해하기 위해서는 행위성(agency)에 주목할 필요가 있다. 가난한 여성의 행위성에 주목함으로써 얻을 수 있는 유용함은 첫째 빈곤을 초래하는 사회적 맥락을 분석할 수 있다는 점이다. 여성들의 행위성을 살펴본다는 것은 여성들이 처해있는 성 차별적 구조의 피해의 현실을 부정하는 것이 아니다. 중요한 것은 여성을 빈곤에 취약하게 하는 구조가 여성들에게 일방적으로 그리고 결정적인 힘으로 행사되는 것이 아니라는 점이다. 여성들이 경험하는 피해의 문제에 공감하면서도 여성의 행위성에 초점을 맞춤으로써 여성들이 직면하는 실질적인 어려움에 접근할 수 있다. 행위성은 가능성이지만 그것은 특정 방식 안에서 그것을 틀 짓는 사회적 맥락 내에서 일어난다는 점(Nelson-Kuna and Riger, 1995: 176)에서 여성의 자원을 형성하고 제약하는 방식을 드러낸다.

둘째, 빈곤의 결과가 아니라 빈곤을 발생시키는 사회적 맥락에 주목함으로써 여성 가구주를 대상화하는 위험을 피할 수 있게 한다. 지금까지 빈곤여성 문제를 논의하는 방식은 빈곤의 여성화 현상을 초래하는 성 차별적인 구조의 피해자로 접근하거나 '결손' 가정의 병리적 문제가 있는 자로 접근되었다. 구조의 피해자로만 접근될 때 여성들은 무기력한 존재로서 변화의 대안을 찾을 수 없다. 또한 여성들이 겪는 무기력과 우울, 분노 등의 문제가 개인 심리의 문제로 접근될 때 여성들을 비난하게 되는 결과로 이어진다. 구조는 여성들에게 일방적으로 행사되지 않지만, 역으로 여성들의 행위성 역시 구조와 무관하게 개인의 자유의지에 따라 행사되는 것은 아니다. 여성의 빈곤화를 구조화하는 구조적 조건과 규범적 조건은 여성 행위자(agent)가 처해있는 상황적 맥락에 따라서 다른 의미를 생산할 것이다. 또한 여성을 빈곤에 취약하게 하는 구조적 힘은 개인들의 구체적인 삶 속에서 행해지는 다양한 실천들에 의해 굴절되면서 여성의 행위성을 제약할 것이다. 이러한 과정은 모든 여성들이 동일한 방식으로 빈곤과 연결되어 있는 것이 아님을 의미한다. 여성들 사이의 다른 목소리는 여성들이 처해있는 다양한 조건과 제약들을 드러낸다.

마지막으로 빈곤을 설명하는 데 있어서 여성들의 행위성에 주목해야 하는 이유는 구체적인 실천방안을 모색하는데 중요한 함의가 있다는 점이다. 여성이 빈곤에 취약하게 되는 구조만을 강조하게 될 때 이 문제에 어떻게 개입해야 할지 대안을 마련하기 어렵게 된다. 개인들이 빈곤화 과정에서 어떻게 저항하고 어떠한 대안들을 모색하는지, 이들의 노력을 좌절시키는 제약요인이 무엇인지 살펴봄으로써 다양한 개입의 지점과 실천적인 방안을 마련할 수 있다.

3장
여성의 빈곤화와
생애사 방법론

1. 생애사 접근법과 사회적 배제

1) 사회적 배제 관점과 과정으로서의 빈곤

빈곤연구에서 생애사 접근법에 주목하기 시작한 계기는 경제주의적 빈곤관점에 대한 비판과 새로운 접근법의 모색으로부터 출발한다. 현재 유럽을 중심으로 사용되고 있는 사회적 배제는 기존의 빈곤에 대한 새로운 접근법으로서 빈곤의 다차원성과 빈곤의 역동성을 강조하는 관점이다. 사회적 배제 관점이 기존의 빈곤 논의와 차별성을 갖는 측면은 바로 빈곤을 소득 중심의 경제적 결핍의 문제로 인식하는 것을 넘어서 권력의 문제로 인식한다는 데 있다. 빈곤을 이끄는 과정에 주목하는 것은 바로 빈곤을 개인적인 문제가 아닌 사회적인 문제로서 그리고 불평등의 문제로서 인식한다는 것이다. 빈곤을 초래하는 권력은 단일한 요소가 아닌 다양한 권력망에 기반한다는 점에서 빈곤의 다차원성을 강조하고 있다. 빈곤은 소득중심의 경제적 결핍뿐만 아니라 사회·문화적인 문제, 정치적 문제, 심리적인 문제를 포함하는 것이다. 또한 빈곤이라는 결과뿐만 아니라 빈곤에 이르게 되는 과정을 강조함으로써 권력의 작동방식, 즉 배제의 메커니즘에 대한 탐구 필요성을 제기하고 있다.

배제가 다양한 맥락에서 어떻게 작동되는가는 사회적 배제 관점에서 핵심적으로 던지는 질문이다. 새로운 질문에 답을 찾기 위한 노력들은 빈곤선(poverty line)을 넘어선 배제의 다양한 영역을 확인하고, 이를 측정하기 위한 노력으로 이어지고 있다. 배제의 영역은 주로 경제적 영역, 사회적 영역, 정치적 영역으로 분류하여 접근하고 있다(Berghman, 1995; Bhalla and Lapeyre, 1999). 경제적 영역은 노동시장으로부터 배제, 적절한 수입으로부터 배제를 중심으로, 사회적 영역은 사회적 관계로부터의 배제를 중심으로, 정치적 영역은 시민으로서 정치적 접근으로부터의 배제를 중심으로 다양한 지표들이 개발되고 있다. 국내의 연구들 역시 빈곤의 다차원적 영역을 분석하기 위해서 경제적인 영역뿐 아니라 주거, 교육, 건강, 가족지원체계, 사회적 편견, 사회적 관계망, 사회적 참여로부터의 배제를 분석하고 있다(송다영, 2003; 강신욱 외, 2005).

이와 같이 배제를 발생시키는 다양한 영역을 분석하는 작업은 빈곤을 초래하는 다양한 불평등의 조건을 인식하고 이를 극복하기 위한 통합적인 사회정책 형성의 기반을 마련하고자 한다는 점에서 중요한 실천적 함의를 갖는다. 그러나 배제의 다차원적 영역을 분석하는 대부분의 연구들은 기존의 통계지표에 의존하여 통계지표를 다양한 방식으로 조합하거나 지역차원의 통계조사를 사용하고 있다. 이러한 접근은 빈곤선 중심의 기존 빈곤연구보다 가난한 사람들이 경험하는 다면적인 문제를 설명할 수 있다는 점에서 의미를 갖지만 사회적 배제 관점에서 핵심적으로 던지는 질문들에 대한 답을 찾는 데 한계를 갖는다. 즉, 관점은 빈곤화 과정을 강조하는데 실제로 이를 분석하는 방법은 결과를 중심으로 측정된 통계에 의존하고 있다는 점에서 이율배반적이다. 사회적 배제 관점의 특징은 바로 권력관계가 작동되는 과정으로서의 빈곤에 주목한다는 점이다. 양적 방법으로는 권력의 가시적인(visible) 측면을 분석할 수 있지만 비가시적인(invisible) 측면, 권력이 작동되는 방식을 포착하기 어렵다.

배제가 작동되는 메커니즘은 바로 가시적인 권력구조뿐만 아니라 비가시적인 권력구조까지 포괄하는 것이다. 생애사 접근법은 이러한 사회적 배제 관점에 부응하는 연구방법으로 탐색되고 있다(Zajczyk, 1995; Rustin and Chamberlayne, 2002). Rustin and Chamberlayne는 사회적 배제 집단의 경험과 생애여정(life journeys)에 주목함으로써 얻게 되는 방법론적 함의를 두 가지로 정리하고 있다(Rustin and Chamberlayne, 2002: 3). 첫째는 개인들 각각의 다른 경험에 주목함으로써 지나친 일반화와 추상화를 피할 수 있다. 즉, 개인을 총합적이고, 평균적이며 혹은 변인들의 묶음으로 환원시키는 것을 피함으로써 그들의 관점으로부터 그들이 살고 있는 사회를 볼 수 있다는 것이다. 둘째는 개인의 삶 속에서 작동되는 세부적인 권력에 주목함으로써 그들이 살고 있는 사회 구조와 문화에 대한 통찰을 가능하게 한다는 것이다. 개인들이 그들의 경험을 설명하는 특정한 방식은 사회가 개인들을 구성하고 표준화하는 사고방식과 감정을 드러내는 것이다.

이러한 생애사 접근법은 개인들의 삶을 형성하는 객관적인 제약뿐만 아니라 의식과 주체성의 차원을 포착할 수 있도록 한다는 점에서 사회적 배제 관점에서 강조하고 있는 다차원성과 역동성을 분석할 수 있는 유용한 방법으로 보인다. 그렇다면 저소득 여성 가구주의 빈곤화 과정을 분석하고자 하는 본 연구에서 생애사 접근법이 갖는 방법론적 함의는 무엇인가?

2) 생애사 접근법과 방법론적 함의

여성 가구주의 빈곤문제는 여성의 경제적 자립 능력을 제약하는 중층적인 권력관계를 이해하는 문제이며, 가족과 노동시장 안에서 그리고 가족과 노동시장 사이에서 작동되는 젠더관계를 이해하는 문제이다. 특히 여성 가구주 빈곤경험의 특수성은 바로 가족 내의 권력관계와 자원형성 과정이 여성의 빈곤화와 밀접히 연결되어 있다는 점에 있다. 빈곤은 중요한 가족 사건들과 밀접히 연결되어 형성되는 누적적인 결과라는 점에서 여성 가구주의 빈곤화 과정에 대한 이해는 빈곤층이 되기 이전의 삶까지 포함하는 생애사적 접근이 요구된다. 따라서 빈곤과 관련된 사회·경제적 변수의 변화를 살피는 양적 방법으로는 여성 가구주들을 빈곤 상황에 이르게 하는 중층적인 권력관계를 이해하기 어렵다. 또한 빈곤을 발생시키는 구조적 변인만으로는 각 개인들이 경험하는 빈곤의 사회적 맥락을 이해하기 어렵다. 빈곤을 발생시키는 사회적 맥락은 여성 가구주의 행위성에 초점을 맞춤으로써 이해될 수 있는 것으로서 각 개인 여성들의 삶 속에서 설명되는 가족과 일이 어떻게 여성들을 빈곤에 취약하게 하는지 그리고 여성들은 빈곤상황에 구체적으로 어떻게 대처하는지 그들의 목소리에 귀 기울여야 한다.

생애사 접근법은 어린 시절부터 지금까지의 자신의 삶에 대한 이야기를 분석의 기초 자료로 삼는 접근 방법으로서 구술자의 주관적인 경험과 느낌에 주의를 기울인다. 여성주의 연구에서 생애사 접근은 여성의 주관성을 이론 형성의 기본으로 삼는다는 것, 그리고 사회적 현상으로서의 시간성, 과정성 그리고 변화성을 강조한다는 것, 지금까지 살아온 인생 이야기를 통하여 개인의 삶 전체를 연구할 수 있다는 점 때문에 주목을 받고 있다(박성희, 2004: 252~7). 여성들의 생애과정과 젠더는 밀접한 관계를 갖고 있다는 명제로부터 출발하여 여성 삶의 맥락성과 의식 그리고 여성 경험의 특수성을 깊이 이해하기 위하여 생애사 접근법은 현대 여성운동의 초창기부터 사용되고 있다(Geiger, 1986). 여성의 개인적인 경험 이야기는 가부장제 사회에서 일상적인 삶과 생애 과정에서 주어진 젠더 지위와 역할을 어떻게 인식하고 또한 가부장제적 억압의 역사에 거스르며 투쟁해 왔는지에 대한 젠더 경험의 진술이며 증언이라는 점에서 여성주의 연구방법으로 재조명되고 있다. 여성 개인의 삶에 대한 이야기는 가부장제 문화에서 억압된 젠더 경험의 기억을 가시화하는 과정이며, 그러한 과정을 통해서 젠더 경험의 주체를 자리매김한다. 그렇기 때문에 여성들의 생애사는 실제적인 생애 경험에 대한 기록이라기보다 여성이 처한 사회적 관계의 맥락에서 젠더 주체로서의 위치에 대한 여성주의적 해석이라 할 수 있다(김성례, 2002).

생애사 접근법으로 여성 가구주의 빈곤문제에 접근하는 것은 두 가지 중요한 방법론적 함의를 갖는다. 첫째, 빈곤경험을 외부인의 관점이 아닌 내부자로서의 여성의 이야기를 통해서 파악할 수 있다는 점이다. 외부인의 관점에서 본 여성 가구주 빈곤에 대한 접근은 "문제"를 중심으로 설명되며, 그 문제의 의미에 대한 설명은 빠지게 된다. 외부인의 관점에서 설명되는 빈곤여성의 모습은 병리학 모델에 기반한 해석으로 여성들은

약하고 병리학적 인성을 가지며 혹은 연민의 대상으로 재현된다. 외부인의 관점에서 설명되는 빈곤여성 가구주에 대한 연구물들이 쌓일수록 빈곤여성 가구주의 모습은 무기력한 모습으로 정형화되고 있으며, 이 정형화의 틀은 생각보다 아주 견고한 형태로 연구자와 사회복지사 그리고 여성들에게 영향을 끼치고 있다.[1] 여성 가구주 빈곤의 문제가 적절한 서비스의 지원으로 해결될 수 있는 문제로 접근될수록 빈곤여성 가구주의 모습은 더욱 힘겹고, 지친 모습으로 정형화될 수밖에 없다. 빈곤여성 가구주의 문제에 관심을 가져야 하는 이유가 물적 자원의 결핍의 결과로 이야기되면 될수록 빈곤여성의 모습은 비가시화되고 왜곡된다.

여성들의 목소리로 빈곤경험을 듣는 것은 주변성의 맥락을 읽는 것이다(Parnell and Vanderkloot, 1994; Krumer-Nevo, 2005). 주변성의 맥락을 읽는 것은 불평등의 사회적 맥락을 읽는 것이며, 여성의 권력을 제약하는 성별화된 권력관계를 문제화하는 것이다. 주변성의 맥락에 초점을 맞추는 것은 여성을 사회질서의 수동적 희생자로 보는 것을 의미하지 않는다. 이와 반대로 그것은 차별적인 사회제도와 싸우는 행위자로서 그들을 보는 것이며 여성들이 내면화하고 수용한 사회구조를 설명하는 것이다. 여성들의 이야기는 연구자로 하여금 여성 빈곤 문제를 다룬 기존 연구들의 관점과 시각에 대한 문제점을 발견하게 해주었고, 전통적인 '빈곤' 개념의 한계와 남성중심성을 인식하게 해주었다.

---

1 조문영(2001)은 '가난'에 대한 외부사회의 담론이 실제 빈민지역에서 어떻게 변형, 굴절되면서 '가난의 문화'를 만드는가를 인류학적 연구를 통해서 보여주고 있다. '복지'는 가난의 문제에 대한 대안으로서가 아닌 오히려 가난과 공생의 관계를 맺고 있는데 이것은 바로 도시 빈민 일반에 대해 어떠한 '전형'을 만들고자 하는 시도와 연결되어 있음을 밝히고 있다. 외부인의 관점에서 본 저소득 여성 가구주에 대한 '전형' 역시 실천적인 대안을 마련하는 데 장애가 될 위험이 있다는 점에서 매우 성찰적인 접근이 요구된다.

둘째, 생애사 접근법에서 시간은 삶에 대한 연구에서 가장 기본적인 것으로서 과거와 현재와 미래가 서로 영향을 끼친다고 본다. 과거의 삶을 이야기한 생애사에서 이야기한 사람이 과거의 경험을 어떻게 뒤돌아보고 있는지, 현재의 삶을 어떻게 보고 있는지, 앞으로의 삶은 또 어떻게 바라보고 있는지를 분석하는 것은 중요하다(유철인, 1998: 186~7). 이러한 접근은 성별화된 빈곤경험의 의미를 생애과정의 맥락에서 파악할 수 있게 한다. 여성 가구주의 생애과정을 통해 여성의 자원형성 과정에서 작동하는 젠더의 의미는 무엇인지 살펴볼 수 있다. 여성의 생애사는 남성과 달리 결혼, 자녀출산과 자녀양육으로 인한 불연속성과 꺾여진 인생의 범주를 갖게 된다(박성희, 2004: 257). 따라서 여성의 자원형성 과정에서 가족관계는 매우 특별한 방식으로 작동되며 특히 출생가족에서의 어린 시절 경험은 여성의 경제적 자립능력에 상당한 영향을 끼친다. 각 세대의 의식의 차이를 연구한 만하임은 "경험 성층화(stratification of experience)"라는 개념을 가지고 어린 시절의 경험과 인상은 경험 목록의 가장 밑에 위치하며 그러한 기층경험 위에 그 이후의 경험들이 순서에 따라 차곡차곡 누적된다고 한다. 이러한 경험들 중에서 결정적으로 중요한 것은 어린 시절의 기층경험인데 그 이유는 그 이후의 경험들이 그로부터 의미를 부여받는 경향이 있기 때문이라 한다. 경험은 시간적 순서에 따라 단순히 누적되는 것이 아니라 기층경험과의 관련을 통해 변증법적으로 통합되며, 이러한 경험 성층화가 개인의 의식을 형성하는 기반이 된다는 것이다(박재홍, 1999: 261). 여성 가구주들이 어린 시절에 경험한 성 역할의 사회화는 자원의 축적과 기회의 선택에 다양한 방식으로 영향을 끼친다. 따라서 빈곤경험의 의미는 빈곤층이 되기 이전에 어떠한 삶을 살아왔느냐에 따라서 달라질 수 있는 것이다. 빈곤의 조건은 정적인 구조를 가지는 것으로 특징지어지기보다는 박탈의 복잡한 누적과정에 의한 역동적인 과정에 의해서 특징지어 진다는 해석이 이루어지면서 생애사 연구는 빈곤연구의 새로운 연구방법으로 논의되고 있다. 과정으로서의 빈곤에 초점을 맞춘다는 것은 위기에 처해 있는 개인에게 가해지는 사건과 조건에 집중하는 것 혹은 개인을 사회적 주변화로 이끄는 그 과정에 주목하는 것을 의미한다. Zajczyk(1995)는 빈곤을 이해하기 위해서는 구조적이고 제도적인 맥락의 구조를 언급하는 자료를 사용할 필요가 있으며, 이것은 노동시장에서의 지위, 건강조건, 시간 사용 등과 같은 일반적이고 계량적인 시나리오와 질적이고 특별한 생애사 간에 다리를 놓는 작업이라고 말한다.

2. 연구 과정과 연구 참여자의 일반적 특성

1) 연구 과정

연구자가 여성 가구주의 빈곤 문제에 대해서 관심을 갖기 시작한 것은 1998년 가을부터이다. IMF 경제위기 이후 여성 가구주의 빈곤실태를 조사[2]하기 위한 설문조사와 인터뷰를 진행하면서 여성 가구주 빈곤의 심각성을 인식하는 계기가 되었고, 2001년 자활후견기관에서 두 달간 참여

---

2 이 연구는 여성특별위원회 여성발전기금 지원사업으로 진행되었으며 실직 여성가장 겨울나기 사업에 신청하러 온 여성 가구주와 여성가장 실업자를 대상으로 한 특별직업훈련과정에 참여하고 있는 여성 가구주를 대상으로 설문조사와 심층면접을 실시하여 여성 가구주의 빈곤실태를 파악한 연구물이다(「여성 가구주에 대한 사회적 지원 방안」, 정미숙 외 3인, 1998).

관찰할 수 있는 기회[3]를 가지면서 여성 가구주들의 일상생활을 가까이에서 접할 수 있었다. 이러한 과정을 통해서 여성 가구주의 빈곤문제를 생애사를 통해서 접근해보고 싶다는 문제의식을 갖게 되었다. 질적으로 수준 높은 자료를 얻기 위해서는 심층면접에 기꺼이 응하고 여러 번 면접이 가능한 정보 제공자를 만나는 일이다. 하지만 저소득층 여성 가구주를 만나는 것은 결코 쉽지 않았다. 자활기관을 통해서 여성들을 만나려고 몇 차례 시도를 하였으나 담당실무자들에 의해서 거부되었다. 논문 자료를 구하기 위해서 혹은 설문지 조사를 위해서 접근하는 연구자들이 많았기 때문에 연구자는 귀찮은 존재가 되기 일쑤였다. 개인적인 친분을 통해서 실무자를 만난 경우에도 인터뷰를 쉽게 허용해주지는 않았다. 그 이유는 여성 가구주들은 저마다 깊은 고통의 상처들을 안고 있기 때문에 외부인이 들어와서 그 고통을 헤집어 놓을 경우 실무자들이 뒷감당을 하기 어렵다는 것이다. 본인이 먼저 자신의 삶의 이야기를 털어놓기 전에 물어보지 않는 게 암묵적으로 합의된 예의라고 한다. 이러한 이유로 짧은 설문조사가 아닌 생애사 접근의 인터뷰는 연구자가 접촉한 모든 자활기관 실무자로부터 거부되었다.

여성들이 자신의 삶의 이야기를 편안하면서도 솔직하게 연구자에게 이야기하기 위해서는 연구자에 대한 신뢰와 믿음이 있어야 한다. 이러한 조건을 만들기 위해서는 여성 가구주를 위한 자원연계활동과 상담을 하는 기관의 실무자로부터 신뢰를 얻어야 했다. 그래서 연구자

---

3 이 연구는 보건복지부 지원 프로젝트로서 여성자활사업 모형개발을 위해서 4개의 자활후견기관에 참여하여 연구를 진행하였다. 연구자는 2개의 자활후견기관에서 연구자로서의 신분을 숨기고 수급자와 여성단체 실무자의 신분으로 두달간 참여관찰 하였다(『성인지적 자활사업 평가와 모형개발에 관한 연구』, 정미숙 외 2인, 2001).

와 그 기관 모두 도움이 되는 방식이 무엇이 있을까 고민하던 끝에 연구자가 자원봉사활동을 하겠다고 제안을 하였고 안산에 있는 기관으로부터 승낙을 받았다. 2005년 1월부터 7월까지 일주일에 한 번 혹은 두 번씩 방문하여 자료정리 및 집단상담 프로그램 지원, 설문조사 등의 일을 하였다. 이 기관은 지역자원을 활용하여 여성들의 다양하고 복잡한 문제를 해결하고자 하고, 여성 개인의 문제를 해결하는 과정에 도움을 주고자 하는 취약여성 가구주 사례관리사업을 목적으로 하고 있다. 실무자들은 모두 사회복지사였으며 상담전문가이기도 하였다. 이 기관을 찾은 여성 가구주들은 실무자들에게 심리적으로 상당히 의지하고 신뢰하는 모습을 보였다. 그러나 이 기관은 해결중심 상담을 원칙으로 하고 있었다. 해결중심 상담의 기본 원리는 여성 가구주들이 자신의 문제를 다루는 데 있어서 성공했던 경험에 일차적인 초점을 두는 것으로 여성가장과 이들 관계의 강점과 자원 그리고 능력에 초점을 두며 결함이나 장애는 가능한 다루지 않는다. 이러한 입장이기 때문에 연구자의 인터뷰 시도는 실무자의 입장에서 상당히 조심스럽고 방어적일 수밖에 없었다. 우선 실무자들과의 신뢰가 형성되어 있고 본인이 인터뷰를 원하는 여성 가구주를 중심으로 4월부터 면접이 이루어졌다.

여성들과의 만남이 지속될수록 연구자는 상당한 혼란을 경험해야만 했다. 그 혼란은 바로 빈곤여성을 다룬 연구들에서 보여진 빈곤여성에 관한 모습들과는 아주 다른 여성들을 만나면서 일어났다. 혹시 연구자가 만난 여성이 아주 예외적인 사례가 아닌가 싶었다. 연구자가 만난 여성들은 빈곤에 이르게 되는 과정이 개별 사례마다 다양하였지만 결코 무기력하지만은 않았으며 때로는 자신들이 서 있는 위치를 아주 날카롭게 꿰뚫어 읽는 경우도 많았다. 인터뷰를 하면 할수록 빈곤을 외부인의 관점이 아닌 내부인의 관점에서 설명한다는 것이 얼마나 다른 것인지 알 수 있었다.

그러나 빈곤여성들의 목소리를 듣는 것은 그리 쉽지 않았다. 우선 만나는 것부터가 쉽지 않았다. 밤 9시가 넘어야 일이 끝나는 경우가 많았고 초등학교 자녀를 둔 경우에는 일이 끝나도 시간을 내기 어려웠으며, 알코올중독자인 남편의 감시로 일상생활이 너무도 제약되어 있는 여성의 경우 등 여성들에게 '시간'은 계층적, 성별적 특성을 모두 담고 있는 그런 의미였다. 상대적으로 편하게 이야기할 수 있는 여성들은 자녀들이 청소년이면서 잠시 실업상태에 있는 여성뿐이었다. 실직 상태여도 지속적으로 구직을 하는 과정에 있기 때문에 저소득 여성 가구주들은 일을 하고 있건 실직 상태에 있건 모두 인터뷰를 하기에는 시간이 부족하였다. 생계에 실질적인 도움을 주지 못하는 사람에게 많은 시간을 할애할 그런 여유가 이들에게는 없었다. 너무도 지치고 피곤한 여성 그리고 몸을 가누지 못할 정도로 고통스러워하는 여성, 카드 빚 미납으로 불안해하는 여성을 만나서 인생 이야기를 충분히 나누기는 어려웠다. 생애사 접근법의 특성상 자신의 인생 이야기를 충분히 할 수 있는 시간을 가져야 하는데 여성들의 조건은 이러한 조건을 충족시키기 상당히 어려웠으며 여러 차례 면접 역시 쉽지 않았다.

이러한 문제와 함께 여성들의 목소리를 어떻게 이해해야 할지 고민스러웠다. 여성들은 고통의 삶을 빠져나온 사람들이 아니라 고통의 삶 한가운데에 있기 때문에 자신의 문제를 분리하여 체계적으로 설명하기 어렵다. 자신의 삶을 이야기하는 것은 상처를 건드리는 작업이고 때로는 그 작업을 통해서 딱지가 떨어지는 후련한 느낌을 갖기도 하고 때로는 아직 새살이 돋지 않아 살점이 떨어지는 아픔을 느끼기도 한다.

자신의 인생 이야기를 언어화(verbalize)하기가 특히 어려운 지점에 있는 경우가 많았다. 면접과정에서 눈물을 쏟지 않는 경우는 단 한 사례도 없었다. 깊은 한숨과 연구자가 무참할 정도의 긴 침묵, 가슴을 치거나 쓸어내리기, 허공에 대고 삿대질하기 등 말해지지 않는 것의 의미들을 어떻게 받아들여야 할지 어려웠다. 언어화되지는 않았지만 언어화된 것만큼 어쩌면 그것보다 더 진솔한 그런 의미를 갖는 이러한 반응을 어떻게 이해해야 할지 어려웠다. 연구자가 인터뷰를 하기 전에 자활후견기관에서 참여관찰할 수 있었던 경험은 이러한 어려움을 조금이나마 보완할 수 있었다. 연구자의 신분이 아닌 수급자의 신분으로 그리고 여성단체 실무자의 신분으로 여성들과 같이 일해 보았던 경험은 여성의 욕구와 이해관계를 조금이나마 이해할 수 있었던 자원이었다. 이와 함께 연구자의 어린 시절 경험 역시 인터뷰에 도움이 되었다. 출생가족의 계층적 지위는 평범한 서민이었지만 가족관계 안에서 아버지와 어머니가 사용하는 자원의 양은 너무도 달랐으며, 아들과 딸이 사용할 수 있었던 자원의 양과 성격 역시 달랐다. 한 가족 안에서 아버지와 아들이 누렸던 지위와 어머니와 딸이 처해 있었던 지위는 너무도 달랐다. 출생가족의 계층적 지위와 딸로서 경험해야 했던 결핍감 사이의 괴리는 이후의 삶에 지속적인 영향을 끼쳤고 이러한 경험은 인터뷰를 하면서 주요한 부분을 포착할 수 있는 자원이 되었다.

여성들은 자신의 인생 이야기를 하면서 개인마다 강조하고 싶은 부분이 달랐다. 어떤 여성은 폭력적이며 불성실한 남편에 대해서 이야기할 때에는 너무도 분석적이고 담담하게 이야기하다가도 자신이 이혼 후 취업을 하려고 할 때마다 좌절되었던 경험을 이야기하면서 분노의 울음을 터트렸고, 다른 여성은 몸이 완전히 망가질 정도의 노동경험에 대해서는 사건일지를 읽어나가듯 이야기하다가도 이기적이고 폭력적이 었던 남편에 대해서 이야기할 때에는 온몸을 떨고 가슴을 치면서 이야 기했다. 여성들마다 무엇을 강조하여 이야기하고 싶어하는지도 다 달 랐다. 과연 연구자가 이러한 목소리들을 일반화(generalization)시키지 않고, 왜곡시키지 않고 제대로 들었는지 자신이 없다. 다만 여성들의 목 소리를 들으려고 노력했고 그 과정에서 연구자가 가졌던 빈곤여성에 대한 많은 통념과 지식들을 버리게 되는 경험을 하였다.

본 연구에서 여성 가구주란 법률상(De Jure)의 여성 가구주와 사실상 (De Facto)의 여성 가구주를 포함한 포괄적인 개념으로 정의하고자 한 다(Nadia & Helter, 1983: 232). 여성 가구주는 세 가지 유형으로 분류 될 수 있는데 첫 번째 유형은 사별 혹은 이혼 등으로 인해 남성 배우자 가 없는 가구이며, 두 번째 유형은 배우자가 부양자로서의 기능을 하 지 못하는 유배우자 가구, 세 번째 유형은 미혼모 가구이다. 이러한 유 형 중 가장 비가시화될 가능성이 높은 유형은 바로 유배우자 가구이 다. 그 이유는 법률상으로 유배우자 가구중 여성 가구주가 될 수 있는 조건은 배우자가 장애자일 경우로 국한되기 때문에 배우자의 병이나 실업으로 여성이 사실상 생계 부양자의 역할을 해 오고 있는 경우는 여 성 가구주 가구의 범주에서 제외되기 때문이다. 이러한 정의에 기초하 여 연구자는 사별 혹은 이혼 등으로 인해 남성 배우자가 없는 여성 가 구주 15명, 배우자가 부양자로서의 기능을 하지 못하는 유배우자 여성 가구주 3명, 미혼모 여성 가구주 2명과 인터뷰하였다. 그러나 인터뷰를 너무 힘들어하거나 당장 해결해야 할 문제만을 중심으로 이야기하고 싶은 경우, 자신의 인생 이야기를 하고 싶어 하지 않은 경우, 너무도 어 린 나이에 여성 가구주가 된 경우는 분석에서 제외하여 최종 연구 참여자는 10명의 사례로 한정하였다.

2) 연구 참여자의 일반적 특성

연구 참여자는 법정 저소득층인 경우는 7명이고 차상위층이 3명이다. 10명 모두 이혼한 경험이 있으며 이중 2명은 재혼하였다. 유배우자 여성 가구주 중 한 명은 배우자가 가출상태이며, 다른 한 명은 알코올중독과 결핵으로 치료 중이다. 유년기부터 성인이 될 때까지 계속 가난한 삶을 살았던 사례는 다섯 사례이고, 유년기와 결혼 후에 중산층의 삶을 살다가 이혼을 전후로 가난해진 사례는 네 사례, 유년시절은 가난했으나 부잣집으로 결혼하여 계층상승을 했으나 남편의 사업실패로 빈곤층이 된 사례는 한 사례이다. 연구자가 자원봉사를 했던 기관의 실무자로부터 소개받은 여성 가구주는 7명이고 다른 3명은 주변의 지인으로부터 소개를 받았다. 연구 참여자는 안산과 인천지역에 거주하고 있으며 면접은, 4명은 기관의 상담실에서 6명은 연구 참여자의 집에서 이루어졌다. 기관의 상담실보다는 연구 참여자의 집에서 인터뷰가 이루어질 경우 더 많은 정보를 얻을 수 있었다. 가구의 진열과 배치 그리고 청결의 정도는 여성들의 심리적 상태와 밀접히 연결되어 있었고, 아이들과 나누는 대화를 통해서 어머니 노릇에 관한 대화를 심화시킬 수 있었다. 7명의 여성이 고등학교를 졸업하였고, 2명의 여성이 대학을 다닌 적이 있다. 1명은 졸업을 했고 1명은 졸업을 앞둔 마지막 학기에 임신으로 중퇴를 하였다. 초등학교를 졸업한 여성은 1명, 초등학교를 다녔으나 졸업을 하지 못한 여성이 1명이다. 3명의 여성은 실직상태로 구직 중이었고, 2명의 여성은 병으로 근로가 불가능한 수급권자이다. 2명 모두 유배우자 여성 가구주이며 심한 우울증으로 치료를 받고 있고 1명은 인터뷰 바로 전에 자살을 기도한 적이 있다. 5명의 여성은 취업상태인데 수입은 100만 원 정도가 4명이고 1명만 160만 원을 받고 있다. 신용불량자인 여성은 6명이고, 신용불량자가 되기 직전의 여성이 1명이다. 연구 참여자의 특성은 <표 4>와 같다.

연구 참여자들과의 면접은 비구조화된 질문을 중심으로 1회당 2~5시간 정도 걸렸고 2회 인터뷰가 가능했던 여성은 4명이다. 질적 연구에서는 새로운 정보가 더 이상 나타나지 않을 때 자료 수집을 중단하는 것이 원칙이나 본 연구에서는 이러한 원칙을 적용하지 못하였다. 연구 참여자의 특성상 여러 번 만나서 충분한 이야기를 나누기는 어려웠다. 고된 노동으로 지쳐 있거나, 카드 빚 미납으로 심리적으로 상당히 불안해하는 여성을 만나서 인생 이야기를 충분히 나누기 어려웠으며 여러 번 만나기는 더욱 힘들었다. 면접은 크게 출생 가족에서의 경험, 결혼 이후 가족에서의 경험, 직업경력, 여성 가구주가 된 이후 어려움과 대응방식, 미래에 대한 전망이라는 5가지 관심 영역을 중심으로 이루어졌다. 가능한 연구 참여자들이 자연스럽게 자신의 생애 이야기를 할 수 있도록 하였으며 가끔씩 질문을 던지는 방식으로 이야기의 흐름을 끊거나 이어지도록 하였다.

자료는 연구자가 인터뷰를 시작하기 전에 연구 참여자에게 동의를 구하여 녹음을 하였으며, 인터뷰가 끝나자마자 녹음된 내용을 자료화하였다. 자료분석은 녹취록을 반복적으로 읽으면서 개별 사례별로 분석을 하였다. 각 사례의 자료에서 발견되는 범주와 개념을 중심으로 분석하였으며 개별 사례 분석이 끝난 후 사례들 간의 공통점과 차이를 중심으로 비교분석하면서 범주화하였다.

	이영미	김영아	김경숙	이순자	이기남
연령	38	28	38	40	45
최종학력	고졸	고졸	무학	초졸	대졸
혼인상태	별거(2001) 이혼(2004)	별거(2001) 이혼(2004)	이혼(1983) 재혼 후 남편가출(2000)	이혼(1985) 재혼 후 남편 알콜중독	별거(1996) 이혼(1997)
자녀상황	고1, 중2	초1, 5세	17세, 16세, 8세, 6세	고3, 초4	초4
현재직업	정보지 배달	자활공동체 참여	건강상의 이유로 노동 불능	건강상의 이유로 노동불능	실직
법정빈곤여부	법정모자가정	조건부 수급권자	일반수급권자	일반수급권자	법정모자가정
금융거래상태	신용불량자	신용불량자	–	신용불량자	–
父의 주된 직업	농사	무직	농사	무직	영세자영업
母의 주된 직업	농사	막노동	농사	막노동	영세자영업
형제관련사항	10남매 중 다섯째	1남2녀 중 둘째	1남6녀 중 첫째	2남2녀 중 막내	2남4녀 중 셋째

	최은희	한송이	박수영	임은수	김경자
연령	43	60	47	50	37
최종학력	대학 중퇴	고졸	고졸	고졸	고졸
혼인상태	별거(1995) 이혼(1997)	이혼(2003)	별거(2002) 이혼(2004)	별거(1992) 이혼(2000)	별거(2001) 이혼(2003)
자녀상황	중2, 초5	33세, 31세	고2, 초4	23세	초2, 7세
현재직업	실직	입주가정부	실직	빈대떡 장사	전단지 배포
법정빈곤여부	–	–	조건부 수급권자	–	법정모자가정
금융거래상태	융자 1천만 원, 카드미납상태	신용불량자	신용불량자	채무 4천만 원	신용불량자
父의 주된 직업	국책기관 연구원	사업가	직업군인	미군부대 근무 (사무직)	무직
母의 주된 직업	전업주부	전업주부	전업주부	전업주부	엿공장 운영
형제관련사항	1남2녀 중 첫째	3남2녀 중 둘째	2남2녀 중 셋째	2남3녀 중 둘째	5녀 중 넷째

〈표 4〉 연구 참여자의 일반적 특성과 가족관련 사항 (※ 연구 참여자의 이름은 가명임을 밝힌다.)

3) 연구 참여자 생애에 대한 짧은 이야기

이영미는 강원도에서 태어나 다섯 살에 아버지가 돌아가시고 어머니가 여동생만 데리고 충청도 청양으로 재혼을 하셨다. 외가에서 자랐던 이영미는 여덟 살이 되어서야 어머니와 함께 살 수 있었다. 새아버지는 슬하에 3남1녀가 있었고 어머니가 이영미와 여동생을 데리고 재혼을 하셔서 그 이후로 1남3녀를 더 낳았다. 이영미는 초등학교 4학년부터 작은아버지 두 분, 결혼 안 한 삼촌, 오빠로부터 지속적인 성폭행을 당했다. 성폭행은 중학교 졸업하면서 서울에 있는 서통가발공장에 오기까지 계속되었으며 23세에 결혼하기 전까지 고향에 내려갈 때마다 이루어졌다. 성폭행에서 벗어나기 위해서 "이른 나이"에 결혼을 했으나 결혼하고 한 달만에 남편의 아내폭력이 시작되어 결혼 14년 동안 지속되었다. 남편은 폭력과 함께 알코올중독 증세가 심하였고 치료를 위한 강제 입원 후 이영미는 실질적인 생계 책임을 맡게 되었다. 치료비와 생계비를 혼자 감당하게 되면서 카드 빚을 지게 되어 지금은 신용불량자로서 한 달에 24만 원씩 8년간 납입을 해야 하는 상황이다. 결혼 17년 만에 이혼을 한 이영미는 힘겨운 노동을 하면서 두 아이를 키우고 있는 지금이 자신의 인생에서 가장 행복한 시간이라고 말한다.

김영아는 어린 시절 교통사고로 한쪽 다리를 전혀 못쓰시는 아버지와 평생 일을 하신 어머니 사이에서 1남2녀 중 둘째로 태어나 안산에서 성장기를 보냈다. 아버지의 교통사고로 보상금을 많이 탔고 그 돈으로 집을 샀는데 그 지역이 재개발에 들어가서 유년기는 "어렵게 살지는 않고, 남들만큼은 살았"다고 한다. 중학교 때까지 경찰이 되고 싶었으나 성적이 부진하여 포기하게 되고 그 이후로는 꿈이라는 것이 없어졌다. 고등학교를 졸업하면서 2월에 염색공장에 취직을 하게 되는데 그곳에서 만난 남자를 사귀어 4월에 임신을 하게 되어 결혼하였다. 결혼 후 남편은 아이를 지나치게 많이 때렸으며 집을 나가 3년 동안 연락두절 되었고 이혼 후 양육비를 못 준다고 다시 행방불명이 되었다. 김영아는 남편이 집을 나간 뒤 생계를 위해서 3천만 원 정도의 카드 빚을 지게 되고 지금은 신용불량자가 되어 매달 40만 원씩 빚을 갚고 있다. 그동안 카드영업, 정수기 판매, 커피숍 서빙, 이삿짐 포장 등으로 생계를 유지하였고 2005년에 조건부 수급권자가 되었다. 지금은 유치원에서 장애아 학습도우미 일을 하고 있고 "빚만 없으면 행복할 것 같다"고 한다.

김경숙은 서너살 때 아버지가 돌아가시고 어머니가 김경숙을 데리고 재혼해서 1남6녀를 낳으셨다. 새아버지는 충남 금산에서 인삼농사를 크게 하셨는데 엄마가 학교를 보내지 않고 농사를 짓게 하여 초등학교를 졸업하지 못했다. 아버지가 사업에 망하게 되면서 가족은 모두 울산으로 이사하게 되었고 김경숙은 15세에 식당에서 일을 하면서 가족의 생계를 책임졌다. 가족생계 부양이 너무 힘들어서 이것으로부터 벗어나기 위해 19세에 결혼을 하였다. 그러나 남편은 "노가다"를 하며 "먹고 살 만큼은 갖다 줬지만" 주사가 심하여 술만 먹으면 자해를 하는 등 "개망난이 짓"을 하여 견딜 수 없어 26세에 서울로 도망 나왔다. 음식점에서 일을 하면서 남자를 만나게 되면서 두 아이를 김경숙이 양육하는 것을 조건으로 첫 번째 남편과 이혼을 하게 된다. 그러나 두 번째 남편은 노름을 심하게 하여 경제적인 문제가 어려워서 "안 해본 장사 없이 닥치는 대로" 일을 하면서 아이 셋을 더 낳는다. 5년 전부터 남편과 별거하고 아이 다섯을 키우기 위해서 "도둑질만 빼고 죽자 살자 일만 하다가" 2년 전에 쓰러져서 회복을 못하고 있다. 남편이 다시 돌아올지 모른다는 공포감으로 심한 우울증을 겪고 있으며 자살을 시도하기도 하였다.

이순자는 대전에서 호적이 없는 사람들에게 호적을 만들어주시는 일을 하셨던 아버지와 전업주부이신 어머니 사이에서 2남2녀 중 "늦둥이 막내딸"로 태어나 귀여움을 독차지하면서 유년기를 보냈다. 아버지는 돌아가시기 전에 막둥이딸 천덕꾸러기 만들지 않겠다며 19살도 되기 전에 충남 논산에 15살 많은 남자에게 시집을 보낸다. 결혼 후 아이가 생기지 않았고 이순자는 20세에 집을 나와 무작정 인천에 오게 되어 다방에서 일을 하게 된다. 다방에서 만난 남자와의 관계에서 임신을 하게 되는데 이 남자는 폭력이 매우 심했으며 알코올중독자이나 "애 못 낳는 나를 애를 낳게 해주어서 얼마나 고마운지 모른다"는 마음으로 결혼생활을 하고 있다. 딸은 뇌병변 장애 2급이고 아들은 정신지체 2급인 장애아이며 남편은 알코올중독으로 8번째 병원에 입퇴원을 반복하고 있다. 남편 입원과 아이들 치료로 카드를 사용해 현재 빚이 3천만 원 정도가 있는 신용불량자이다. 우울증이 매우 심해서 약을 먹지 않으면 잠을 잘 수 없는 정도이지만 수급권자의 신분을 숨기고 바퀴벌레약 만드는 공장에 다니고 있다. 일하면 기분이 상쾌하고 좋지만 퇴근하고 아파트 단지 앞에만 오면 가슴이 답답하다고 한다. 요즘에는 떨어져 죽는 사람의 마음이 이해가 된다고 한다.

이기남은 부모님의 불화가 매우 심한 가정에서 6남매 중 셋째로 태어나 서울에서 유년기를 보냈다. 초등학교 시절 학업성적이 매우 우수하였으나 집안 형편이 어려워 낮에는 집에서 운영하는 장갑공장에서 일을 하였고 밤에는 야간 중학교에서 공부를 하였다. "대를 이어서 내려오는 빈곤에서 벗어나기 위해서는 학벌밖에 없다"는 생각으로 힘든 상황에서도 야간 고등학교를 졸업하고 방송통신대학교에 입학을 한다. 고등학교를 졸업하고 패션회사에 취직하여 일을 하면서 학업을 계속하였기 때문에 대학을 졸업하는데 10년이라는 시간이 흘렀고, 서른 넷의 나이가 되었다. 그러나 대학을 졸업하고 나니 다니던 회사는 부도가 나서 없어질 위기에 처하게 되었고 전공(중어중문학)을 살려 일자리를 찾기에는 전문성이 부족하여 막막하던 차에 부모님의 권유로 선을 봐서 벼락치기 결혼을 하게 된다. 그러나 시댁의 가부장적인 경조사 관행으로 인한 갈등이 심화되기 시작하였고 남편의 폭력이 심화되면서 이혼을 하게 되었다. 이혼 후 공공근로와 텔레마케터, 보험영업, 인터넷 학습지 교사를 하다 현재는 장애인 복지관 지원업무를 임시적으로 하고 있다. 열심히 살려고 하였지만 앞이 보이지 않는 상태라고 말한다.

최은희는 국립조사연구원이신 아버지와 전형적인 인텔리 집안에서 성장한 어머니 사이에서 2남2녀 중 둘째로 태어나 서울에서 어린 시절을 보냈다. 아버지는 여자는 살림 잘 배워 시집가는 것이 가장 좋은 일이라는 신념을 가지신 분으로서 서울교대가 아니면 등록금을 대주지 않겠다고 하여 고등학교 졸업 후 대학진학을 못하고 유통회사에 취직을 하게 된다. 직장에 다니면서 28세에 야간대학에 입학하여 학업을 계속 했으나 졸업 마지막 학기에 임신이 되어 중퇴를 하고 결혼을 하게 된다. 대졸 출신의 남편은 결혼생활 내내 폭력을 일삼았으며 외도가 계기가 되어 이혼을 하게 되었다. 서른여섯에 아이 둘을 데리고 이혼한 최은희는 "뭔가 새롭게 내일을 찾아서 먹고 살길을 찾을 수" 있을 것 같았지만 현실은 생각과 달랐다. 9시부터 6시까지 일할 수 있는 곳을 찾고 있는데 이러한 조건을 충족하면서 최소한의 생계가 보장되는 일자리를 구하는 것이 쉽지 않음을 확인하면서 심한 좌절감에 빠져 있다.

한송이는 사업을 하시는 아버지와 전업주부인 어머니 사이에서 3남2녀 중 둘째로 태어나 서울에서 상당히 유복한 어린 시절을 보냈다. 대학을 진학할 무렵 아버지의 사업이 기울기 시작하면서 남동생 대학진학을 위해 한송이는 학업을 포기하고 종로에 있는 무역회사에 취직을 하게 된다. 결혼을 하고 직장에 다니는 것은 한 번도 생각해 본 적이 없기 때문에 사내결혼을 하면서 스물다섯에 직장을 그만둔다. 남편과 함께 쌀가게를 운영하여 경제적으로 "탄탄대로"를 갔지만 결혼생활 동안 남편은 외부출입을 못하게 하였으며 폭력이 지속적으로 이루어졌다. IMF 경제위기를 거치면서 가계가 기울기 시작하면서 남편의 폭력은 더욱 심해지기 시작하였고 남편은 자녀와 한송이 명의의 카드를 만들어 대출을 받고 학원을 운영하게 된다. 한송이는 보습학원 원장으로 딸은 컴퓨터 선생님, 아들은 태권도 사범, 남편은 관장으로 학원을 경영하였다. 그러나 빵칼로 눈을 찔리는 등 생명에 위협을 느낄 정도로 남편의 폭력이 점점 심해져 한송이는 집을 나와 1366에 접수하여 쉼터에 있으면서 이혼소송을 진행하였다. 이혼 후 신용불량자가 된 한송이는 입주가정부로 들어가 일을 하고 있는데 환갑이 되는 나이에 앞으로 어떻게 살 수 있을지 막막하지만 이혼한 것에 대해서는 추호도 후회를 안 한다고 한다.

박수영은 직업군인인 아버지와 전업주부인 어머니 사이에서 2남2녀 중 셋째로 태어났다. "굉장히 가정적이시고 진짜로 사랑만 받고" 컸던 유년시절을 기억하고 있다. 고등학교를 졸업하고 23세에 준 공무원인 교통순시원으로 사회생활을 시작하여 28세에 결혼한 후에도 직장을 계속 다녔다. 그러나 임신을 하고 나서부터 남편은 직장을 그만둘 것을 지속적으로 강요하여 출산을 하고 나서 직장상사와 친정어머니의 만류에도 불구하고 퇴직하게 된다. 남편의 사업이 번창하여 여유있는 생활을 하였으나 IMF 바로 전에 부도가 나면서 경제적 어려움이 시작되었다. 부도가 나고 이혼하기까지 9년의 시간이 흘렀는데 이 과정에서 남편은 사업을 다시 시작한다며 박수영 명의의 카드를 발급하여 카드 빚을 지게 되었고 그 결과 박수영은 현재 신용불량자가 되었다. 이혼하고 나서 몇 천 만 원의 채무를 떠안고 두 아이를 책임져야 하는 상황에서 마땅한 일자리를 구하지 못해 애를 태우고 있지만 이혼하고 나서 처음으로 꿀잠을 자고 있다고 한다.

임은수는 인천에서 미군부대에 다니셨던 아버지와 자그마한 양장점을 운영하셨던 어머니 사이에서 태어나 유복한 유년기를 보냈다. 아버지는 가부장적인 의식이 강하셔서 여자는 국문만 떼면 된다고 하시며 "옴짝달싹 못하게" 교육을 하셨다. "여자나이 똥값인" 스물일곱에 평소에 알던 남자에게 3일간 감금되어 결혼을 하게 된다. 남편은 대졸자로 대기업이 아니면 이력서를 넣지 않겠다며 직업을 갖지 않아 임은수가 가내부업, 막일 등을 하면 생계를 꾸려 갔다. 남편은 결혼 2년 후 일자리를 구했으나 친구들을 만나서 돈을 다 쓰고 더 가져가는 일이 반복되었고 그 과정에서 임은수는 아파트 투기를 시작하여 "무서울 정도로 별안간 돈 벼락"을 맞게 된다. 그러나 남편이 부도를 내고 잠적을 하는 바람에 임은수는 그동안 모은 전 재산으로 빚을 갚고 4천만 원 정도의 빚 독촉에 시달리고 있다. 딸의 중재로 이혼을 하고 빈대떡 장사를 하고 있지만 여전히 빚에 쪼들리고 있으며 왜 자신이 "남편을 위해서 생선뼈를 바르는" 방식의 엄마 같은 삶을 되풀이했을까 생각한다.

김경자는 가족에 대한 생계는 전혀 책임지지 않으면서 매우 가부장적이었던 아버지와 평생 노동판에서 힘들게 일하셨던 어머니 사이에서 다섯 자매 중 넷째로 태어나 성남에서 어린 시절을 보냈다. 부모님이 엿 공장을 운영하셔서 "딱히 어렵다고 할 수는 없고, 누릴 수 있는 것은 누리면서 살았"지만 엄마와 리어카를 끌고 엿 배달을 하면서 친구들에게 놀림을 받았던 기억들을 가지고 있다. 중고등학교 시절에 선생님들로부터 책임감이 강하다는 평가를 받았고 중학교 때는 선도부를 하였다. 상업계 고등학교에 진학하여 졸업 전에 운수회사에 취직이 되어서 10년간 사회생활을 하게 된다. 돈 걱정 안하고 친정 식구들 힘들 때 도와 줄 수 있을 거라는 생각으로 스물아홉에 안산에서 열손가락 안에 들 정도로 여유가 있는 시댁에서 결혼생활을 시작하였다. 그러나 IMF 경제위기와 함께 남편의 사업이 기울기 시작하면서 남편과 김경자 모두 신용불량자가 되었고 채무로부터 애들을 보호하기 위해서 이혼을 하게 되었다. 이혼 후 노점상을 하였으며 지금은 전단지 돌리는 일을 하고 있는데 아이들 엄마로서의 정체성이 현재의 삶을 구성하는 중요한 동력이 되고 있다.

제2부 – 가족경험과 빈곤화 과정

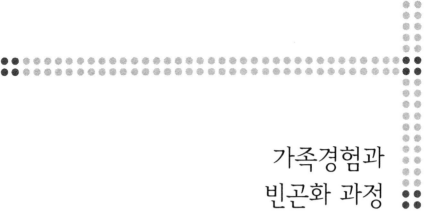

가족경험과
빈곤화 과정

연구 참여자들은 어떠한 경로를 거쳐서 빈곤에 이르렀으며 어떠한 계기를 통해서 빈곤층이 되었는가? 빈곤경로가 동일하지 않다면 그것은 무엇을 의미하는가?

연구 참여자들이 빈곤에 이르게 되는 경로는 크게 1)어린 시절부터 가난했고 성인이 된 이후에도 빈곤이 지속되는 경우와 2)이혼을 전후로 빈곤층으로 유입되는 경우로 나눌 수 있다. 유년기부터 빈곤이 지속된 경우 학력과 같은 중요한 자원을 형성할 기회를 제한받게 되며 가족 내 자원 결핍에 따른 다양한 갈등을 일찍 경험하게 됨에 따라서 이후의 삶에 지속적인 영향을 끼쳤다는 점에서 '빈곤의 지속' 유형으로 분류하고자 한다. 반면 유년기 혹은 결혼 후의 계급적 지위가 중산층이었다가 이혼을 전후로 경제적 결핍을 경험한 경우는 '빈곤으로의 유입' 유형으로 분류하고자 한다.

<표 5>에서 정리한 것을 살펴보면 빈곤의 지속 유형은 출생 이전부

터 지속적으로 가난했거나(이기남, 김영아, 이순자), 아버지의 사업실패
와 병으로 인하여 경제적인 어려움이 더욱 가중되었던(이영미, 김경숙)
사례가 해당된다. 이들은 가족 내의 경제적 자원 제약으로 일찍 학업
을 중단하고 사회활동을 시작하였고 결혼과 동시에 전업주부가 되었
다. 남편의 직업은 생산직(이영미, 김영아), 단순노동(김경숙, 이순자, 이
기남)으로서 결혼이후의 계급적 지위 역시 저소득층에 위치되었다. 평생
을 가난 속에서 살아왔지만 결혼관계 안에서 배우자는 알콜 중독, 폭
력 행사와 함께 생계 부양자로서의 역할을 거의 하지 않아 여성들은 실
질적인 가구주로서 생계를 책임지다가 빈곤이 심화되어 그 고리를 끊기
위해서 이혼을 한 경우(이영미, 김영아), 이혼을 하지 못하고 빈곤의 악
순환 속에 놓여 있는 경우(김경숙, 이순자), 폭력으로 인한 이혼 후 빈
곤이 더욱 가중된 경우(이기남)로 다시 나누어 살펴볼 수 있다.

유형분류	출생가족의 계층적 지위	형성가족의 계층적 지위	특징	해당사례
빈곤의 지속	저소득층	저소득층	빈곤의 고리를 끊기 위한 이혼	이영미/김영아
	저소득층	저소득층	결혼관계 유지로 인한 빈곤의 가중	김경숙/이순자
	저소득층	저소득층	이혼 후 빈곤 가속	이기남
빈곤으로의 유입	중산층	중산층	이혼 후 빈곤층으로 추락	최은희/한송이
	중산층	중산층	배우자의 사업실패로 빈곤 후 이혼	박수영/임은수
	저소득층	중산층	배우자의 사업실패로 빈곤 후 이혼	김경자

〈표 5〉 계층 지위의 변화와 빈곤화 경로

빈곤으로의 유입 유형은 친정 아버지의 직업이 연구원, 사업가, 군인

으로서 경제적으로 별 어려움 없는 유년기를 보내고 결혼 이후에는 남편의 직업이 회사원, 사업가로서 중산층으로서의 계층적 지위를 가졌던 사례(최은희, 한송이, 박수영, 임은수)와 저소득층 가족에서 성장하였으나 외모 덕분에 지역에서 유지였던 시댁의 며느리가 되었던 사례(김경자)가 해당된다. 유년기의 계층적 경험이 다르기는 하지만 이들은 빈곤층으로 '추락'하는 경험을 하였다고 자신의 상황을 설명한다는 점에서 공통적인 특징을 나타낸다. 빈곤을 경험하게 되는 계기는 배우자의 폭력으로 이혼을 한 후 경제적 어려움을 경험하게 되었거나(최은희, 한송이) 배우자의 사업실패로 결혼관계 내에서 이미 빈곤해졌고 이혼을 하고 나서 더욱 빈곤의 덫에 갇히게 되는 사례(박수영, 임은수, 김경자)로 나누어 살펴볼 수 있다.

연구 참여자들이 빈곤에 이르게 되는 경로는 계급적 지위와 젠더관계가 교차하면서 구성된다. 따라서 연구 참여자들이 빈곤에 이르게 되는 경로는 동질적이지 않음을 의미한다. 가족이라는 장은 계급과 성이 교차하는 공간으로서 남성 빈곤과는 다른 여성 빈곤의 복잡한 과정을 형성하는 하나의 축이다. 가족은 사회와 분리된 단위가 아니라 사회와 교차되고 상호 배제하면서 여성의 빈곤화를 구조화하는 제도이다. 하지만 그 가족이 처한 계급적 위치는 동일하지 않으며, 가족의 사회 경제적 지위에 따라서 가족구성원들이 사회와 교차되고 배제되는 양상은 달라진다. 본 장에서는 여성들의 생애 이야기를 통해서 여성의 자원형성이 어떠한 과정을 겪으면서 제약되었는지를 출생 가족관계와 직업경력 단절 그리고 결혼 이후 가족관계를 중심으로 살펴보고자 한다. 생애과정 분석을 통해 여성들의 자원형성과 자원통제에 영향을 미치는 규범과 규칙이 여성의 빈곤화와 어떠한 관련이 있는지 알아본다.

4장
출생가족과
성별화된 자원형성

어린 시절의 경험은 한 개인의 의식 형성에서 결정적으로 중요하다. 경험들은 시간적 순서에 따라 단순히 누적되는 것이 아니라 유년기의 기층경험으로부터 의미를 부여받는 경향이 있기 때문이다(박재홍, 1999: 261). 따라서 유년기에 경험했던 가족의 사회 경제적 배경과 가족 내의 관계는 연구 참여자들이 어떠한 과정을 거쳐서 빈곤에 이르렀는가를 분석하는 첫 출발점이 될 것이다. 어린 시절의 경제적 상황은 교육연수, 첫 번째 직업 수준, 향후 직업기회 등에 영향을 미침으로써 여러 단계의 인생주기에서 다양한 차이를 발생시키는 조건이다. 가족의 경제적 상황은 불이익과 박탈을 누적시킴으로써 특정 개인이 사회로 통합되는 과정을 제약한다(Whelan and Whelan, 1995: 46~7). 그러나 그 가족의 경제적 상황은 성별에 따라서 다르게 경험되기도 한다.

계층	사례	부의 직업	모의 직업	형제 관련 사항	비고
저소득층	이영미	농사	농사	10남매 중 다섯째	어머니가 두 딸을 데리고 재혼하여 3명을 더 출산함
	김영아	무직	막노동	1남2녀 중 둘째	아버지는 장애인임
	김경숙	농사	농사	1남6녀 중 첫째	어머니가 딸을 데리고 재혼하여 6명을 더 출산함
	이순자	무직	막노동	2남2녀 중 막내	어머니가 재혼하여 3명을 출산함
	이기남	영세자영업	영세자영업	2남4녀 중 셋째	–
	김경자	무직	엿공장 운영 막노동	5녀 중 넷째	–
중산층	최은희	국책기관 연구원	전업주부	1남2녀 중 첫째	남자 형제만 대졸
	한송이	사업가	전업주부	3남2녀 중 둘째	남자 형제만 대졸
	박수영	직업군인	전업주부	2남2녀 중 셋째	남자 형제만 대졸
	임은수	미군부대 근무 (사무직)	양장점 운영	2남3녀 중 둘째	남자 형제만 대졸

〈표 6〉 출생가족의 주요 특징

연구 참여자 중 저소득층 가족에서 유년기를 보낸 사례는 여섯 사례이며, 중산층 가족에서 유년기를 보낸 사례는 네 개의 사례이다. <표 6>을 살펴보면 저소득층 가족에서 아버지의 직업은 무직이 가장 많고 그 다음이 농사와 영세 자영업이다. 어머니는 주 생계 부양자로서 혹은 생계 분담자로서 평생 일을 하셨던 것으로 이들은 기억한다. 세 개의 사례에서 어머니가 사별을 하여 재혼을 하였고, 이영미는 8살에 김경숙은 4살에 재혼가족으로 편입되었다. 중산층 가족에서 아버지의 직업은 연구원와 사업가, 군인, 사무직으로 비교적 경제적으로 안정적이었다. 어머니의 직업은 임은수를 제외하고 모두 전업주부였다. 임은수 어머니의 경우에도 집 한켠에 양장점을 차려서 운영을 하셨기 때문에 일과 가사 사이의 갈등이 생겼던 경험은 이야기하지 않았다. 이들의 남자 형제들은 모두 대졸의 학력을 가졌다. 연구 참여자들은 딸로서 가족관계에서 무엇을 요구 받았는가 그리고 그 경험이 자원형성 과정에 어떻게 연결되었는가?

1. 자원배분의 성별성과 기회의 제약

가족은 각자에게 최초의 계급적 지위를 선사하며, 교육 성취 기회를 통해 자식들에게 이익과 불이익을 전달해 주는 방식으로 사회계급을 재생산시킨다(바렛·매킨토시, 1994: 59). 연구 참여자들이 이야기하는 출생 가족의 계급적 지위 역시 이들의 교육 성취 기회와 상당히 밀접한 연관을 갖는다.

저소득층 가족에서 성장한 딸들은 경제적으로 무능한 아버지, 항상 일을 해야만 했던 어머니를 기억하고 있다. 평생 일하지 않으면서 큰소리만 쳤던 아버지(김경자, 이순자, 김영아)와 아내와 농사를 같이 짓지만 본인은 주로 감독만 했던 아버지(이영미, 김경숙), 특별한 직업이 없다가 아내와 같이 영세 가내공장을 운영했던 아버지(이기남)를 기억한다. 주로 농사와 영세 자영업으로 가족 생계를 꾸려가는 상황은 어린 딸들이 보호의 대상이 아니라 일찍부터 가족생계를 위해 노동을 분담해야 하는 요구를 받게 된다.

> 4학년 때 엄마와 엿 배달했어요. 겨울에 엄마가 앞에서 끌고 저는 뒤에서 밀고 그랬는데 그때는 오전반, 오후반이 있었는데 오후반이면 오전에 밀고 나가잖아. 그래서 애들 만나면 막 챙피한거야.(김경자)

> 10남매에 제가 다섯째에요. 농사를 지어서 밭을 무지하게 많이 맸어요. 학교 갔다 오면 밭에 가서 일을 했고 아버지는 재미나게 일을 하라고 밭두렁에 앉아서 옛날이야기를 해주시고 그랬어요.(이영미)

> 집안에서 가내부업을 했었거든요. 장갑공장을. 낮에는 일하고 저녁에는 야간학교에 가서 저는 그렇게 했고. 검정고시를 봐서 학력인정을 받았고.(이기남)

연구 참여자들은 초등학교 시절부터 엄마를 도와 엿 배달을 하거나 농사를 짓고, 가내부업을 하기 시작한다. 가족의 생계유지에 대한 딸들의 기여는 매우 크고 중요할 뿐 아니라 아들보다도 오랫동안 가족의 생계를 분담하였다. 그러나 아버지의 병이나 사업실패와 같은 상황은 가족의 생계를 위협하면서 딸이 생계분담의 차원을 넘어서 주 생계 부양자가 되는 계기가 된다.

> 김경숙 : 울산에는 열 몇 살 때 식구 모두 이사를 했어요. 아버지가 (인삼농사)사업에 망하시고. 그래서 울산으로 오게 되었는데 여기

에 와서도 제가 다 했어요. 식당에서 사회생활 한 게 처음이에
요. 그때 나이가 15, 16살. 그런데 제 나이를 속였어요. 스무살로
속여서 그 스무살 받은 월급을 제가 받았어요. 그 월급을 엄마,
아버지 다 갖다 줬어요. 막내동생은 정말 다 내가 키운 거예요.
우유 먹고 휴지 사대고. 그때 제 월급이 25만 원이었어요. 그 당
시 송아지 한 마리가 25만 원이었어요. 내 월급 한 달해야 송아
지 한 마리 산다고 했어요. 정말 울산에서 에이급으로 월급을
받았어요. 제가 벌어서 그 식구 다 먹고 살았어요.

연구자 : 서울로 갈 수도 있었을 텐데 왜 그 일을 다 했어요?

김경숙 : 나 아니면 못 먹고 사니까. 내가 맏이니까. 공장에 갈려고 해
도 월급이 적었어요. 공장에도 갔었어요. 울산에 태화방직이라
고 들어갔는데 그 공장일 두 달 일을 해도 식당일 한 달 돈
이 안 되었어요. 돈이 필요해서. 그때는 엄마가 돈을 타기도 전
에 오셔. 그러면 주인이 '너희 엄마 돈 받으러 왔다' 그러면 엄
마에게 그 자리에서 바로 월급을 주고, 주고.

어린 시절부터 농사일과 양육노동을 하느라 초등학교를 중단한 김
경숙은 아버지의 사업(인삼농사)이 실패하면서 본격적으로 생계 부양
자로서 일을 시작하였다. 열다섯 살의 나이에 스무 살로 나이를 속여
서 식당에서 일을 시작한 김경숙은 가족의 주요한 소득원이었다. 엄마
는 월급날이 되면 김경숙의 임금을 타러 오는 임금 징수자였다. 빈곤계
층의 어머니들은 딸들에게 노동분담을 요구할 뿐만 아니라 딸들의 임
금을 징수하는 '세리'로서의 모습을 보였다(김순영, 2005: 86). 김경숙
은 자신에게 요구되는 생계 부양의 책임에 대해서 "내가 맏이니까"로
설명한다. 그러나 김경숙의 가족사를 통해서 이와는 다른 맥락이 있음
을 발견할 수 있다. 김경숙의 어머니는 첫 남편과의 사별 후 김경숙이
서너살 될 무렵 김경숙을 데리고 재혼을 하셔서 1남5녀를 낳았다. 김경

숙의 어머니가 유독이 김경숙에게만 무관심했고 일을 시켰던 것은 부계혈통을 중시하는 한국가족문화에서 성이 다른 딸이 가족을 위해 도구적인 역할을 수행함으로써 그 존재가치를 인정받게 하려는 어머니의 생존전략이 아니었을까? 김경숙이 생계 부양의 요구를 거부할 수 없었던 배경에는 맏이라는 조건 이외에 성(姓)이 다른 딸이라는 조건이 크게 작용하였다.

저소득층 가족에서 성장한 딸들은 가족 내의 자원이 제약되는 조건으로 인해 상당히 일찍 학업을 중단하게 된다. 하지만 이러한 조건이 딸과 아들의 교육 성취 기회를 동일하게 제약한 것은 아니었다.

> 남동생의 경우에는 공부는 안했어요. 아들이라 해서 공부를 시키려고 했는데 안했어. 놀자판으로 나왔고 겨우 졸업장은 돈 주고 사다시피 해서 했고.(이기남)

이기남은 빈곤가족 출신으로서 초등학교를 졸업하면서 가족의 생계를 분담하기 위해서 가내노동을 하기 시작했으며 18세에 라디오 조립공장에서 첫 직장생활을 시작하게 된다. 초등학교 시절 성적이 우수하여 선생님들로부터 '머리가 좋다', '이 애는 공부를 잘하는데 왜 진학을 안 시키느냐'는 말을 많이 들었지만 "세상에서 가장 착한 딸"이 되기 위해서는 학업을 계속 하기보다는 경제적으로 어려운 가계를 도와야 했다. 가족의 생계가 매우 위협받는 상황에서는 교육 성취 기회가 제한되어 이기남뿐만 아니라 오빠 역시 일찍 학업을 중단하여 상승이동을 위한 자원을 갖추지 못하게 된다. 하지만 남동생의 진학에서 보여진 부모님의 태도는 이기남의 학업중단이 단지 가족의 경제적 궁핍만으로 설명될 수 없는 다른 것이 있음을 의미한다.

이기남 : 제 이름에 '남' 자 이름이 있잖아요. 어른들이 어렸을 때부터 네가 남자였으면, 네가 남자였으면 뭐도 잘하고, 네가 공부를 잘했으니까 판사도 되고 그런 식으로.

연구자 : 이름에 '남' 자를 넣은 이유가 있었나요?

이기남 : 아들을 바라는 입장에서. 그때만 해도 아들 선호 사상이 있어서. 오빠 위로 아들이 있었는데 세 살 때 죽었대. 그래서 너무 아들이 귀한데 이 아들이 너무 몸이 약해. 그래서 불안한거야. 그래서 아들 낳겠지 해서 기남이라 지었는데 낳아보니 딸이야. 노는 것이 남자 같다고 해서 미리 이름을 지어났어. 아들에 대한 열망이 대단한.

아들 선호 사상이 강한 부모에게 공부 잘하는 딸은 별 의미를 갖지 않는다. 대를 이을 자식이 아닌 딸에게 제한된 경제적 자원을 나누어 주는 것은 아들에게 돌아가야 할 몫이 줄어드는 결과를 갖기 때문이다. 공부 잘하는 딸보다는 오랫동안 가족의 생계를 분담하는 딸이 더 필요했던 것이다. 도시 빈민 가족에서의 딸이 아들보다 가족생계유지의 책임을 더 많이 지게 되는 것은 딸들이 평생 일할 것도 아니므로 좋은 직장을 가질 필요도 없고 임금이 싸더라도 손쉬운 직장을 빨리 얻어 가족생계유지의 일익을 맡게 되기를 바라는 빈민가족 생존전략의 성 차별성에 기반한다. 평생 취업을 해야 할 존재로서의 아들은 가족 내 자원이 제약되는 상황에서조차 딸들에 비해서 상대적으로 자원형성 기회를 더 많이 갖게 된다. 따라서 딸들은 아들보다 일찍 직장생활을 시작하며 가족생계유지의 일정부분을 책임지게 된다.

저소득층 가족에서 성장한 딸들은 가족의 생계를 분담하기 위해서 학업을 중단하고 일찍 노동시장에 진입함으로써 학력자원형성 기회에서 배제되었다. 그렇다면 중산층 가족에서 성장한 딸들은 가족관계로부터 무엇을 요구받았으며 그 경험이 딸들의 자원형성에 어떠한 영향을 끼쳤는가?

중산층 가족에서 성장한 딸이 이야기하는 출생가족에 대한 기억은 경제적 안정과 단란했던 가족관계이다. "아버지가 집에 계신 날에는 미도파에 가서 쇼핑"을 하기도 하고(한송이), "자식을 위해서 진짜 헌신하시는 부모님"(박수영), "직업이 굉장해서 돈을 잘 벌었던 아버지"(임은수), "전형적인 인테리 집안의 어머니"(최은희)를 기억하는 딸들은 가족부양을 위해서 일찍 집을 떠나야 했던 저소득층 가족의 딸들과는 달리 성인이 되어서 결혼을 할 때까지 집을 떠나지 않는다.

그러나 이들이 누릴 수 있었던 경제적 풍요로움은 이 사례의 여성들이 남자 형제들과 동등한 학력자원을 형성할 수 있는 물적 토대로 작동되지 않았다. 우리 사회에서 학력자원은 경제적 자원을 형성하는 가장 공식적인 통로로 이해되고 있다. 인적자본을 평가할 때 가장 중요한 항목으로 다루는 것 역시 학력이다. 그러나 경제적 자원이 학력자원으로 전환되는 그 과정은 가족 정치학이 작동되는 과정이다. 여성의 일차적인 자리를 가족으로 규정하는 젠더 규범은 중산층 가족에서 딸들의 학력자원형성에 부정적인 영향을 끼침으로써 남자 형제들에 비해서 딸들이 좀 더 일찍 노동시장에 진출하는 결과를 가져온다. 특히 경제적 능력이 있었던 아버지의 가부장적인 의식은 가족의 경제적 자원이 성별에 따라서 다르게 배분되게 함으로써 딸들의 삶에 지대한 영향을 끼쳤다.

우리 친정 아버지는 심한 경우에요. 여자는 국문만 떼면 된다. 그거를 오히려 우기고 우기면서 (학교를) 다닌다고 해서 다닌 거지. 아버지가 학교를 어느만큼 다녀야 한다. 그런 게 아니었어요. 아버지가 상당한 가부장이고 옴짝달싹 못하게. 어른이 계시면 무릎 꿇고 밥 먹게 하고. 여자는 그러면 안 돼. 밥 먹으면서 말하면 안 돼. 아버지가 이거 안 돼 하면 그걸로. 그래도 형제 중에 가장 어긋나게 한 번씩 한 사람이 그래도 나에요. 그럼에도 불구하고 내 요구조건을 하는 것이 잘 안 되는 거예요. 그렇게 커왔기 때문에 저에 대한 불만이 많거든요. 그렇지 않았다면 이랬을 텐데. (임은수)

임은수는 아버지가 미군부대에 근무하셨던 덕분으로 "고무신이라는 것은 신어본 적 없고, 운동화 아니면 리본 매는 옷에 구두 신고, 가죽 가방 매고" 학교에 다녔다. 그러나 이러한 가족의 경제적 자원은 딸의 미래를 위해 투자되지 않았는데 그 이유는 경제적 자원을 뒷받침할 수 있는 규범적 자원이 없었기 때문이다. 가족의 경제적 대표자로서 아버지는 '여자는 국문만 떼면 된다'고 믿고 있었기에 경제적 자원을 딸에게 줄 이유가 전혀 없었다. 전문직 여성의 생애사를 분석한 연구물들을 살펴보면 전문직 여성들이 학력과 자격증을 갖추는 데 있어서 아버지의 인정과 기대가 절대적인 힘으로 영향을 끼쳤다고 분석하고 있다(조주현, 2000). 특히 전통적으로 여성적이지 않은 전공영역을 택한 전문직 여성의 경우에는 여자도 자기 직업이 있어야 된다고 늘 말씀하시는 아버지의 영향이 매우 컸다고 이야기하고 있다. 이러한 결과를 통해서 가족경험은 성장기 여성 정체성에 영향을 끼치며 여성들의 자원형성 과정과 밀접히 연결되어 있음을 알 수 있다.

경제적 자원과 규범적 자원이 모순되는 상황은 최은희의 가족관계에서도 나타난다. 최은희의 아버지는 대졸 출신으로 국립기관 연구소의 연구원으로 일을 하셨다. 그러나 부모의 학력이 높다고 성 역할 규범에서 자유로운 것은 아니다. 오히려 중산층 가족의 전형적인 모델을 따르기 위해서 좀 더 전형적인 성별 역할을 수행하도록 강요한다.

> (부모님 학력이 높아서 자식에 대한 기대가 높으셨을 것 같아요) 아니에요. 우리 아버지가 (제가) 스물네 살 때인가 직장생활 하는 것을 그만두래요. 너 눈이 높아 가지고. 크면서 우리 아버지가 매일 심어주는 것이 살림 잘 배워서 시집가서 잘 사는 거다. 여자는. 그런 형이셨어요. (본인은 그것에 대해서 어떤 입장이셨어요?) 수용하는 스타일은 아닌데 사회 분위기가 여자는 시집 하나만 잘 가면 그만 이래. 그리고 직장 분위기가 노처녀 스물넷 정도만 넘어가면 저거 시집 안 가나. 그게 인사가 그러잖아. 은연중에. 너 그만둬라. 그런 것은 아니지만 여자가 무슨. 분위기가 그랬던 것 같애. 아버지는 서울교대가면 등록금을 대주는데 일반 사립대 가면 못 대준다 그러시는 거예요. 아버지는 엄마에게 월급 줘서 모아서 그걸로 시집가라. 아버지는 해치우는 그런 식이야. 딸은. 어떻게 키워서 어떻게 해야 한다. 그런게 아니라 안전하게 키워서. 아버지와 (생각이) 같지는 않았는데 이런 것 있잖아요. 남자에게 의존해 가지고 살아가야 하는 그런 아버지 밑에서 자랐기 때문에 자립적이기보다는 자꾸 앉히려고 하시잖아. 발목을 잡고 넘어뜨리고. 늦게 다니는 꼴 못보고. 가족이라는 게 꿈을 심어준다든가 뒷바라지를 해준다든가 그게 아니라 꿈을 다 묵사발을 만드는 거야. 사람을 짓이기는 거야. 내가 조금 기를 펴려고 하면.(최은희)

임은수의 아버지가 '여자는 국문만 떼면 된다'고 생각했던 것에 반해 최은희의 아버지는 딸에게 교대를 가기를 권했다. 평생 일할 수 있는 전문직을 권했다는 점에서 딸의 사회생활에 대한 기대를 엿볼 수 있다. 그러나 최은희의 아버지는 딸에게 직업은 권했으나 교직으로만 제한함으로써 딸이 다른 선택을 할 기회는 주지 않았다. 가족 내의 경제적 자원은 성별에 따라서 다르게 배분되며, 그 배분의 규칙은 바로 성 역할 규범에 기초한다. 딸은 "안전하게 키워서" "살림 잘 배워서" 시집보내는 것이 부모로서 딸에게 해야 할 최선의 노력이라면 아들은 미래의 가장으로서 역할을 할 수 있도록 지원하는 것이 부모의 도리인 것이다.

얼마 전에 통화를 하면서 아버지에 대해서 원망스러운 게 그 이야기를
한 적이 있어요. 아무리 딸이지만 무조건 서울교대가 아니면 안 된다고
그렇게 딱. 남동생은 중학교 때 성적이 떨어져서 고등학교를 야간 상고
를 갔거든. 그런데 어떻게 해서든 학교를 보내려고 싸들고 다니면서 그랬
거든. 애가 ○○대학교 나왔어. 그런데 아버지가 엄마가 아들, 딸을 차별
을 안둔다 그런 말을 하셨지만 은연중에 차별이 있었던 것 같애. 내가 그
랬어요. 내가 아들이었어도 그랬겠냐고. 나를 그렇게 눌러 앉히려고. 조금
만 지혜로우신 분이었다면 여자도 직업을 가져야 한다. 그렇게 나오셨을
것 같애.(최은희)

가족의 경제적 자원은 가족구성원이 그 자원을 실질적으로 평등하
게 나누어 사용할 수 있음을 의미하지 않는다. 왜냐하면 경제적 자원의
전환은 남성 생계 부양자 규범에 영향을 받기 때문이다. 아들은 학업성
취 능력과 상관없이 미래의 가족을 이끌 가장이 되어야 하기 때문에 가
족의 경제적 자원은 너무도 쉽게 아들의 학력자원형성을 위해 전환된
다. 하지만 딸은 전문적인 사회활동을 보장하는 교대를 제외하고는 결
국 전업주부가 될 존재이기 때문에 경제적 자원을 딸의 학력자원형성
을 위해 전환하는 것은 불필요한 것이 된다. 여성의 일차적 위치는 가
족이라는 규범은 가족의 경제적 자원을 성별에 따라서 다르게 전환시
킨다. 결국 최은희와 남동생은 한 가족이지만 최은희는 고등학교를 졸
업하자마자 유통업에 취직을 하게 되고, 남동생은 대학을 졸업하고 대
기업 컴퓨터 회사에 취직을 하게 된다. 아버지의 말씀에 순종하는 착한
딸은 이혼을 하고 나서야 자신의 학력으로는 아무것도 할 수 없음을
깨닫는다.

내가 어중간한거야. 대학 졸업장이라는 거 어느 사람에게는 간판이지만, 나에게는 무기가 될 수 있겠구나. 내가 대졸이라면 빨간펜이나 그런 거 할 거 윤선생가서 강사로 갈 수 있잖아. 내가 학원에서 강사해서 학생들 가르칠 수 있잖아. 어떤 사람에게는 간판이 되지만 나 같은 경우에는 무기가 될 수도 있는 건데. 이렇게 인생이 될 줄 몰랐는데. 어설프게 인생을 살았구나.(최은희)

2. 성 역할 사회화와 체화된 규범

가족 제도 안에서 남성은 생계 책임자, 여성은 일차적 보살핌 책임자라는 성별분업 규범은 사회 전반에서 남녀의 권력 관계를 형성하는 가장 기본적인 규범으로 작동된다. 그러나 저소득층 가족에서 이러한 성별분업의 모델은 현실이 아니라 이상일 뿐이다. 저소득층 가족의 딸들에게 기억되는 어머니는 평생 일을 하셨고, 힘들게 일을 하셨다.

엄마가 힘들게 사셨어요. 엄마가 평생 노동판에 다니시고. 아버지는 전혀 일을 안 하셨어요. 당신은 놀면서 엄마는 생계를 책임져야 하는 우리는 그랬어.(김경자)

친정엄마는 자기의 역할에 대해서 죽어도 싫어했어요. 자기가 죽으면 다음에는 꼭 남자로 태어난다고. 내가 남자로 태어나지 못하고 철천지원수 이렇게 여자로 태어나서 고생을 하는지 그런 소리를 많이 들었고 싸우는 소리를 많이 들었어요.(이기남)

생계를 책임져야 했던 어머니는 자녀들을 돌볼 경제적 여력도, 정서적 여력도 없었다. 그러나 가족 내 전통적인 성 역할 분업이 실천될 수 없는 저소득층 가족에서도 보살핌 노동의 주요한 책임은 여전히 어머니의 역할로 부과된다. 집안을 청소하고, 밥을 짓고, 아이를 양육할 절대적인 시간이 부족한 어머니에게 딸은 자신의 이중, 삼중의 짐을 덜어줄 상대였던 것이다. 저소득층 가족에서 발생하는 보살핌의 위기는 딸의 노동 분담을 통해서 해결이 되었다.

> 내 동생과 나는 다섯 살 터울 나는데 우리 엄마 성남시장에서 야채장
> 사 하는데 내 동생 업고, 머리에 밥 이고, 보온병 들고 밥 날라다 주고 그
> 랬어요.(김경자)

자녀에게 헌신하는 어머니는 중산층 전업주부의 여성에게나 가능한 삶의 방식이다. 김경자는 시장에서 장사를 하는 어머니의 빈 자리를 채우기 위해서 밥을 하고, 어린 동생을 업어 키우고, 밥을 날랐던 어린 시절을 기억하고 있다. 자신에게 헌신했던 어머니가 아니라 자신이 도움을 주어야만 했던 어머니를 기억한다.

가족의 경제적 자원이 제약되는 상황은 가족구성원 모두의 선택폭을 좁히는 조건이지만 어머니의 노동을 분담하는 상대가 아들이 아니라 딸이라는 점에서 딸들은 자신의 삶의 조건을 개선할 최소한의 자원형성에서 배제된다. 연구 참여자들은 어린 시절부터 양육노동과 가사 노동에 적극적으로 참여하는 경험을 통해서 성 역할을 체화하고 전통적인 성 역할을 벗어난 미래에 대한 꿈을 가질 수 없었다. 어린 시절 꿈이 무엇이었냐고 연구자가 질문을 던졌을 때 '지금까지 그런 질문을 받아본 적이 없었다'(이기남), '크면서 꿈이라는 것이 없어졌다'(김영아)고 답하기도 하였다.

딸 역할에 대한 어머니의 생각과 가족이 처한 경제적 위기 상황은 어머니의 노동을 딸들과 분담하는 방식에 상당히 영향을 끼치는 것으로

나타난다. 김경숙의 어머니는 자신의 노동을 딸과 분담하는 것을 넘어서 강제적으로 노동을 부여하고 감독하기도 하였다. 학교를 가는 것보다 가사일을 하기를 강요했던 엄마에 대해서 김경숙은 지금도 강한 분노의 감정을 표출한다.

> 저는 어렸을 때 엄마가 학교를 안 보내서 초등학교를 못 나왔어요. 그래서 엄마에 대한 미움이 더 쌓이는 거예요. 엄마가 농사를 지으니까 내가 동생 봐야 하고, 밥해서 날라야 하고. 학교를 1년에 한 달이나 다녔나? 계속 결석을 하니까. 전혀 신경을 안 쓰고.(김경숙)

학교에 가는 것보다 가사와 양육노동을 할 것을 강요하는 가족경험은 김경숙이 학력자원을 형성할 기회조차 갖지 못하는 결과로 나타났다. 교육기회가 제한적이었던 산업화기와 달리 교육기회가 거의 보편화된 현재 우리 사회에서도 저소득층 가족에서 딸에게 요구되는 가사, 양육 노동은 딸들이 학업을 중단하고 가출을 하는 이유가 되기도 한다. 저소득층에서 학업을 중단한 십대 여성과 남성들은 학업을 중단한 이후 삶의 이동경로에서 가족의 의미가 이들의 삶에 중요한 영향을 끼쳤다(민가영, 2006). 여자아이들에게 가족은 가사 노동과 같은 성 역할을 수행할 것을 강요하는 공간이지만, 남자아이들에게 가족은 자신을 지원하는 준거집단이거나 부양의 대상이라는 것이다. 집에서 강요하는 '어린 엄마' 노릇은 학업중단과 집으로부터의 탈퇴를 결심하게 되는 하나의 계기가 되고 있다고 분석한다.

저소득층 가족에서 발생되는 보살핌 노동의 위기는 아들이 아닌 딸의 노동을 통해서 해결되었다는 사실은 딸의 학력자원형성 기회에 부정적인 영향을 끼쳤다. 이와 함께 가족을 돌보기 위한 노동 경험은 이후 결혼생활에서 희생적인 삶을 수용하는 기층경험으로 작동되고 있다는 점에서 부정적인 의미를 갖는다.

중산층 가족에서 성장한 딸들은 어린 시절부터 "여자는 고와야 한다, 착해야 한다"(한송이), "여자는 살림 잘 배워서 시집가는 거다"(최은희), "여자는 어른들 말씀을 잘 들어야 한다"(임은수)라는 교육을 듣고 자랐다. 저소득층 가족의 딸들이 어린 엄마(little mother)로서 가족을 위해 희생하였다면, 중산층 가족의 딸들은 미래의 엄마(future mother)로서 성 역할 규범을 학습 받는다.

> 저는 모범생. 가정에서도 올바르게 모범생 스타일이에요. 엄마, 아빠 말을 한 번도 어긴 적 없고… 결혼하고 직장에 다니겠다는 생각을 안했어요. 직장생활은 결혼하면 끝이라는 그런 게 있었어요. 결혼날짜 받으면서 그만 뒀어요.(한송이)

한송이는 자신을 부모에게 순종하는 딸, 착한 딸이었다고 말한다. 어린 시절부터 어머니로부터 끊임없이 들었던 말은 "여자는 고와야 하고, 착해야" 한다는 것이었다. 유복한 가정에서 딸들에게 훈육되는 기본교육이었다고 한다. 자신의 일차적인 정체성을 아내와 어머니로서 규정하게 되는 기층경험은 바로 이러한 교육을 통해서 이루어진다. 그 결과 한송이는 대학을 들어갈 무렵 아버지의 사업이 기울기 시작하면서 "남동생 앞길을 내가 방해하면 안 되겠다. 남동생 길을 터줘야겠다"는 생각으로 대학진학을 포기하게 된다. 한송이에게 사회생활은 자신의 미래를 위한 투자가 아니라 남동생의 미래를 위한 투자이다. 부모님 말씀 잘 듣는 '착한 딸', '순종하는 딸'은 어쩌면 한송이의 표현대로 자신의 인생을 살기보다는 다른 사람의 인생을 위해서 무언가를 계속 해야 하는 '바보 같은 딸'이었는지 모른다.

　그러나 딸들은 성장하면서 엄마의 삶에 대해서 비판적인 의식을 갖게 되면서 자신이 보고 배웠던 여성의 삶의 방식과 분리하려는 노력을 하기 시작한다.

　　내가 엄마처럼 살지 않겠다, 이게 자식들 중에 가장 많이 이야기한 게 나였어. (가장 닮고 싶지 않은 것은 어떤 거였어요?) 가장 닮고 싶지 않은 것은 밥상에서 아버지가 신경 안 쓰게 들이대는 거. 아침에 점심에, 저녁에 삼시세끼를 그 시간에 오면 밥상이 딱 나올 수 있도록 해야 해. 그랬는데 그건 아니지 절대 그렇게 안 살아 그랬는데 내가 그렇게 살고 있더라고. 이것은 나로 하여금 입력을 시키게 한 것 같아. 외식을 한 달에 한 번씩. 인스턴트식품은 거의 안 먹었어요. 건강 때문에 뭐 때문에 말로는 그렇게 했지만 얼마 시간이 지나면서 생각해보니까 안 살아 안 살아 그러면서 그게 생각이 오는 거예요. 시집에 하는 거라든가. 이거 나빠, 이러지 말아야지, 이런 거 깨야 하는데 완전히 몸에 배어 버린 거야. 그런데 그것을 나중에 알았어요.(임은수)

　"엄마처럼 살지 않겠다"는 말은 딸이 닮고 싶지 않은 엄마의 모습을 발견할 때 사용하는 말이다. 임은수의 눈에 비친 엄마의 모습은 아버지와 경제적 자원을 같이 공유하는 것이 아니면서도 아버지에게 순종하는 그런 모습이었다. 임은수는 돈을 잘 버신 아버지 하지만 일을 하셨던 어머니를 기억하고 있다. 아버지는 풍족하게 쓰고 다니셨지만 가정에는 생활에 필요한 쌀과 과일, 밀가루 포대, 고구마, 감자 등을 창고에 넣어주시는 것 외에는 돈을 주지 않으셨다. 엄마는 생활에 필요한 돈을 벌기 위해서 양장점을 운영하시면서 자식들이 필요한 용품들을 사주셨다. 딸의 입장에서 본 어머니는 항상 안쓰러운 존재일 뿐 경제적 자립을 생각하게 되는 계기가 되지는 못했다. 식탁에서 생선을 발라 아버지의 수저 위에 올려 놓는 어머니의 모습을 보고 자란 딸은 "엄마처럼 살지 않겠다"고 말은 하지만 자신의 말과는 달리 자신의 몸에 체화되어 버린 성 역할 규범에 옴짝달싹 못하게 갇히게 되었다는 것을 이혼을 하고 나서야 발견하게 된다.

이러한 체화된 성 역할 규범은 이후의 삶에서 희생적인 방식의 관계를 맺게 되는 기층경험으로 작동된다는 점에서 자아배제(self-exclusion) 경험으로 설명될 수 있다. Sabour(1999)는 사회 문화적 배제, 상징적 배제와 같은 비가시적인 배제의 중요성을 강조하였다. 어떤 집단이 주류 사회에서 배제되는 것은 물리적인 압력에 의해서 뿐만 아니라 이들에 대한 적대감과 낙인찍기를 통해서 스스로 물러서게 되는 자아배제 과정인 것이다. 여성들이 경험하는 주변화된 경험 역시 물리적인 압력에 의해서만이 아닌 사회적 규범에 의한 압력과 좌절적인 경험, 대안의 부재를 통해서 여성들 스스로 물러서게 되는 일련의 과정 속에서 형성된다는 점에서 자아배제인 것이다.

3. 출생가족에서 벗어나기 : 일 또는 결혼

가족은 삭막한 세상에서 안식처로서 정서적 안정감을 제공하는 유일한 장소라는 이미지는 매우 강력하다. 가족관계 안에서는 다른 곳에서는 허용되기 어려운 감정적 욕구를 표현할 수 있는 기회, 서로를 지원해 주는 친밀성의 제공 그리고 아이에게 높은 삶의 질을 제공할 수 있다는 믿음이 바로 그것이다. 그러나 안식처로서의 가족은 오로지 남성들에게만 적용되는 관념이다. 가족은 남성들이 자신의 노동 세계의 현실로부터 탈출할 수 있는 곳으로 생각하는 장소이다. 여기서 그들은 아내와 딸, 또는 여자 형제들로부터 안락하고, 희생적이며, 사랑스러운 보호를 기대할 수 있다(기틴스, 1997: 241). 또한 안식처로서의 가족은 경제적 자원이 충분한 특정 계층의 가족에게만 적용되는 관념이다. 일상의 생계를 걱정해야 하는 저소득층 가족은 그 자체가 긴장과 갈등이 발생되는 장소이기도 하다. 저소득층 가족에서 성장한 연구 참여자들은 가족관계에서 끊임없이 이루어지는 갈등과 폭력으로 가족 내 심리적 지지로부터 배제되고 이를 계기로 일찍 가족을 떠나는 경험을 하게 된다.

> 아빠가 술 먹고 들어오면 우리가 모두 무서워서 떨 정도로. 엄마, 아빠가 싸우기도 했고. 엄마는 항상 복종적이었어. 나는 너희들 보고 산다. 새끼들 보고 산다. 그래서 아빠와 나는 감정이 안 좋았어요. 그래서 빨리 시집을 갔을지도 몰라요. 아빠가 싫어서. 그래서 빨리 갔는지도 몰라요. 빨리 갔는데 결국은 이렇게 됐지요.(김영아)

> 이기남 : 우리 부모님이 많이 싸우셨어요. 평생 사시면서 상처를 주시는 분. 둘이 많이 싸우셨구. 우리는 아버지보다 엄마가 더 폭력적이시구… 집에서 너무 많이 당했기 때문에 밖에 세상이 너무 좋은 거예요. 더 선하고.
> 연구자 : 부모님이 자주 다투셨어요?
> 이기남 : 자주 싸웠고, 아주 심한 폭언을 많이 하셨어요. 아버지는 엄마와 싸우면 그냥 밖으로 나가시거나 그리고, 엄마가 할머니와 같이 살았는데 그 스트레스가 다 어디로 가겠어요?
> 연구자 : 아이들에게?
> 이기남 : 예. 대드는 놈에게는 매도 가고 대들지 않는 놈에게는 심한 욕도 가고.

김영아와 이기남에게 가족은 정서적 안정과 지원을 제공해 주는 공간이 아니라 폭력과 고함 소리가 오고 가는 갈등의 공간이었다. 가족의 생계를 분담해야 하는 상황과 맞물리면서 딸들은 일찍 가족을 떠난다. 그러나 자신이 경험했던 가족의 불안정성을 어떻게 해석하느냐에 따라서 집 떠남의 의미를 다르게 말하고 있다. 김영아는 평생 일을 하면서도 매를 맞아야 했던 엄마의 모습을 보면서 분노와 지겨움을 느끼고 가출을 반복하였다. 항상 문제의 원인은 아버지였다. 가족을 시끄럽게 하는 아버지로부터 가능한 빨리 분리될 수 있는 현실 가능한 대안으로 결혼을 선택하게 된다. 반면 이기남은 엄마처럼 살지 않기 위해서 집을 떠나고 경제적 독립의 기반으로서 일의 의미를 새롭게 해석한다. 김영아와의 차이는 문제의 원인을 아버지가 아닌 결혼 그 자체에서 찾았다는 점이다.

> 결혼에 대해서 별 하고 싶지 않은 것. 결혼하면 우리 엄마 매일 일하고 찌들려서 제사하고 살림하고 그런 시다바리나 하고 아빠는 매일 술 먹고 능력도 없고. 그러니까 결혼에 대한 모델이 없었어요. 결혼해서 행복하게 살거라고는 생각도 못해봤고 결혼에 대한 환상이 없었어요. 너무 피곤하고 힘들어. 나나 배우고 뭔가 전문적인 돈을 벌어 생활할 수 있다면. 나는 돈을 버는 것이 급선무인데 그냥 돈만 버는 것이 아니라 뭔가 배워서 하는 전문직 여성이 되게.(이기남)

아버지보다 더 심하게 화를 내고 매를 드는 어머니의 모습을 보면서 이기남은 여성 삶의 억압성을 깨닫게 되고 자기 삶의 가능성을 가족이 아닌 직업의 세계에서 찾고자 시도한다. 학업성적이 우수했던 이기남에게 가족 밖의 세상은 가족 안의 관계보다 정서적 지지와 안정감이 제공된 "더 선한" 장소였다. 결혼에 대한 기대를 안 한 이기남은 좀 더 전문성 있는 직업을 얻기 위해서 가족에 대한 생계노동의 분담에서 벗어나 자신의 경력 형성을 위해 자원을 투자하게 된다.

가족 내에서 발생하는 성폭력 역시 딸들이 가족을 떠나게 되는 계기가 되지만 폭력에 저항할 수 있는 자원을 갖지 못할 경우 다시 가족을 선택하게 되는 폐쇄회로에 갇히게 된다. 이영미는 여덟 살에 어머니의 재혼가족에 편입되어 성장하면서 초등학교 시절부터 결혼하기 전까지 작은아버지 두 분, 결혼 안 한 삼촌 그리고 배다른 오빠로부터 지속적인 성폭행을 당했다. 이러한 이영미에게 공적세계로의 진입은 가족으로부터 벗어날 수 있는 유일한 기회였다.

> 어렸을 때 기억은 별로 좋지 않았던 기억들. 저희 엄마가 제가 첫째 딸이고 아래로 여동생이 있어요. 제가 5살, 여동생이 3살 되던 해에 아버지가 돌아가셨고, 어머니가 재혼을 하셨어요. 그러면서 동생만 데리고 가셨고 저는 학교 들어가기 시작하면서 그 집에 들어가게 되었어요. 그런데 그 집에 들어가니까 (오랫동안 침묵) 제가 국민학교 정확히 기억은 못하고 4, 5학년쯤 되서 작은아버지 두 분 하고, 결혼 안 한 삼촌하고, 오빠 한 분에게 성폭행을 당했어요. 중학교 3학년 때까지. 작은아버지들도 서울에만 다녀오면 으레 그렇게 하려니 하고. 그러다가 중학교 졸업하고 사회에 나왔거든요. 그리고 나서도 가끔 집에 가면 그것을 요구하기도 했고. 그렇게 참 안 좋았던 기억들이거든요.(이영미)

이영미에게 직장생활은 성폭력으로부터 안전한 장소를 제공해 주는 것으로서의 의미이다. 이러한 이유로 직장생활은 "너무 즐겁고 행복한" 경험이었다. 이영미는 낮에는 가발공장에서 일을 하고 밤에는 야간 고등학교에 다니면서 비록 몸은 고되지만 중단되었던 학업을 계속할 수 있어서 행복하였다고 한다. 하지만 서울에서 직장생활을 하면서도 고향에 갈 때마다 지속되는 성폭행은 일찍 결혼을 선택하는 이유이다.

연구자 : 남편을 알게 되고 결혼까지 기간이?

이영미 : 아주 짧았어요. 음~ 한 4개월 정도. 왜 그랬냐면 제가 성폭행
　　　　당한 일 말했죠.

연구자 : 아~ 예. 지난 번 만날 때 말씀하셨어요.

이영미 : 늘 불안했어요. 어른이 됐어도. 성인이 됐어도 작은아버지들이
　　　　계속 요구를 했으니까. 그래서 시집도 일찍 간 것 같아요. 거기
　　　　에서 벗어나고 싶어서. 그래서 어린 나이에 시집을 갔어요. 스물
　　　　셋에.

이영미가 성폭력 상황에 대해서 적극적으로 대처하지 못한 이유에는
가해자들의 지속적인 협박이 있었다. "네가 만약에 엄마에게 얘기를 한
다거나 그렇게 되면 너를 때려 줄 거야", "동네 사람들에게 다 말할 거
야. 창피하게" 이런 이야기를 통해서 이영미는 자신의 상황을 누구에게
알린다는 것이 무섭기도 하고 창피하기도 했다고 말한다. 이러한 조건
에서 이영미가 이 상황에서 벗어나기 위해 할 수 있는 것은 무엇일까?
낮에는 가발공장에서 일을 하고 밤에는 야간 고등학교에서 공부하면
서 대학진학의 꿈을 키웠던 이영미는 가족 내의 성폭력이 지속되면서
대학진학이 아닌 결혼을 선택하게 된다. 그러나 이영미가 꿈꾸었던 가
족은 자신의 상처가 치유되고 자신이 보호받는 장소로서가 아닌 자신
이 책임지고 보살펴야 하는 장소로 인식되었다는 점에서 대안적인 장
소가 되기 어려웠다.

연구자 : 결혼할 당시 꿈꾸었던 가족은 어떤 것인가요?

이영미 : 그때 당시에는 가족이라면 다 내가 끌어안는 것. 책임지는 것.
　　　　남편이 무슨 일을 하든. 잘못되면 내가 다 끌어안는 것. 내가
　　　　해주는 것.

연구자 : 사랑받는 것은 생각해 본 적 있으세요?

이영미 : 한 번도 생각해 본 적 없어요. 나는 항상 남편을 위해서 뭔가를 해야 하고 늘 줘야 하고 이런 생각을 했었어요. 그래야 그 사람이 나를 떠나지 않을 거란 생각을 했고. 내 주위에서 항상 떠난다는 것이 두려웠어요. 그런데 결혼하고 나서 한 달 만에 신랑이 폭력을 시작했잖아요. 내 꿈이 산산조각이 나는 거예요. 내 애를 어떻게 하나. 그때 당시만 해도 유산을 하는 것은 상상을 못했거든요. 아무리 남편이 폭력을 해도 내가 이 집에서 귀신이 돼야 벗어나는 줄 알았거든요.

지금까지 살면서 자신의 성폭력 경험을 누구에게도 말할 수 없었다고 이야기하는 이영미는 성폭력에서 벗어나기 위해서 사회생활을 시작했고 또 다른 가족으로 몸을 숨기지만 그곳 역시 이영미에게 정서적 안정감을 제공해 주는 장소는 아니었다. 감당하기 힘들었던 성폭력 경험은 어떠한 조건의 배우자가 자신을 보호해 줄 수 있는지 신중하게 계산할 수 있는 여력조차 남겨 놓지 않는다. 딸로서 가족을 위해 생계노동을 하기를 지속적으로 요구받았던 경험은 자신이 보살핌을 받을 수 있는 존재라는 정체성을 형성하기 어려운 경험이었다. "항상 남편을 위해서 뭔가를 해야 하고 늘 줘야 하는" 관계방식은 이영미가 출생가족에서 딸로서 요구받았던 것으로 이미 습관으로 정착되어 버린 그런 태도이다. 이러한 희생적인 관계맺음 방식은 저소득층 가족의 딸 노릇 경험과 연결된다. 자신이 모든 것을 다 끌어안아야 될 것 같은 가족 안에서 이영미는 아내로서 폭력을 견디면서 생계 부양을 위한 힘든 노동을 해야 하는 삶을 살게 된다.

5장
여성의 경제적 자립을 제약하는 가족 경험

　첫 노동시장 진입 시 학력과 연령, 직종 등의 조건들은 이후의 직업경력과 밀접한 연관이 있다. 초기의 부정적인 고용경력의 형성은 노동시장의 이탈과 연결된다는 점에서 어떠한 조건으로 노동시장에 진입하였는가 그리고 그 일이 자신에게 어떤 의미로 해석되는가, 노동시장으로부터 배제되는 과정에 개입되는 요소는 무엇인가는 여성들의 생애과정에서 사회적 통합을 어렵게 하는 차별기제와 규범, 정체성에 대한 논의를 가능하게 한다.

　연구 참여자들은 첫 노동시장 진입에서 아주 짧게는 2개월에서부터 가장 길게는 17년까지 일을 하였다. 대부분 결혼을 계기로 노동시장에서 퇴장하였는데, 이들에게 결혼은 출생가족으로부터의 부당한 착취와 폭력으로부터 벗어나기 위한 계기이기도 하고, 더 이상 희망이 없는 노동시장에서 벗어나 선택할 수 있는 유일한 대안이기도 하였다.

계층	사례	학력	노동시장 첫 진입 시 연령	노동시장 첫 진입 시 직종	노동시장 첫 진입 에서 첫 퇴장까지 지속기간
저소득층	이영미	중졸	17세	생산직 (가발공장)	9년
	김영아	고졸	20세	생산직 (염색공장)	2개월
	김경숙	무학	15세	서비스직 (식당)	5년
	이순자	초졸	20세	서비스직 (다방)	1년
	이기남	중졸	18세	생산직 (조립공장)	17년
	김경자	고졸	20세	사무직 (운수업)	10년
중산층	최은희	고졸	20세	사무직 (유통업)	5년
	한송이	고졸	20세	사무직 (무역업)	6년
	박수영	고졸	23세	준공무원 (교통순시원)	7년
	임은수	고졸	20세	사무직 (인쇄업)	8년

〈표 7〉 연구 참여자의 주요 노동경험

<표 7>에서 정리한 바에 의하면 저소득층 가족에서 성장한 사례 여성들의 첫 노동시장 진입 시 학력은 중졸 이하가 네 사례로 상당히 일찍 학업을 중단한 것을 알 수 있다. 우리 사회와 같은 학력중심의 사회에서 저학력은 그 자체로 고소득의 안정적인 직장을 확보하는 데 있어 경쟁력을 약화시키는 주요한 요인이 된다. 일반적으로 청소년기에 있어서의 학업중단은 교육을 통해 지속적으로 직업능력을 향상시킬 기회로부터의, 그리고 취업에 도움을 줄 만한 인적 자본을 형성할 기회로부터의 배제를 뜻한다. 그러한 까닭에 청소년기에 저임금의 불완전 고용상

태로의 조기 편입은 성인이 된 이후에도 그러한 고용여건의 개선을 어렵게 만든다(신명호 외, 2004: 150). 사례 여성들은 주로 단순 생산직과 하위 서비스직에서 일을 시작하였다. 노동시장에서의 주변적인 지위로 자신의 직업경력이 긍정적인 의미를 갖지 못한 측면과 함께 이들이 가족관계에서 어떠한 위치에 있었는가와 관련된 가족경험 역시 이들이 노동시장에서 배제되는 주요한 요인으로 설명된다.

중산층 가족에서 성장한 딸들은 모두 고졸의 학력으로 노동시장에 진입하였다.[1] 이들의 남자 형제들은 모두 대졸의 학력을 가졌다는 점에서 학력자원에 대한 접근이 성별에 따라 달랐다는 사실이 확인된다. 주로 사무직에서 첫 직장생활을 시작하였고 결혼을 계기로 퇴직을 하였기 때문에 첫 노동시장 진입에서 퇴장까지의 지속기간은 큰 차이를 보이지 않는다. 박수영의 경우는 다른 사례에 비해서 노동시장 진입 시기가 조금 늦었지만 상대적으로 매우 안정적인 직장을 선택하였다. 평생 일할 수 있는 그런 조건의 직장을 구하기 위해서 고등학교를 졸업하고 바로 취직을 하지 않고 준비를 했던 결과이지만 결혼 후 남편의 강요로 중단을 하게 된다.

---

1 〈연령집단별 중등교육 이하 수준의 교육성취자 비율〉

	25~34세	35~44세	45~54세	55~64세	계
전체	53.9	69.9	83.1	89.1	75.7
남성	48.6	60.8	76.1	81.9	63.1
여성	59.2	79.2	90.3	95.8	77.7

자료: 통계청, 2000 인구주택총조사(강신욱 외, 2005, p. 165 재인용)

위의 표를 참고했을 때 한송이(60세), 임은수(50세), 박수영(47세)의 고졸 학력은 김영아(28세)의 고졸학력과 동일하게 이해될 수 없다. 전 연령 모두 남성에 비해 여성이 더 낮은 교육성취를 보이고 있지만 연령층이 높아질수록 성별 차이에 의한 교육으로부터의 배제가 더 높게 나타남을 알 수 있다. 따라서 위 사례 여성들의 고졸 학력은 동일한 연령층과 비교해 볼 때 저학력이라고 이야기될 수 없다.

연구 참여자들에게 직업경력 단절 과정은 때로는 매우 자발적인 선택의 모습으로 그리고 때로는 아버지나 남편에 의한 강제적인 압력의 모습으로 나타나지만 이 두 모습은 우리 사회에서 여성들의 위치가 직업체계 내의 위치가 아닌 가족과의 관계에 따라 정의되도록 되어 있는 하나의 모습일 뿐이다. 이 장에서는 연구 참여자들의 자원형성 과정에서 매우 중요한 직업경력이 무엇에 의해서 그리고 어떠한 과정에 의해서 단절되었는지 살펴보고자 한다.

1. 가족부양을 위한 일과 탈출로서의 결혼

저소득층 가족에서 성장한 딸들은 경제적 자원이 제약되는 상황에서 생계분담을 위해 일찍 노동시장에 진입하였다. 저학력, 저연령으로 노동시장에 진입하였을 때 일할 수 있는 직종은 공장과 식당과 같은 생산직, 하위서비스 직종이었다. 이영미는 중학교를 졸업하고 가발공장에서 첫 사회생활을 시작한 기억을 다음과 같이 회상한다.

> 처음으로 옷 한 벌 얻어 입고 자장면 한 그릇 먹어 보고 그리고 서울에 왔어요. 처음에는 무서웠어요. 낯선 광경이잖아요. 시골의 작은 곳에 있다가 대단위 공장. 많은 사람들. 괜히 겁이 났었어요. 여기서 계속 일을 해야 하나, 도망을 가야 하나 갈등을 많이 했고. 내가 잘해 가지고 학교를 가야겠구나 해서 마음을 돌려 먹어서 일을 열심히 하고 그랬어요. 그때 당시에는 일이 굉장히 고되었어요. 5시 반 되면 일어나서 세수하고 6시까지 현장에 가서 일하다가 아침을 먹고, 야근을 하면 11시, 12시까지 했었어요. 잠을 많이 못잔 것 같아요. 저는 아무튼 최대한 일을 열심히 해서 위에 사람 눈에 띄어야 하니까.(이영미)

이영미는 열심히 일하면 중단된 학업을 지속할 수 있으리라는 열망 하나로 하루에 4~5시간 자고 일을 하였다. 이렇게 2년을 일한 후에 이영미는 산업체 야간 고등학교에서 공부할 수 있는 기회를 갖게 된다. 22살에 고등학교를 졸업하고 대학진학을 하고 싶었지만 동생들의 학비를 대야 하는 가정형편으로 포기를 하게 된다.

> 어제 남자친구를 만났어요. 그때 야간학교 다니면서 만난 친구에요. 그 친구는 대학까지 나왔어요. 열심히 공부해서. 그 친구는 나보다 더 어려웠거든요. 오기로 세관인가 자격증까지 따서. (어머니가 남자였다면 어땠을까요?) 당연히 대학을 갔죠. 왜냐하면 제가 고등학교를 졸업하니까 22살. 그때 바로 밑에 동생이 거기서 야간학교를 다녔어요. 제가 졸업하고 내 동생 고생하는 것이 너무 안쓰러우니까 제가 도왔어요. 그래서 내 꿈을 접게 되는 거고.(이영미)

자신이 남자였다면 당연히 대학을 졸업했을 거라는 말은 결국 여자이기 때문에 제약되었던 무언가가 있었다는 해석이다. 이영미에게 그 무언가는 바로 동생들을 돌보고 책임져야 하는 딸로서의 책임에 기반한다. 이영미가 경험했던 가족 내 성폭력 사건은 직업경력을 중단하게 되는 직접적인 계기였지만 딸로서 동생들의 학비를 대야 하는 상황은 단순반복적인 직업경력을 넘어설 수 없게 하였던 조건이었다.

일은 자신의 미래를 위한 투자가 아니라 가족의 생계에 보탬을 주고, 동생들의 학비를 대고, 때로는 가족의 생계를 전적으로 맡기 위해서 행해졌다. 따라서 일을 하면 할수록 자신이 소모되는 존재라는 인식이 강하게 들면서 이 부당한 책임에서 벗어나기 위해서 결혼을 선택한다. 김경숙에게 결혼은 출생 가족에서의 부당한 의무로부터의 탈출이었다. 15세에 일을 시작한 김경숙에게 결혼은 출생가족에서 자신에게 주어졌던 생계 부양의 의무로부터 '해방'되는 것을 의미한다.

> 너무 힘들어서 제가 너무 힘들어서 벗어나려고. 벌어 먹이는 것도 너무 힘들고. 일이 너무 고달프고 그래서. 그 전에 식당에서 일하기 전에는 시골에서 농사짓고 부모님한테 시달리고 그래서 결혼하면 내가 해방된다는 마음에. 결혼만 하면 모든 게 다 되는 줄 알고. 그게 내 마음을 이해할 수 있는 게 너~무 힘들어서 세월이 흘렀다는 생각이 안 들어요. 어제 일 같아. 너무 생생한 거예요. 이 애기 아빠 만나면 조금이나마 위로가 된다는 생각에 만났는데 산 너머 산인거야.(김경숙)

자신의 출생가족과 분리될 수 있는 가장 합법적인 절차는 바로 결혼을 통해서였다. 따라서 김경숙에게 직업경력 단절은 가족관계에서 딸이기 때문에 부당하게 착취당하는 것과의 단절이며, 이것은 새로운 가족 형성을 통해서만 자신이 출생가족에서 벗어날 수 있는 기회였다. 딸이 출생가족에서 어떠한 역할을 요구받고 있는가는 바로 자신의 노동이 어떤 의미를 갖는가와 연결된다. 소득 능력이 높으면 높을수록 더욱 도구적인 존재로 이용되는 맥락은 자신의 노동 능력이 독립적인 삶의 기반이 될 수 없는 조건이다. 김경숙에게 고된 노동에서 벗어날 수 있는 유일한 탈출구는 결혼뿐이었고 따라서 결혼할 상대자와의 관계가 중요한 것이 아니라 결혼 그 자체로서 탈출의 의미가 있었다.

김경자 역시 김경숙과 마찬가지로 딸로서 가족부양에 대한 책임을 강하게 느꼈다. 하지만 김경숙이 이러한 의무에서 벗어나기 위해서 결혼을 선택했다면 김경자는 가족부양에 대한 책임을 지속하기 위해서 결혼을 선택한 사례이다.

> 10년 동안 사회생활 했는데 결혼하려고 보니까 내 손에 돈이 없더라구

요. 엄마가 마늘 장사 하신다고 하면서 그 돈도 사기 당하고 배추 장사
하신다고 하다가 그것도 안 되고. (친정에 계속 경제적 지원을 했나요?)
예. 어느 순간 집이 기울기 시작하면서 넣어도 넣어도 한계가 없잖아. 아무
리 매꿔 넣어도 소용이 없잖아.(김경자)

상업계 고등학교를 졸업하고 10년 동안 사회생활을 했지만 김경자가
결혼할 당시 가진 돈은 없었다. 어려운 가족을 도와야 한다는 인식이
어린 시절부터 형성된 김경자는 결혼을 할 때에도 배우자가 친정을 경
제적으로 도울 수 있는가가 가장 주요한 조건이 되었다.

9월에 만나서 12월에 결혼을 했어요. (뭐가 그렇게 급하셨어요?) 부모
님에게 잘해서. (본인에게는?) 저는 둘째쳤어요. 조건이 그냥 내 엄마, 아
버지만 어떻게 해줬으면 좋았으니까. 그게 기준이었어요 결혼을 하는데.
(김경자)

외모 덕분에 김경자는 결혼을 통해서 계층상승을 하게 되지만 결혼
의 조건이 출생 가족에 대한 경제적 지원이었다는 점에서 일의 의미와
마찬가지로 결혼의 의미 역시 도구적이었다. 저소득층 가족의 딸로서
가족부양 의무를 책임져야 했던 상황은 이들의 일의 의미를 자신의 독
립적인 삶의 기반이 아닌 가족을 위해 희생해야 하는 도구적인 의미로
구성하게 하였다. 따라서 직업경력 단절은 가족부양 의무로부터 벗어
나기 위한 과정이거나 가족부양 의무를 지속하기 위한 과정이었다. 결
국 이들이 이야기하는 일의 의미는 가족과 분리되어 설명될 수 없다. 이
러한 경험은 결혼 이후 희생적인 삶의 방식을 수용하는 기층경험으로
자리잡는다.

2. 직업경력을 위한 일과 성 차별 관행

연구 참여자들은 가족경험이 억압적이고 갈등적일수록 더 빨리 집을 떠나 독립하려고 하는데 그 독립의 한 방편으로 결혼을 선택한다. 하지만 이러한 선택은 직업 세계에서 이 여성들이 처해 있었던 지위를 고려하지 않는다면 그 선택의 의미는 온전히 이해되기 어려울 것이다. 생산직과 판매·서비스직에서 주로 일을 했던 연구 참여자들은 저임금의 노동력으로 그리고 단기 노동력으로 일을 하면서 직업 경력을 통해서 자신의 사회적 지위를 인정받기 어렵다는 것을 이미 간파하였는지 모른다.[2] 연구 참여자들 대부분은 직업경력 단절 과정에서 노동시장에서의 성 차별 경험보다는 가족경험에 대한 이야기를 더 많이 털어 놓았다. 아마도 그 이유는 여성이 일정한 나이가 되면 결혼해야 한다는 것을 당연한 것으로 받아들였기 때문일 수도 있고 다른 한편에서는 여성 직종에서 주로 일을 했던 이들이 차별이라고 느낄 수 있었던 계기가 없었을수도 있다. 저임금과 업무 보조적인 일의 특성은 노동자로서의 경험보다는 어머니가 되는 것이 사회적으로 더 인정받는 경험이었을지도 모른다. 분명한 것은 연구 참여자들 대부분은 결혼과 함께 다니던 직장을 그만두는 상황을 '매우 자연스러운' 과정으로 받아들였다.

그러나 연구 참여자 중 이기남은 유일하게 자신의 삶의 의미를 결혼

---

2 조정아는 대졸여성의 노동 경험 분석을 통해서 여성들이 결혼과 출산으로 퇴직하는 것은 직업의식이 없어서가 아니라 노동 현실의 소외와 착취의 성격을 간파하였기 때문에 여성들 스스로 결혼을 통한 노동으로부터의 탈출을 원한다는 것을 밝히고 있다 (조정아, 2000). 따라서 저학력 여성들의 단순 반복적인 노동경험은 결혼에 대한 더 많은 환상을 갖게 하는 조건일 수 있다.

보다는 직업에서 찾으려고 부단히 노력하였지만 결국 좌절되어 버린 사례이다. 빈민 가족에서 성장하여 자신의 삶을 통제할 수 있는 자원을 얻기 위해서 많은 투자를 해보지만 노동시장 안에서 작동되는 견고한 성 차별의 벽을 넘을 수 없었다.

이기남은 유년기 부모님의 잦은 불화로 가족이 자신에게 정서적 안정을 주는 휴식처이기보다는 끊임없는 긴장과 억압이 발생하는 공간이라는 사실을 깨닫는다. 사회생활의 시작은 이러한 가족을 떠나는 것을 의미한다.

> 우리 부모님 많이 싸우셨어요. 사는 게 퍽퍽했어요. 좋은 것을 못 보니까 왜 결혼을 해야 하는지 잘 모르겠더라구요. 우리 부모님 사는 것이 평탄치가 않았고 여자들 사는 것이 더 힘들어 보였어요. 우리 부모님 보니까 결혼에 대한 환상이 없는 거예요. 돈 많은 사람이 돈 많은 사람에게 가는 거구. 신데렐라가 되는 거구. 미모도 없구. 가 봤자 그렇고 그런 사람과 살고 그럴텐데. 결혼에 대해 정말 하고 싶다는 생각이 없었어요. 혼자 살 수 있으면 혼자 살고. 아예 결혼에 대한 기대를 안 했지요.(이기남)

결혼에 대한 기대를 안 한 이기남은 좀 더 전문성 있는 직업을 얻기 위해서 자신이 가지고 있는 모든 자원을 투자하게 된다. 학력자원을 상승시키는 것은 평생 일할 수 있는 안정된 직업을 구하기 위해서 반드시 갖추어야 할 조건이다. 따라서 18세에 라디오 조립공장에서 첫 사회생활을 시작하면서 야간 고등학교에 진학하여 중단된 학업을 지속하였다. 22세에 패션회사로 이직을 하고 일을 하면서 24세에 방송통신대학교에 입학을 하게 된다. 패션회사에서 근무하면서 이기남은 오로지 대학을 졸업하기 위해서 최선을 다했다. 하지만 회사에서 책 하나 펴볼 수 없는 제조업의 작업조건은 전문직을 준비할 수 있는 시간을 충분히 확보하지 못하게 하였다. 잦은 야근과 지방 출장 등으로 학업에 전념할 수 없었고 시간이 지날수록 동료들과의 실력 차가 나기 시작하면서 학력상승을 통한 계층이동의 꿈을 접게 된다.

> 아~ 안 되겠구나. 공부가 이렇게 약해서는 안되겠구나. 동시통역을 바랐는데 공부를 할 수 있는 조건이 안 되고. 아~ 이걸 해서는 내가 밥벌이로 할 수는 없겠구나라는 생각이 들었는데. 그런 와중에 거의 10년이 되는 상황인데 나이도 많고 할 수 있는 게 없구나. 지레 포기가 된 거예요. 그동안은 공부한다고 결혼을 미뤘는데 이제는 핑계거리가 없는 거야. 결혼을 35살에 했거든요. 심리적으로 많이 힘들었어요. 회사를 10년 동안 다녔는데 여자가 올라갈 수 있는 한계가 있는 거예요. 유리벽이 보이는 거예요. 나랑 같이 입사한 사람들은 부장도 되고, 나가서 사장도 되고 하는데, 여러 부서를 뺑뺑이를 도는데 온갖 부서를 다 도는데. 경리부, 자재부. 그런 곳을 다 도는데 일은 기가 막히게 잘 하겠지요. 그런데 승진이 안 되는 거야. 대리까지는 올라갔어요. 그게 상한선이에요. 그것도 많은 직원을 거느린 그런 게 아니라 딸랑 남 직원 한 명, 여 직원 한 명. 고등학교 갓 졸업한.(이기남)

10년 동안 최선을 다해서 직장생활을 해왔지만 "여자가 올라갈 수 있는 한계(승진차별)"를 정해 놓은 직장의 "유리벽이 보이면서" 경제적 독립의 기반으로 일을 선택했던 자신의 판단이 어리석었던 것이라고 후회한다. 34세에 대학을 졸업하였지만 대학 졸업장은 전문직의 꿈을 이룰 수 있는 자격증이 아니었고, 생산직에서의 성 차별 관행과 단순반복적인 노동 경험은 더 이상 희망을 걸 수 있는 공간이 없음을 깨닫게 되는 과정이었다. 대학공부를 하느라 벌어 놓은 돈도 없고, 대학 공부하느라 결혼 적령기를 놓친 도시 빈민의 딸이 선택할 수 있는 배우자의 조건은 그리 좋을 수 없었다.

좌절감도 많이 느끼고. 더 이상 사회생활 할 상황이 못 되는 구나 싶어
좌절도 하고 그랬는데 선을 볼 상황이 생겼어요. 그래서 집안에서 선을
봤어요. 그런데 집안도 비슷하고 그쪽도 6남매, 우리도 6남매. 부모님 연
세도 비슷하고 형편도 비슷비슷해요. 사람이 착해 보이고 해서 하지 뭐.
부모님 말을 들으면 자다가도 떡이 생긴다는데. 아무 생각 없이. 내가 내
세울 게 뭐가 있나 그래서. 선을 보고 '어떠냐?' 그래서 '뭐 착한 것 같다'
고 하니까 '그럼 됐다' 그러면서 그쪽에서 엄청 서둘렀어요. 11월에 선을
보고 1월에 결혼을 했으니 아주 급하게. 그렇게 서둘러서 벼락치기로 결
혼을 했는데 그때부터 행복 끝, 불행 시작이야.(이기남)

이기남은 동시통역사가 되는 꿈을 가졌지만 이러한 꿈을 실현시키기
에는 너무도 자원이 없었다. 스스로 일을 해서 공부를 해야 하는 조건
은 동료들과의 경쟁에서 계속 밀릴 수밖에 없었던 제약요인이었다. 또
한 최선을 다해서 일한 직장이었지만 승진차별을 경험하게 되면서 자
신의 삶의 중심을 직업세계에서 찾아보겠다는 계획은 수정된다. 모든
가능성이 막히는 상황에 직면하게 되면서 이기남은 "내가 내세울 게 뭐
가 있냐"며 스스로를 가치절하 한다. 그동안 자신의 인생을 개척하기
위해서 부모의 뜻과는 달리 학업을 계속한 이기남은 결혼을 선택하는
과정에서는 "부모님 말씀을 들으면 자다가도 떡이 생긴다는데"라고
말한다. 이러한 자조 섞인 말은 자신의 의지대로 세상을 사는 것이 불
가능하다는 것을 의미하는 것일 수 있으며 부모로 상징되는 세상의 규
범에 따라 살아가도 그리 나쁘지 않을 수 있다는 새로운 기대를 표현
한 것일 수 있다.

가족의 불안정성에 대한 다른 해석과 다른 삶의 가능성을 기대했던
이기남이 다시 가족으로 들어올 수밖에 없는 상황은 여성에게 가족구
성원으로서의 정체성이 아닌 노동자로서의 정체성을 허용하지 않았던

사회적 분위기와 이러한 제약을 넘어 설 수 있는 자원의 부재에 기인한다. 결국 가족관계의 위기에서 벗어나기 위한 이기남의 시도는 좌절되었고 직업도 없이 술만 먹는 남편을 부양해야 하는 가족관계로 들어오게 된다. 이기남이 만약 남자로 살았다면 지금과는 매우 다른 삶을 살았을 것이라는 이야기는 여성의 위치를 끊임없이 가족과의 관계 속에서만 규정하는 사회적 힘을 반영한다.

> 연구자 : 만약 본인의 성향을 그대로 가지고 여자가 아닌 남자로 살았다면 어땠을까요?
> 이기남 : 저는 전문 기능공이 되었을 것 같아. 그리고 플러스 알파해서 관료. 기능직이 되어서 감독 그 이상은 할 수 있지 않았을까 그런 생각을 해요.

3. 일에 대한 욕구와 정체성 갈등

저소득층 가족에서 성장한 딸들은 가족의 생계를 분담하기 위해서 학업을 중단하고 일찍 노동시장에 진입함으로써 학력자원형성 기회에서 배제되었으며 가족부양에 대한 요구로부터 벗어나기 위해서 결혼을 선택하였다. 가족의 자원이 제약되는 상황에서 딸들은 가족을 위해서 그리고 남자 형제들을 위해서 희생할 것을 요구 받았으며 이러한 경험은 결혼을 선택하는 데 부정적인 방식으로 작동되었다. 반면 중산층 가족에서 성장한 딸들은 가족 내 경제적 자원이 성 역할 규범에 의해 차별적으로 배분되어 학력자원형성 기회에서 배제되었다. 딸들은 미래의 엄마로서 훈육되었으며 이러한 경험은 자신의 일차적인 정체성을 아내와 어머니로서 규정하게 되는 기층경험이 되었다. 한송이와 임은수는 고등학교를 졸업하고 사무직에서 일을 시작하였고 결혼과 동시에 일을 그만두었다. 그 당시 결혼 퇴직관행은 너무도 공공연하였으며 본인 역시 일과 결혼 사이에서 긴장과 갈등을 겪지 않았다.

> 결혼 후에도 (직장을) 다니겠다는 생각을 안했어요. 직장생활도 결혼하면 끝이라는 거가 있었어요. 그냥 직장 그만 다니는 것. 사내 결혼하면서 결혼하기 한 달 전에 그만 뒀어요. 결혼 날짜 받으면서. 한 달 전에.
> (한송이)

> 그때는 결혼하면 직장을 그만두고 집에서 살림하고 그런 걸 당연하게 생각했죠. 그런데 결혼하고 나서 신랑이 2년 넘게 놀았어요. 나는 아이도 낳고 앞길에 대한 설계를 해야 하니까 다시 일을 하게 되었는데 이건 생각을 안했지요.(임은수)

한송이와 임은수에게 결혼은 정상성을 획득하는 통과의례로 그 의미가 구성되었으며 일은 결혼하기 전의 일시적인 의미로 해석되었다. 한송이는 일을 하면서 만난 동료와 결혼을 하면서 자연스럽게 직장을 그만두게 되었으며, 임은수는 평소에 알고 지내던 남자선배에게 3일 간 감금되어 '몸을 버려서' 어쩔 수 없이 결혼을 하게 되었다. 자신이 원했던 결혼이든 강제로 한 결혼이든 결혼관계로 들어가는 것은 일을 그만두는 것을 의미하였다. 따라서 임은수가 결혼을 한 후에도 계속 일을 해야 하는 상황은 본인의 노동 욕구와는 무관한 것이었다. 그러나 세대별로 일과 결혼에 대한 생각에는 차이가 있었다. 5, 60대인 한송이와 임은수에게 노동 욕구와 결혼에 대한 갈등을 엿볼 수 없었다면 40대인 최은희와 박수영의 경우에는 일에 대한 욕구와 평생직장의 탐색 경험을 살펴볼 수 있었다.

최은희는 아버지의 반대로 대학입학이 좌절되면서 잠시 방황을 하였지만 포기를 하고 취직을 하게 된다. 도전의식으로 "큰 회사"인 유통회사 사원모집에 응시를 하여 합격하고 사회생활을 시작하여 2년 근무하다가 유명 브랜드 속옷회사로 이직하여 3년을 근무하였다.

> 힘들다고 확 주저앉고 그런 형은 아니야. 쫓아내기 전까지는 버텨. 그때 전환점이 오지요. 왜냐하면 어느 회사에 가든 선배들이 있잖아. 그런데 일본으로 연수를 보내거든요. 일본 합작 회사니까. 그런데 연수 보내기 전에 꼭 물어 보는 게 있어. 너 결혼 언제 할 거니? 뭐라 하냐면 너 내년 안에 시집을 가면 이거 물어내야 하는 각서를 써야 한다는 거야. 그래서 못 갔어요. 내가 어떻게 될지 어떻게 알아서 약속을 잡어. 그리고 그게 뭐 대단하다고. 여기 와서 무슨 기회를 빌어서 일본여행을 갔다 올 거야. 그런 목표가 있으면 몰라도. 굳이 그런 목표의식도 없고. 각서까지 써가면서 가고 싶지 않아.(최은희)

최은희에게 노동에 대한 욕구는 항상 결혼과의 관계 속에서 조정되는 것이었다. 따라서 결혼 퇴직 관행이 있는 직장에서의 업무연수는 기회(opportunity)로 해석되기보다는 위험(risk)으로 해석되었다. 평생 일할 수 있는 일터가 없다는 현실에 대한 인식 그리고 아버지의 결혼에 대한 압력은 최은희가 직업 세계에서 자신의 위치를 가지려는 시도를 좌절시킨다.

> (왜 그만 두셨어요?) 그때는 아버지가 시집보내겠다고 작정을 하고 끌어다가 앉힌거야. 지금이 적령기다. 지금 놓치면 혼기를 놓칠 거다. (어떻게 반응하셨어요?) 조금 버티다가 쉬고 싶었어요. 회사에서 무슨 일이 있었어요. 스물아홉 노처녀가 있었는데 회사에서 구박하다시피. 시집 안 가는 것 때문에. 안 되겠다. 집에서도 아버지가 똑같은 모습을 보이니까 내

가 계란으로 바위치기 하는 것과 같아. 사회를 어떻게 변화시켜? 내가 생각이 있다 해도 그냥 묻어서 가야지. 그냥 쉬고 싶어서 뭐 그냥 두지. 내가 무슨 목표의식이 있는 것도 아니고.(최은희)

최은희는 자신의 인생 이야기를 하면서 일이 중단되었던 상황들을 "전환점"이라는 단어를 사용하여 이야기하였다. 자신의 인생에서 불연속성을 설명하는 지점이다. 25세에 직장생활을 중단한 것 역시 하나의 전환점을 이룬다. 직업 세계 속에서 자신의 삶의 의미를 얻고자 했던 애초의 시도는 공적인 영역에서 결혼퇴직을 당연시하는 규범과 사적인 영역에서 결혼을 강요하는 아버지에 의해 좌절되는 전환점을 맞는다. 그러나 "시집을 보내겠다고 작정하고 끌어다가 앉힌" 그 즈음에 그 당시 대학생이었던 남자를 만나면서 실제 결혼은 29세에 하게 된다. 남편이 학업을 마치는 동안 최은희는 다시 직장생활을 시작하면서 야간 대학교에 다니면서 학업을 지속하였지만 졸업을 하지 못했다.

4년 공부하고 졸업을 못했어요. 난 아까워. 6개월만 더 하면 되는데. 창피했어요. 배불러 오는 게. 나이도 있는데다가. 그런 게 있었어요. (낙태를 생각해 본 적은 없나요?) 전혀. 가톨릭이라. 만약 아버지가 반대하면 나는 꼭꼭 숨어서 미혼모의 집 그런데 가서 애 낳는다. 그랬어요. (만약 졸업을 하고 그 계통의 일을 시작했다면 다른 삶이 펼쳐졌을 것 같아요?) 맞아요. 전환점이 되었을 거예요. 그런데 그것도 좋은 일이지만 좋은 남자 만나서 사는 것도 좋은 일이다 그렇게 생각했던 것 같아. 그런데 그 다음에 보상이 안됐지. 나는 나름대로 포기한 것이 있는데 이 사람은 그게 아닌 거야. (결혼 때문에 큰 것을 포기하셨어요) 그래요. 큰 것을 포기한 거예요. 정말로 다른 사람들처럼 돈이 많아서 한 게 아니라 내가 사회생활하면서 정말 여자도 제대로 대우받을 수 있는 일을 해야 되겠구나 그런 생각을 했어요. 그잖아. 기술 없이 들어가서 일 배워서 하려고 하면 여자가 어쩌구저쩌구하면서 시집이나 가지 그러고. 예를 들어서 공부 제대로 한 사람이 기술을 가지고 남자와 똑같이 들어가 있으면 여자에게 감히 그런 식으로. 다른 식으로 묵사발을 만들고 싶지만 그렇게 쉽게 건드리지는 않지. 그런 생각이 들어 가지고.(최은희)

사회생활을 하면서 여자라서 '묵사발'을 당했던 최은희는 여자라도 제대로 대우 받는 일을 하기 위해서 대학에서 전산관련 전공을 선택한다. 하지만 임신을 계기로 이러한 노력을 중단하게 된다. 경제적 자립에 대한 의지는 "좋은 남자 만나서 사는 것도 좋은 일"이라는 믿음과 같은 비중을 갖는 것으로서 임신이라는 사건을 계기로 너무도 쉽게 무너져 버린다. 결혼할 때 꿈은 무엇이었냐는 연구자의 질문에 최은희는 "그냥, 뭐 아버지가 이야기한대로 알뜰하게 살림하는 거. 현모양처"라고 말한다. "잘 벌어다 주면 살림만 재미나게 하는 그런 형"이었던 최은희는 엄마처럼 살지 않겠다고 했는데 자신의 결혼생활이 엄마와 똑같았던 것 같다고 한다. 최은희는 자신의 삶의 가능성을 공적 세계에서 펼쳐 보이고 싶은 욕구와 행복한 중산층 전업주부로 살고 싶은 욕구 간의 갈등을 지속적으로 경험한다. 하지만 전자의 의식이 표면 의식이라면 후자의 의식은 자신의 젠더 정체성의 골격을 형성한 체화된 의식이라 볼 수 있다. 표면 의식은 사회적 환경에 따라서 쉽게 이동되지만 체화된 의식은 쉽게 이동되지 않으며 삶의 중요한 선택을 하게 될 때마다 어김없이 최은희의 발목을 붙잡는다.

엄마에게 막 그랬어. 딸 교육 잘못시켰다고. 정말 원망 안 하려고 했는데 딸을 정말 잘못 키웠다고. 속만 안 썩이고 시집이나 잘 가면 잘 살 것처럼. 아버지는 일 그만두고 신부수업 하라고. 아무리 못 생겨도 요리 잘

하는 여자랑 살아도 요리 못하는 여자랑 못산다는 말을 자주 하셨어
요.(최은희)

최은희에게 노동시장으로부터의 퇴장은 적령기가 되면 당연히 해야 할
어떤 것으로서의 결혼을 하기 위해서였다. 결혼은 다양한 선택 중 하나
가 아닌 유일한 삶의 방식으로 이해되었다. 따라서 유일한 삶의 방식이
깨졌을 때 최은희는 혼돈과 절망을 느낀다. "미래의 엄마"가 될 수 있도
록 교육받은 성 역할 규범은 여성 가장이 되었을 때 노동자로서의 정체
성이 너무나 낯설고 수용되기 어려운 갈등의 지점을 형성하게 된다.

직업세계에서의 여성 배제는 노동시장 안에서의 성 차별에 의해 이루
어지기도 하지만 가족관계에 의해서 배제되기도 한다. 박수영은 결혼
과 동시에 일을 그만두지 않았던 유일한 사례이다. 가족관계에서 심한
갈등이나 억압이 다른 연구 참여자에 비해서 상대적으로 적었던 덕분
에 박수영은 첫 직업을 탐색하는 과정이 조급하지 않았으며 평생 직업
의 개념으로 직업을 선택하였다.

제가 인제 고등학교 나와 갖구요, 대학을 진학을 못하고 한 2년 정도
헤맸죠. 직장을 어떻게 할라 그랬는데 직장이 이렇게 마땅하지가 않더라
구요. 마음에 그니까 내가 일을 이걸 이제 내가 끝까지 이 일을 해야 되겠
다, 그런 직장을 못 만났어요. 그러다 이제 어떻게 하다가 스물 세살 때
정부에서 그 전에는 교통순시원이라 그랬거든요. 근데 저기 어떻게 해서
방송에 이렇게 나오더라구요 뽑는다고 공채로. 그래서 인제 그거를 어떻
게 접수를 해서 됐는데, 그때 당시에는 좋았죠. 업무도 그렇고. 그때는 그
렇게 즐겁게 했어요. 직장을. 그래 가지고 인제 스물아홉 살 때까지는 직
장을 계속 다녔어요.(박수영)

박수영은 "내가 끝까지 이 일을 해야 되겠다"는 생각으로 고등학교

를 졸업하고 나서 2년 동안 쉽게 직업을 선택하지 못하고 탐색하는 기간을 갖는다. 23세에 시작한 교통순시원은 준공무원의 자격으로 상당히 안정적인 직업이며 일정 기간이 지나면 공무원으로 전환되는 일이었다. 그러나 이렇게 신중하게 선택한 직업도 첫 아이 출산으로 중단하게 된다.

> 자기(남편)가 엄마 사랑 못 받고 온전한 가정에서 못 자랐기 때문에 그런 게 있었어요. 그래 가지고 애기는 엄마가. 제 아무리 누가 잘 키워도 엄마가 키워야지, 엄마가 응. 그래 가지고는 그렇게 계속 그만 두라고 하니까 이제 저도 어느 순간엔가 그냥 아이 모르겠다 그렇게 해서 그만두게 됐어요.(박수영)

박수영이 일을 그만두게 된 계기는 공적영역 안의 차별기제가 작동해서가 아니라 사적영역에서의 성별화된 도덕적 규범이 작동해서이다. 엄마역할에 대한 책임규정은 여성들을 공적영역으로부터 배제시킨다. 딸의 미래를 위해서 절대 일을 그만두지 못하게 했던 어머니와 같은 여자로서 박수영의 상황을 이해하면서 격려를 아끼지 않았던 상사가 있었음에도 불구하고 '아이는 엄마가 키워야 한다'는 모성 규범은 박수영이 평생직장의 개념으로 선택한 일을 중단하게 한다. 특히 남편은 어린 시절 부모님의 이혼으로 새어머니에게 양육되었던 경험을 "엄마 사랑 못 받고 온전한 가정에서 못 자랐기 때문에"로 설명하면서 아내가 일을 중단하도록 강요하였다. 아내의 무급 보살핌 노동에 대한 보상은 남편이 생계 부양 능력이 있고, 동등하게 공유할 의사가 있으며, 결혼관계가 지속되는 것을 전제로 한다는 점에서 불안정한 것이다. "지갑에 돈이 항상 있을 정도로" 가정 형편이 넉넉할 때에는 일을 하지 않고 집에서 아이를 돌보는 자신의 조건을 친구들이 부러워했지만 남편의 사업부도와 이혼을 겪으면서 "완전 바닥에 떨어지고" 난 지금은 구청에서 일하고 있는 그 당시의 동료들이 부러울 뿐이다.

> 가끔 생각해요. '내가 그때 안 그만뒀으면 지금 이렇게, 이렇게까지는 힘들지 않고 살 수는 있는데. 기본적으로 그렇게 하고는 남들 사는 것처럼 그냥. 이렇게 힘들지만은 않고 살 수도 있었는데' 그런 부질없는 생각을 하죠. 내가 왜 이렇게 하고 살아야 되나. 진짜 완전 바닥에 떨어져서. 인제 더 떨어질래야 떨어질 데도 없는. 이런 삶을 내가 이렇게 살고 있나.(박수영)

여성을 가족과의 관계 속에서 일차적으로 정의하는 규범은 여성들의 삶의 방향을 하나로 정렬시킨다. 공사영역을 가로질러 작동되는 성 역할 규범, 남성 생계 부양자 규범, 모성 규범은 개별 여성들의 저항을 무력화시킨다. 평생직장을 갖기 위한 다양한 노력들은 노동시장 안에서 그리고 가족 안에서 제약을 받으면서 연구 참여자들은 결국 노동시장에서 배제된다. 가족이 아닌 다른 영역에서 자신의 위치를 가지려는 노력들은 직업세계에서 작동되는 유리벽, 결혼퇴직 관행과 함께 가족에서 작동되는 성 역할 규범과 모성 규범에 의해서 좌절된다. 여성들의 노동시장 이탈은 여성들이 노동자 정체성을 갖기 어렵게 하는 규범과 이를 뒷받침하는 차별관행과 제도 등의 전방위적인 영향력의 결과라는 점에서 사회는 체계적으로 여성들의 경제적 자립을 제약한다.

6장
결혼 이후 가족과
성별화된 자원통제

여성의 빈곤화 과정은 가족관계 안에서 여성이 어떻게 위치 지어지는지를 인식함으로써 분석될 수 있다. 왜냐하면 여성의 빈곤은 가족과 보살핌에서의 성별분업 그리고 친밀한 관계에서 여성에게 부여되는 도덕적 규범 등과 같이 사회와 제도를 구조화하는 장소와 의미들의 성별화된 위치에 의존하기 때문이다. 성별화된 위치는 사적영역과 공적영역 간의 상호의존을 통해서 여성의 자원형성 과정에 지속적으로 개입하게 된다. 또한 여성의 지위를 가족과의 관계 속에서 우선적으로 정의하는 규범들은 아내들이 가족 내에서 자원을 공평하게 소유하지 못하는 이유가 되기도 하며, 부당한 착취를 수용하는 이유가 되기도 한다.

<표 8> 연구 참여자의 혼인상태별 취업력에서 살펴볼 수 있듯이 연구 참여자들은 전업주부를 꿈꾸며 결혼관계로 진입하지만 대부분 다시 노동시장에 진입하게 된다. 일을 다시 시작한 시점과 계기는 빈곤경로 유형에 따라 다르다. 빈곤의 지속 유형은 결혼(재혼) 생활 초기부터 남편

이 생계 부양 능력/의사가 없었다. 남편의 폭력과 알코올중독, 도박과 가출 등으로 여성들은 생계 부양자로서 일을 하게 되는데 이들은 경제적 능력이 없어서 이혼을 못한 것이 아니라 자신의 경제적 능력 때문에 그리고 남편을 보살펴야 한다는 도덕적 의무 때문에 가족을 유지하였으며 그 결과 신용불량자가 되면서 빈곤의 덫에 갇히게 되는 과정을 겪는다.

유형	사례	결혼 전 취업력	결혼 후 취업력	이혼 후 취업력
빈곤지속	이영미	생산직(가발공장)→사무직(경리)	가내부업→생산직(조립)→김밥집종업원→운동화세탁소운영→정보지 배달	정보지 배달/택배아르바이트
	김영아	생산직(염색공장)	카드영업→정수기판매	커피숍 서빙→이삿짐센터 아르바이트→자활사업 참여
	김경숙	식당종업원	식당종업원→이혼 후 재혼→식당종업원→중국집 운영→식당종업원→노점상→호프집종업원	
	이순자	–	농업→이혼→다방종업원→재혼→파출부→공공근로→막노동→생산직	
	이기남	생산직(장갑공장)→생산직(의류회사)	탁구장(자영업)	공공근로→텔레마케터→인터넷학습지 교사→복지관 지원 아르바이트
빈곤유입	최은희	유통업→속옷회사→보험영업	전업주부	신문배달→막노동(타일미장)→학습지교사→실직
	한송이	무역회사 경리	쌀가게(자영업)→연탄가게(자영업)→보습학원(자영업)	입주 가사 도우미
	박수영	교통순시원	전업주부→아르바이트	아르바이트(놀이방 베이비시터)→실내놀이터 보조원→가스검침원→실직
	임은수	사무직(인쇄소)	생산직(닭공장)→가내부업→갈비집(자영업)→수입상가(자영업)→여행업(자영업)	빈대떡 장사
	김경자	사무직(운수업)	전업주부→피시방(자영업)	노점상→전단지 홍보

〈표 8〉 연구 참여자의 혼인 상태별 취업력

반면 빈곤으로의 유입 유형은 남편과 같이 자영업을 하면서 혹은 이혼을 하면서 다시 일을 시작하였다. 이와 같이 연구 참여자들이 노동시장에 재진입하는 시점과 계기는 빈곤경로 유형에 따라 달랐다. 여성들은 아내로서의 역할 때문에 빈곤에 더욱 취약하게 되는 공통의 경험을 갖게 된다. 그러나 아내로서의 역할은 저소득층 가족에서 남편이 생계 부양의 역할을 거의 하지 않는 상황과 중산층 가족에서 남편이 실질적이든 명목적이든 생계 부양의 역할을 하는 경우 다른 방식으로 구성된다. 본 절에서는 계층적 차이에 따라서 어떻게 아내로서의 역할 수행을 다르게 규정하는지 그리고 그 역할 수행이 어떻게 빈곤화와 연결되는지를 중심으로 살펴보고자 한다.

1. 성별화된 가족 유지책임과 배제

1) 보살핌을 위한 생계 부양

빈곤의 지속 유형 사례 여성들은 가족생계분담을 위해서 그리고 가족 내 갈등과 폭력에서 벗어나기 위해서 이른 나이에 노동시장에 진입하게 되었다. 단순 반복적인 노동의 경험 그리고 가족을 위해 희생해야 하는 도구적인 의미로서의 일은 이들에게 휴식처로서의 결혼, 탈출로서의 결혼 그리고 마지막 대안으로서의 결혼으로 의미된다. 따라서 결혼은 자신의 유일한 존재의미와 사회적 지위를 부여해주는 것이다. 가사및 모성에 관한 태도를 둘러싼 가정중심성이 중간계급 여성보다 노동자 가족 내 기혼 여성들에게서 더 강하게 발견되는 이유(조주은, 2002: 9)는 바로 이러한 맥락에서이다. 연구 참여자들 역시 전업주부를 희망하며 결혼생활을 시작하였으나 이러한 욕구와는 무관하게 어느 시점부터 소득활동을 시작하게 된다. 대부분 결혼 초부터 취업활동을 시작하였지만 그 계기는 달랐다.

<표 9>에서 살펴볼 수 있듯이 배우자의 낮은 소득을 보완하기 위해서 일을 시작한 경우는 이영미뿐이며 다른 사례의 여성들은 배우자가 결혼 초부터 경제활동을 하지 않았다. 가족이 경제적 위기 상황에 처할 때 여성들은 다양한 방식으로 빈곤에 대응하려고 노력하였다. 여성들이 결혼생활과 가족관계에 부여하는 중요성과 그에 따른 책임감은 가족 내에 문제가 발생했을 때 더욱 책임감을 느끼고 문제를 해결하기 위해서 더욱 에너지를 쏟지만(임태연, 2004: 30) 가족 유지에 대한 책임은 여성들이 더욱 빈곤에 취약해지는 결과를 초래한다.

사례	결혼초기배우자 직업	경제활동 분담형태	계기
이영미	생산직(경리)	생계분담 → 주 생계 책임자(결혼 11년째)	배우자 알콜중독 치료
김영아	생산직(용접공)	주 생계 책임자 (결혼 초부터)	배우자 외도와 가출
김경숙	중화요리 주방장	주 생계 책임자 (결혼 초부터)	배우자 도박
이순자	생산직(요꼬공장)	주 생계 책임자 (결혼 초부터)	배우자 알콜중독
이기남	무직	주 생계 책임자 (결혼 초부터)	일 하지 않음

〈표 9〉 배우자의 직업과 경제활동 분담형태

이기남은 선본 지 두 달 만에 벼락치기로 결혼을 하고 나서야 남편이 직장이 없다는 것을 알았다. 시골에 땅도 있어 농사를 짓고 비수기에는 건축 일을 하는 사람이라고 소개를 받았는데 막상 결혼을 하고 그것이 사실이 아님을 알게 된다. 서른다섯의 나이에 결혼을 하였고 결혼 직후

임신을 한 상황은 쉽게 이혼을 하기 어려운 조건이었다. 10년 넘게 일한 직장에서 받은 퇴직금으로 탁구장을 시작했지만 남편이 전혀 관심을 갖지 않고 매일 술만 먹는 상황이 반복되었고 남편의 폭력이 발생하면서 이혼을 결심한다.

> 아이를 딱 낳고 나서 새로운 세상이 열리는 거야. 엄마노릇은 잘 할 수 있겠구나 아이를 잘 키워야 해. 엄마로서 아이에게 젖을 먹일 수 있다는 것이 자랑스럽고 젖이 자랑스럽고 아이 엄마라는 소리. 그 전에는 나도 여성 비하적인 가치가 주입되어서 여자를 한 단계 낮은 등급으로 매기고 있다가… 폭력이 발생하고 아~ 애를 지켜야겠다. 나 혼자 죽는 것은 괜찮은데 애가 있으면, 내가 죽으면 내 새끼는 어떻게 되지. 딱 그 생각이 들어. 내가 살아야겠구나. 그때부터는 용감해지는 것 같아요.(이기남)

폭력이 발생하면서 이기남은 아이를 지키기 위해서 이혼소송을 하여 결혼 2년 만에 이혼을 하게 된다. 아이의 존재를 통해서 자신의 존재를 긍정적으로 바라볼 수 있는 계기를 가졌기 때문에 이기남에게 아이는 포기할 수 없는 존재였다. 모아둔 퇴직금은 결혼생활 동안 다 써버리고 빈털터리로 한부모가 되어야 하는 조건은 이기남이 한부모 여성 가구주가 되는 시작부터 경제적 어려움에 처할 수밖에 없는 상황이었다. 그러나 흥미로운 것은 결혼지속기간이 길었던 사례들은 결혼지속기간이 상대적으로 짧았던 이기남에 비해서 경제적으로 더욱 열악한 상황에서 한부모로서의 삶을 시작하였다는 점이다. 가족을 지키기 위해서 더욱 애쓰고 노력한 사례일수록 경제적으로 더욱 어려운 상황이 발생하였고 이혼은 빈곤의 고리를 끊는 것으로써 선택되었다.(<표 10> 참조)

사 례	계 기	채무 상환액
이영미	배우자의 알코올중독 치료와 가족생계유지	2300만 원(신용회복위원회에 신청하여 2005년 1월부터 월 24만 원씩 8년간 납입예정)
김영아	배우자의 무단가출로 인한 가족생계유지	3000만 원(월 40만 원씩 분할 납부 중)
이순자	배우자의 알코올중독 치료와 가족생계유지	4000만 원(채무 독촉 전화로 우울증)

〈표 10〉 신용불량자가 된 경위와 채무 상환액

이영미의 남편은 결혼생활 동안 일을 하였지만 매일 술을 마시면서 생활비 약간만 주었고 알코올중독 증상이 심해지면서 일을 하지 않았다. 이영미는 결혼생활에서 연년생 아이를 낳고 키우는 3년을 제외하고 일을 안 해본 적이 없다고 한다. 아이가 어렸을 때는 가내부업을 했고 아이가 초등학교에 들어가기 시작하면서 본격적으로 생산직에 종사하기 시작하였다. 자신이 일하지 않으면 생계유지가 어려운 상황이 지속되었지만 경제적 어려움이 본격적으로 심해지기 시작한 것은 남편의 알코올중독 치료 시점이다.

제가 응급구조 요원에게 부탁을 해서 잡아가다시피, 수갑을 채워서. 3번을 그렇게 입원을 시켰어요. 그런데 병원비가 한 달에 50만 원씩 드니까 도무지 생활이 안 되는 거야. 한 번에 두 달씩 해서 3번 입원을 시켰어요. 치료를 받고 나오면 폭력은 덜해요. 그런데 뭐가 문제냐면 돈을 안 벌어요. 그 이후로 돈을 안 벌었어요. 저는 벌어봤자 60만 원, 70만 원인데. 그거 가지고 안 되잖아요. 그래서 대출해서 쓰다 보니까 빚도 제가 다 떠안고.(이영미)

이영미는 배우자가 알코올중독으로 생계 부양자로서의 역할을 못하는 상황에서 가족을 유지하기 위해 대출을 하여 생활하다가 2,300만 원의 빚을 지고 신용불량자가 되었다. 남편이 생계 부양자로서의 의무를 전혀 하지 않으면서 폭력을 휘두르는 상황에서 이영미가 남편을 떠나지 않았던 것은 "아버지 빈자리 이런 거 생각해서 가능한 굳혀서 살려고" 노력했기 때문이다. 결혼 17년 만에 이혼을 한 이영미는 매달 24만원씩 빚을 갚고 있으며 앞으로 8년 동안 빚을 갚아야 한다. 이영미의 가족유지 노력에 대한 대가는 신용불량자가 됨으로써 경제적 자립의 가능성이 더욱 어려워지는 상황에 놓이는 것이다. 2004년 4월 국내 개인 신용불량자 수는 397만 명으로 거의 400만 명을 육박하는 시대에 남성 신용불량자 비중은 2001년 말 65.1%에서 59.8%로 감소한 반면 여성의 비중은 34.9%에서 41.2%로 크게 증가하고 있다(한국경제연구원, 2004). 특히 30대와 40대의 여성증가율이 상대적으로 높은 것은 여성의 빈곤화가 단지 노동시장에서의 주변적인 지위뿐 아니라 가족관계와의 관련 속에서 진행되고 있음을 짐작케하는 부분이다.

신용불량자가 된 여성들은 빚 독촉의 고통을 이야기한다. 이순자의 경우는 빚 독촉으로 심한 우울증을 겪고 있으며 이러한 심리적 고통은 빈곤을 가중시키는 요인이 되기도 한다.

> 이순자 : 남편 알코올중독자구, 자살을 하려고 해도 무슨 놈의 목숨이 이리도. 쉽지가 않아요. 죽어지지도 않고 약도 먹어 보았는데 그것도. 그러다가 정신과 치료를 받는데 우울증.
> 연구자 : 우울증이 왔던 계기가 있었나요?
> 이순자 : 나는 공공근로 나가서 먹고살기 바쁘고 세금내고 살기 바쁜데 카드가 터지기 시작한거야. 카드 빚쟁이 얼마나 무서운데. 카드 6개 돌려 막다가 터졌는데 ○○카드가 협박을 하는데 정말 무서운 거야. 공공근로 하면서 그렇게 사는데 (카드가 아니

면) 어떻게 할 수가 없었던 거야. 이건 어떻게 할 수가 없는 거야. 제가 빚진 것은 천오백인데 그게 이자가 붙어서 사천이 넘는 거야. 어떻게 할 수가 없는 거야. 너무 힘이 드니까 우울증이 다시 오더라구.

이영미와 이순자 모두 신용불량자로서 빈곤의 악순환 상황에서 벗어나기 어려워 보인다. 하지만 이영미는 법적 이혼을 통해서 빈곤을 발생시키고 지속시키는 남편과의 관계를 끊어냄으로써 새로운 자원을 형성할 기회를 가지게 되지만 이순자의 경우에는 지금도 생계 부양의 의무를 책임지면서 심한 우울증에 시달리고 있다. 이순자는 지금 우울증으로 정신과 치료를 받고 있지만 알코올중독자인 남편의 치료를 위해서 수급자의 신분을 숨기고 일을 하고 있다.

애 아빠가 알코올중독이니까 병원에 들어갔다가 돈이 너무 많이 드니까 꺼내왔다가 하는데. 지금 병원을 8번을 들락날락하니까. 지금은 완전히 내가 갓난아기 취급을 하죠. '애기 아빠 이번이 마지막이다. 내가 정신과 치료받으면서 혈압 약 먹고, 우울증 약 먹고. 지금 자궁 들어내서 호르몬제까지 먹지 않냐. 나 지금 이 약 먹으면서 일하러 다니기 정말 힘들다. 당신에게 돈 벌으라 소리 안 할 테니 내가 일을 다 할 테니 한 가지만 들어주라' 했어요. 그러니 뭐냐고 하대요. '술 좀 줄여주라, 그 한 가지만 들어주라'.(이순자)

남편은 생계 부양자, 아내는 보살핌 책임자라는 성별분업은 남녀의 권력관계를 구성하는 핵심적인 요소이다. 그러나 경제적 능력이 없는 이순자의 남편은 가족 안에서 마음껏 폭력을 휘두르고 자기 마음대로 할 수 있는 가장으로서의 권위를 잃지 않는다. 이것이 가능할 수 있는 것은 무엇 때문일까? 전통적인 가족관계에서 남편에게 부여되는 일차적인 의무는 생계 부양자로서의 역할이고 아내에게 부여되는 일차적인 의무는 가족구성원들을 보살피는 역할이다. 따라서 남성이 생계 부양자로서의 역할을 하지 못했을 때 그 빈자리를 채우고 정서적 위로를 해주어야 할 책임은 아내에게 있다. 그 책임을 피하고 집을 나갔을 때 사회는 이 여성에 대해서 상당히 강도 높은 비난을 하게 된다. 하지만 아내가 가족을 보살피지 못했을 때 그 빈자리를 채워야 하는 것은 남편의 몫이 아니다. 남성 생계 부양자/여성 보살핌 책임자라는 성별분업의 원리는 남편이 실질적으로 생계 부양의 역할을 실천하지 못할 때 일방적으로 아내의 가족 유지 책임을 강화하는 방식으로 작동된다. 가족구성원을 보살피는 일차적인 책임이 여성에게 주어지는 방식의 성별분업은 분업이 이루어질 수 없을 때 여성에게는 이중 노동의 부담을 남성에게는 어떠한 부담도 주어지지 않는다는 점에서 엄밀한 의미의 분업이 아니었다.

생계 부양을 안 했던 이순자의 남편은 알코올중독자가 됨으로써 보살핌을 받아야 될 존재가 된다. 이순자에게 남편은 지속적으로 보살펴야 할 '갓난아기'이다. 남편을 돌봐야 한다는 정체성은 이순자가 남편을 떠나지 못하는 이유이다.

> 내가 여기서 나가면 벌 받지. 장애자 아이들 누가 키워. 그리고 시댁에서도 버린 사람(남편) 노숙자되서 죽지. 우리 딸내미, 아들내미 길거리가 다 나쁜 사람에게 끌려갈 텐데. 차라리 나 하나 희생하고 살자.(이순자)

이혼을 고려하지 않는 이순자에게 지금의 가족관계는 출구가 없는 터널과 같다.

> 일하러 가서 막 이야기를 떠들어야 해. 누구는 푼수다 뭐다 그러는데

그래도 떠들어야 해. 가슴이 터질 것 같아. 나를 일 좀 보내 달라고. 동사무소 모르게. (우울증이 오면 어떻게 하세요?) 우울증이 오면 막 우울하고, 떠나고 싶고 그러면 나는 여기 저기에 전화를 해요. 수다를 떨어요. 그리고 노래방에 가서 악을 막 쓰고 가고, 상대방 미치게 욕을 하고. 집에 오면서는 하느님께 기도하고. 하느님께 많이 이르고. 집에 가면 막 어지러 놓은 것 또 치워야 하고, 또 술병이 어디에 있는가 찾아야 하고. 술병 잘 숨겨놔요. 그거 숨기는 거 귀신이야. 우리 집에 새 물건이 있으면 안돼. 그러면 술과 바꿔 먹어. 그래서 다 뜯어 놔야 해… 성질나면 밥에 고추장 넣어서 막 비벼서 먹어야 해. 그리고 소리를 꽥 질러 "야, 이 개새끼야, 니가 나를 이렇게 만들었잖아!". 막 욕하면서 뛰어.(이순자)

출구가 없는 가족관계 안에서 살아야 하는 이순자는 아무나 붙잡고 이야기를 하거나, 조그마한 갈등에도 분노를 표출하거나, 막 욕을 하면서 뛰거나 하는 행동들을 한다. 이러한 행동은 이 여성이 살아남기 위한 처절한 생존투쟁의 방식으로 읽힌다.

가부장적인 가족관계는 여성들의 사회권을 제약하는 또 하나의 권력 장치이다. 적극적 의미에서의 사회권이라 하면 정치, 경제, 사회, 문화의 일반적 활동영역에서 이들이 정상적인 역할수행과 기능발휘를 함으로써 스스로 사회적 자신감을 유지해 나가는 상태를 가리킨다(장경섭, 1991: 202). 여성들은 가족 내에서 보살핌 노동과 생계 부양의 의무를 하면 할수록 사회적 자신감을 상실하고 있다. 아내가 가족원들을 보살펴야 한다는 도덕적 규범은 남편이 가족부양의 역할을 하지 않을 경우 보살핌의 연장선상에서 생계 부양을 하게 되므로 아내의 가족부양은 가족 내 성별분업과 권력구조를 바꾸지 못한다. 아내의 일은 이중노동의 부담과 함께 사회, 심리적 보상으로 연결되지 않으면서 심각한 심리적 장애로 표출된다.

2) 아내폭력과 통제

연구 참여자들에게 결혼으로의 진입은 인생의 전환점을 의미한다. 출생 가족관계에서 발생하는 다양한 갈등과 경제적 착취로부터 벗어날 수 있을 것이라는 기대 속에서 결혼을 선택하였다. 그러나 연구 참여자들은 결혼을 희망과 가능성으로서의 전환점이 아니라 자신이 가지고 있는 모든 자원이 고갈되어 버리는 과정으로서의 전환점이었다고 말한다. 아내폭력은 연구 참여자들이 결혼생활에서 겪었던 고통 중에서 가장 빈번하게 그리고 가장 심각한 문제로 이야기하는 주제이다. 빈곤 지속 유형의 사례 여성들 모두 아내폭력의 피해자였으며 결혼생활 동안 경제적인 어려움보다 정신적인 고통이 더 컸다는 말로 아내폭력의 고통을 이야기하였다. 여성들은 아내로서 오랜 기간 동안 폭력에 시달리게 되는데 이 과정은 여성들의 자아가 심각하게 손상되는 과정으로서 심리적 자원과 물리적 자원이 완전히 소진되는 결과를 가져온다.

　(결혼생활은) 불행했어요. 물질적으로 아주 힘들지는 않았고, 정신적으로 힘들었어요. 신랑이 술을 좋아하니까 사람들을 불안하게 해. 주사도 심했고, 폭력도 발로 차고 그런 것은 예사. 특히 부엌 칼을 가지고 많이 그랬어요. 그래서 퇴근시간만 되면 칼을 다 감추거든요. 그러면 젓가락 같은 거. 자고 있으면 목에다(손바닥을 목에 갖다 대는 시늉을 하며). 무서워서 말도 못하겠더라구요. 제가 말 한 마디만 해도 우리 신랑은 무조건 폭력이 날아오니까. 무서웠어요. 저희 집만큼 칼을 많이 샀던 집도 없을 것 같아. 제가 처음에는 몰라서 못했는데 칼을 갖다 대니까 무섭잖아요. 처음에는 칼을 뺏어서 멀리 던지고 그랬거든요. 그러다보니까 신랑 들어올 시간이 되면 칼을 무조건 감추는 거예요. 그래서 심지어 젓가락까지 무기가 될만한 것은 다 감춰. 그러다 너무 정신이 없다보니까 나중

에 못 찾는 거야. 그때는 심장병이 있었나봐. 저녁만 되면 심장이 벌렁벌렁 뛰고 그리고 발자국 소리나 문 소리만 나면 심장이 멎어 버릴 것 같은 거.(이영미)

폭력 당하는 아내는 이중의 공포를 경험한다. 아내폭력은 반복해서 진행되므로 아내는 이후의 폭력을 구체적으로 상상할 수 있어서 두렵고, 모든 폭력은 임의적이므로 예측 불가능성으로 인해 두렵다. 폭력 당하는 아내는 두려움을 해결하기 위해서 자신의 모든 에너지를 공포를 견디는 데 집중시키기 때문에 다른 생각을 할 여유가 없다(정희진, 2000: 122~3). 이영미는 남편이 집에 돌아올 시간이 되면 가슴이 두근거리고 가슴이 꽉 막혔다고 한다. 폭력에 대한 공포를 견디기 위해서 낮에 일부러 일하지 않고 놀다가 저녁에 남편이 들어오기 시작하면서 빨래며 집안일을 하기 시작하였고 남편이 잠든 것을 확인하고 나서야 안도의 한숨을 쉴 수 있었다고 한다. 심장이 멎어 버릴 것 같은 두려움 속에서 이영미는 17년간 결혼생활을 유지하는데 자신이 할 수 있는 모든 것을 다 한 후에야 폭력적인 결혼관계에서 벗어날 것을 결심한다. "우리 신랑 마음을 돌려 보기" 위해서 "내가 할 수 있는 것을 이 사람에게 다해 보자"라고 결심을 한다. 그 이유는 바로 "나중에 이혼을 했을 때 이 사람에게 미련이 없을 만큼 후회가 없을 만큼 내가 할 도리를 다"하기 위해서이다. 여성들은 아내로서의 도리를 다 하느라 폭력을 견디어낸다. 여성의 일차적 위치는 가정이라는 사회적 통념은 여성들에게 가족 안과 밖의 경계를 견고하게 만드는 정체성과 사회규범과 제도를 작동시키는 실질적인 힘이다. 가족 밖에서의 여성의 위치는 '정상적인 삶'의 경로를 벗어나는 것으로서 상상되기조차 어렵다. 연구 참여자들에게 결혼은 다양한 대안 중 하나가 아닌 유일한 대안으로 선택되었기 때문에 아무리 폭력이 발생하였다 하더라도 쉽게 벗어나지 못한다.

그러나 저소득층에서 발생되는 아내폭력[1]은 남편이 아내를 경제적으로 착취하는 데 동원되는 수단으로 사용되기도 한다. 김경숙의 첫 번째 남편은 "먹고 살 만큼은 갖다" 줬으나 폭력이 심해서 견딜 수 없어 집을 나왔고 두 번째 남편은 노름으로 생계 부양자로서의 역할을 전혀 하지 않으면서 폭력을 행사하였다. 김경숙은 재혼을 하면서 돈에 너무 시달려서 안해 본 장사 없이 다해 보았다고 한다. 남편은 중국집 운영을 전적으로 김경숙에게 맡기고 노름을 위한 돈을 마련하기 위해서 끊임없이 자원을 관리하고 통제하였다. 아내폭력은 자원을 착취하는 강력한 수단으로 사용된다.

> 생활력이 강하지 못해. 내가 이렇게 죽자 사자 하면 좀 따라 주던가. 생활력이 강해서 주방장을 딱 하면서 배달을 하던가. 주방장 들여놓고, 종업원 들여놓고, 나에게 맡기고 자기는 노름을 하는 거예요. 맨날. 한 달 목욕권 끊어 다니고. 그러니까 막 나쁜 생각도 하고 정말 죽이고 싶었어요. 내가 이 애기아빠에게서 빠져 나올 구멍이 정말 안 보이는 거예요. 애들도 때리면 울잖아요. 내가 울면 더 때려. 울면 때려죽이고 싶대. 어느 정도냐면 다른 사람하고 싸우잖아요. 그러면 상대에게서 피를 보든 자기 몸에서 피를 보든 그래야 멈춰요. 그 정도에요. 그래서 내가 왜요, 아니요 그런 소리를 못했어요. (가장 역할을 다 하시면서 왜 목소리를 못내셨어

---

1 Evans(2005)는 아내폭력 주제에 대한 대부분의 연구들이 젠더 불평등에 주목함으로써 빈곤층에서 이루어지는 아내폭력의 문제에 주목하지 못했다고 비판한다. 경제적, 사회적 불평등의 결과로서 빈곤은 아내폭력을 발생시키는 또 하나의 원인이라는 것이다. 이러한 주장은 그동안 아내폭력 연구에서 계급의 요소를 충분히 고려하지 않고 일반화시켰다는 점을 지적하는 것은 타당하지만, 빈곤층에서 발생되는 아내폭력이 가족 내 권력관계에 기반한 남성의 문제가 아니라 빈곤이라고 하는 경제적, 사회적 불평등의 결과로 해석될 위험이 있다는 점에서 주의를 필요로 한다.

요?) 무서워서 그랬어요. 장사를 해도 떼어 먹을래야, 떼어 먹을 수도 없고. 나가는 것 뻔하니까. 돈 내놔 그러면 계산을 하다보면 안 맞을 때가 있잖아요. 그러면 성질이 어느 정도냐면 그때 그랜져 끌고 다녔거든요. 화가 나니까 그것을 끌고 오토바이 3대 세워 놨는데 그걸 들이받는 거야. 그런데 그랜져가 원래 튼튼하잖아. (그럼 어머니는 식당하고, 남편은 그 돈으로 매일 그랜져 끌고 다니면서 놀러 다니고 그랬나요?) 예. 나는 그 차를 타 본적도 없어. 울산에서 시민경찰이었어. 울산에서는 잘 나가는 우리 아저씨. 자기는 노래방 단속 다 하고 다니고 음주 단속 다 하고 다니고. 회장님, 회장님 하니까 옷도 그냥 안 입었어요. 양복 입고, 티도 안 입고. 사진도 경찰서장과 같이 찍고, 산에 휴지 줍고, 봉사하고.(김경숙)

지역의 유지로서 그리고 시민경찰로서의 사회적 지위를 유지하기 위해서 고급 승용차를 타고, 양복만 입는 남편과 아이 다섯을 키우면서 중국집을 운영하느라 지칠 대로 지친 아내는 한 집에 산다. 일반적인 계급분석에서 이 가구는 소수의 종업원을 거느린 가족 단위의 경제 활동을 하는 중간 계급으로 분류될 것이다. 이러한 접근은 남편과 아내의 사회적 지위를 동일하게 인식함으로써 아내에 대한 경제적 착취를 비가시화한다. 아내의 보살핌 노동과 무급 노동에 대한 평가는 철저히 남편의 손에 달려있기 때문에 아내의 노동으로 수입을 극대화시켰다 할지라도 부부간의 권력 관계가 쉽게 변화되지 않는다. 아내의 노동에 대한 사회적 평가가 낮으면 낮을수록 가족 내의 자원통제는 가장인 남편의 선의와 의식에 따라 다양한 모습으로 나타날 것이다. 아내의 경제적 지위는 남편의 처분에 따라 동일한 사회적 지위를 공유할 수도 있고 한 지붕 아래에서 아주 상이한 사회적 지위로 즉, '한 지붕 두 계급'의 모습으로 살아갈 수 있다. 김경숙의 경우는 결국 남편의 도박 빚으로 모든 재산을 탕진하게 되지만 그 덕분에 남편은 집을 나가게 되고 남편으로부터의 경제적 착취에서 조금은 자유롭게 되었다.

아내폭력이 착취의 수단으로 동원될 수 있는 것에는 이러한 착취를 수용하는 억압적인 여성 정체성에 문제가 있다. 이순자 역시 아내폭력의 피해자이다. 이순자의 남편은 아내의 경제력을 착취하는 도구로서 폭력을 행사한다. 이순자가 생계 부양의 역할과 보살핌 노동을 하면서 폭력에서 벗어나지 못하는 이유는 무엇일까? 이순자가 이야기하는 여성 정체성은 폭력과 빈곤의 상황에서 벗어나지 못하는 이유이다.

> 처음 결혼했을 때는 손찌검 안 했거든요. 그런데 3개월 지나니까 그때부터 본색이 딱 드러나는데. 패는데 뭐랄까 장난감 두들겨 패는 것처럼. 각고목으로 맞아보셨어요? 칼로 목까지 대고. 다른 생각 전혀 안 하고 저 사람이 나 애기 만들어줬다. 그동안 애가 안 들어섰기 때문에 나는 애를 못 낳는 사람이다, 그렇게 생각을 했기 때문에 자연스럽게 애아빠와 관계를 가졌구. 그런데 관계 가진지 한 달 만에 애가 들어선거야. 제가 이 남자가 알콜중독자라고 하더라도 이 사람을 못 버리는 이유는 애 못 낳는 나를 애를 낳게 해주니까 얼마나 고마워요.(이순자)

결혼제도 안에서 여성은 아내로서 그리고 어머니로서의 정체성을 일차적으로 요구받는다. 여성은 출산을 함으로써 결혼한 사람으로서의 도리를 다 한 것이 되며 어머니로서의 지위를 얻는다. 따라서 첫 번째 결혼에서 아이를 갖지 못하는 존재로서의 자기 인식은 이순자가 결혼관계를 견딜 수 없어 스스로 떠나게 하였다. 이순자는 첫 번째 남편에 대해서 '참 착한 사람'이었다고 기억한다. 나이 차이가 많이 난 남편은 자신을 아꼈지만 아이를 낳아 달라고 계속 졸랐기 때문에 더욱 힘들었다고 한다. 아이를 낳을 수 없는 존재는 자신을 결핍된 자, 비정상인 자로 인식하게 함으로써 출산하는 성에 절대적으로 매달리게 된다. 출산을 가능하게 했던 상대는 자신의 정상성을 회복하게 해주었던 사람이기 때문에 아무리 비상식적이고 비정상적인 행동을 보일지라도 보살펴 주어야 할 사람이 되는 것이다. 출산하는 성이 자신의 정체성에서 가장 중요한 부분이 될 때 아내폭력의 피해와 경제적 착취의 문제는 사소한 것이 된다. '애 못 낳는 나'보다는 '폭력 당하는 나', '착취 당하는 나'가 더 견딜만한 것이기 때문이다.

결혼 제도 안에서의 성은 여성들에게 출산의 의무와 함께 남편의 성적 욕망을 충족시켜야 할 의무를 포함한다. 이순자는 출산을 가능하게 했던 자궁을 잃게 되면서 남편이 성매매를 할 수 있도록 돈을 주고 있다.

> 맨날 술 먹고 와서 ○○야 술값 내놔라 하고, 어디서 자고 왔다고 하대비를 주라고 하면 그걸 줘야 되는 거구. 왜냐하면 막둥이를 낳고 나서 이걸(자궁) 드러냈거든요. 우리 신랑이 하는 말이 너는 80세 노인만도 못하다. 여자가 자궁도 없으니까. 너는 자궁도 없는 애고, 허궁이다. 관계를 가져 봤자 분비물도 없고 그러니 차라리 가서 하게 돈을 달라고 해요. 그래도 돈을 줘야지. 매맞지 않으려고. 각고목으로 때리다 안 되면 혁대를 풀어서 때리니까. 제가 너무 답답해서 밖에 갔다 오면 옷 홀랑 벗겨서 밑을 조사해.(이순자)

아내는 남편이 원하는 몸을 갖지 못했기 때문에 자신의 '결핍'의 대가를 지불해야 한다. 남편은 자궁이 없는 아내에게 당당히 돈을 요구할 수 있는 것이고, '결핍'의 대가를 지불하지 않을 경우 폭력의 정당한 사유가 된다. 그러나 남편에게 '결핍'인 아내의 몸이라고 하더라도 다른 남자에 의해 소유되는 것은 허용되지 않는다. 집 안에서는 쓸모없는 성이지만 집 밖으로 나갈 때는 의심받고 통제받는 성이 된다. 이순자는 출산을 가능하게 했던 자궁이 있었기에 집 안에 갇히고 자궁을 잃었기에 집 안에 갇힌다. 이순자가 일을 하는 이유는 "애 못 낳는 나를 애 낳게" 해준 보답이며, 자궁이 없는 대가를 지불하기 위해서이다. 따라서 이순자는 정신과 치료를 받으면서 우울증 약을 먹고, 혈압 약을 먹고, 호르몬 조절 약을 먹으면서 일을 하러 다녀도 그 일은 자신의 경제적 독립과 자율성을 확보하는 것이 아니라 집 안에 더욱 갇히게 한다는 점에서 집 밖의 일이 아닌, 집 안의 일인 것이다.

3) 이상(ideal)으로서의 남성 생계 부양자

아내에 대한 경제적 착취는 폭력과 협박과 같은 강제적인 힘에 의해서 이루어지기도 하지만 남성을 부양자의 지위로 고정시키려는 가족규범에 의해 여성들 스스로 착취의 대상이 되기도 한다. 이영미에게 가족의 의미는 "내가 다 끌어안는 것, 책임지는 것"이다. 폭력을 행사하는 남편은 가해자라기보다는 자신이 돌봐야 할 대상인 것이다. 이영미는 알코올중독자인 남편의 치료를 위해서 강제 입원을 시키고 남편의 치료비와 생계 부양을 위해 고된 노동을 하였다. 한 달에 50만 원씩 드는 병원비를 감당하기 위해서 새벽 2시 50분에 집을 나가 김밥가게에서 김밥 마는 일을 3년 정도 한다. 알코올중독 치료로 실직이 된 남편이 계속 일을 할 생각을 하지 않자 이영미는 그동안 일해서 모아둔 돈으로 조그마한 운동화 세탁소를 차린다.

> 연구자 : 가게를 열었을 때 기분이 어떠셨어요?
> 이영미 : 벅찼죠.
> 연구자 : 사장님이 되셨으니 그러겠죠.

이영미 : 어~? 제가 사장이 되었다고 생각해 본 적 없어요. 그때 이 가게
　　　　를 차린 게 신랑이 놀았었어요. 알코올중독으로 입원하고 어쩌
　　　　고 하면서 계속 놀았는데 갔다와도 정신을 못 차려요. 맨날 게
　　　　임만 몰두하고 살다가 혼자 3년을 혼자 벌어 먹이고 살다보니
　　　　까 너무 힘들어서. 어차피 병원에 다니고 그렇게 하다보니까 힘
　　　　들고 하니까 내가 해볼테니 같이 해보자. 남편을 위해서 이거를
　　　　한 거예요.

연구자 : 남편에게 반듯한 가게라도 차려주고 싶어서요?

이영미 : 예. 그렇죠. 그럼 누가 흥볼 사람도 없고 잘 되든 못 되든 우리
　　　　같이 해보자. 그런 취지에서 했는데 남편은 전혀 관심이 없었어
　　　　요. 그때 당시에는 이거 수거하고 배달하고 그래야 되는데 제
　　　　가 운전도 못했고, 오토바이도 못 탔으니까 남편이 오토바이
　　　　로 배달을 안 해 주면 너무 힘들어요. 그런데 술만 먹으면 안
　　　　나오고, 가게에 와서 때려 부수고. 그래서 안 되겠다 싶어서 새
　　　　벽에 운전면허 땄거든요. 제가 운전면허를 취득하고 나니까 남
　　　　편 거 있으나 마나.

　　생계 부양자로서 일을 해온 이영미는 끊임없이 남편에게 부양자로의
지위를 갖게 해주려고 노력하였다. 자영업을 처음 시작할 때 사장이 되
서 좋았겠다는 연구자의 말에 이영미는 말보다는 표정으로 응답을 하
였다. 한 번도 생각해 본 적이 없었던 그런 부분을 건드린 것처럼 고개
를 갸우뚱하면서 한참동안 말을 잇지 못했다. 자신이 자본을 만들고,
가게를 운영하고 남편은 배달 일만 도와주기를 기대하면서도 이 가게
는 남편의 명의로 된 남편의 것이다. 사장인 남편의 비협조와 난동으로
가게 운영이 어렵게 되자 이영미는 새벽에 신문배달 일을 하면서 남편
을 설득해보지만 이것조차 쉽지 않다. 남편이 "술만 먹으면 (가게에)
안 나오고, 가게에 와서 때려 부수고" 할 수 있는 것은 남성을 부양자

로 인정하는 상징적 힘의 결과이다. 상징적인 부양자 남편은 생계 부양의 노력을 하지 않을지라도 가장으로서의 권한을 휘두를 수 있는 무소불위의 힘을 갖는다. 남편을 가족의 부양자로 위치시키려는 아내들의 노력은 자신의 의도와는 달리 이러한 상징적인 힘을 작동시킴으로써 빈곤을 초래하기도 한다. 이영미는 결국 힘들게 모아서 차린 운동화 세탁소를 운영하지 못하고 헐값에 처분하였다.

2. 성별화된 자원통제권과 배제

저소득층 가족의 아내들은 가족을 유지하기 위해서 발버둥치다가 신용불량자가 되었고, 아내폭력에 의해 경제적 착취를 당하였으며, 생계 부양자로서의 남편의 지위를 만들어주기 위해서 애를 쓰다가 더욱 경제적 어려움이 커졌다. 빈곤의 지속 유형 사례들은 남편은 생계 부양자/아내는 보살핌 책임자라는 성별분업이 실천되지 않는 상황에서 어떻게 여성의 자원이 착취되고 빈곤에 취약하게 되는지를 보여준다. 그렇다면 실질적이든 명목적이든 남편이 생계 부양자로서의 역할을 했던 사례에서는 여성들이 어떻게, 어떠한 과정을 거쳐서 빈곤에 이르게 되었는가?

1) 단일 가족과 피부양자 여성

가족은 경제적으로 하나의 단위인가? 일반적으로 계급연구의 분석 단위는 가구이며 남성 가구주의 직업에 따라 가족의 사회 경제적 위치가 분류된다. 이는 가족이 생산 관계와 소비 관계를 반영하는 기본 단위라는 인식과, 가족의 사회 경제적 위치는 그 가족을 대표하는 남성 가구주의 사회 경제적 지위에 의해 결정된다는 가정에 근거한다(이재경, 2003: 91). 페미니스트들은 계급 논의에서 남성만이 분석의 대상이 되어온 부분에 대해서 이의를 제기하면서 여성의 경제활동 참여 비율이 증가함에 따라서 성 범주가 고려되어야 함을 주장하였다(박숙자, 1991; 조은, 1991). 그러나 여성의 직업을 고려한다 하더라도 가족의 자원이 구성원들 간에 평등하게 공유된다는 믿음이 전제되는 한 하나의 경제적 단위로서의 가족이라는 신화는 유지된다. 모든 것을 공유하는 단위로서의 가족이라는 통념이 있는 한 가족 내 자원배분과 통제를 둘러싼 권력관계는 설명될 수 없다. 가족은 경제원칙이 아니라 애정원칙에 의한 것이라는 믿음은 남성의 경제적 착취를 가리는 덮개 역할을 하기 때문이다(바렛·매킨토시, 1994: 87).

경제적 착취는 물리적 폭력과 강제에 의해서만 이루어지는 것이 아니다. 경제적 착취는 자신의 자원형성에의 기여도와 별개로 자원에 대한 처분과 통제 권한이 다른 사람에게 주어지도록 제도화되어 있는 경우에도 이루어질 수 있다. 특히 자원의 배분과 통제에 영향을 끼치는 가족 규범은 결과적으로 여성이 경제적 착취의 대상이 될 수 있도록 한다. 페미니스트들은 남성 생계 부양자, 여성 가사 전담자라는 성별분업의 원리가 여성을 주부인 동시에 어머니로 가족이라는 사적인 세계에 위치시킴으로써 노동과 자원의 불공평한 분배, 불평등한 권력관계를 재생산하게 한다고 지적하였다. 가족 내에서 여성들이 주로 수행하도록 규범화되어 있는 가사 노동과 보살핌 노동과 같은 무급 노동은 임금소득자 남편의 노동과 평등한 분업이 아닌 남성의 이해가 지배적인 불평등한 교환관계라는 것이다. 불평등한 교환관계인 이유는 여성이 하는 집안일로부터 남성들이 얻는 이득은 남편이 아내에게 제공하는 지원보다 크며, 그런 지원은 매우 가변적이고 그 양 또한 남편의 호의에 달려 있다는 점, 소비에 대한 결정은 종종 남편의 의사 위주로 행해진다는 점이다(바렛·매킨토시, 1994: 86). 그러나 불평등 교환이 이루어지는 것은 아내가 남편보다 더 적은 수입원을 가지기 때문만이 아니다. 아내들이 가계의 자원형성에 적극적인 기여 또는 전적인 기여를 하는 경우에도 평등한 부부관계를 형성할 수 없으며 오히려 경제적 착취의 대상이 되기도 한다. 경제적 착취는 성별에 따라서 가족 내 자원의 관리 권한과 통제 권한이 분리되면서 이루어진다. 가정 경제의 기여도와 자원의 통제 권한은 비례하지 않는다. 특히 무급 가족 종사자로서 여성들이 일을 하게 될 때 자원형성 기여도와 별개로 모든 자원통제 권한이 남편에게 집중되어서 아내들은 경제적 착취의 주 대상이 되기 쉽다. 한송이는 70년대 남편과 함께 쌀가게를 운영하면서 상당한 정도의 경제적 자원을 형성하였지만 자원에 대한 통제 권한이 전혀 없었던 사례이다.

> 그때는 돈을 모아서 집을 사서 가게도 크게 늘리고 앞집을 사서 아래는 가게 대여섯 개 하고 윗층은 살림집하고. 70년대, 80년대 초 착착 잘 했어요. 돈 관리는 제가 했지요. 경제적으로는 결혼하고 탄탄대로를 갔어요. 자꾸 불려 나가는 재미. 하지만 저는 가게 울타리 안에만 있는 거야. 봐주고. 돈 관리만 했지. 내가 돈을 직접 쓰지는 못한다고.(한송이)

한송이는 무급 가족 종사자로서 쌀가게의 실질적인 운영 전반을 책임졌다. 농산물 도매센터를 운영하면서 한송이는 살림을 도맡아 하고 가게에 나와 손님을 맞이하거나 돈계산을 하는 일을 주로 맡았고 남편은 배달 일을 주로 하였다. 한송이는 남편과 함께 가정경제의 주 수입원으로서 활동하였지만 수익을 어떻게 분배할지에 대해서는 아주 작은 권한도 없었다. 자원에 대한 통제권이 전혀 없는 노동은 여성의 경제적 독립을 보장하지 않는다. 자원에 대한 통제권은 가정경제의 기여도에 따라서가 아닌 남성 가장에게 선험적으로 주어진다. 남성 생계 책임자, 여성 가사 담당자라는 성별분업의 원리는 실제적인 '분업'의 원리로 작동되기보다는 여성의 노동을 비가시화시키는 차별의 기제로 작동된다. 모든 여성은 결혼하고 출산을 하고 어머니로서의 역할을 담당함으로써 경제적으로 남성에게 의존한다는 점, 그래서 여성의 노동력은 남성에 비해 비생산적이며, 합리적인 경제적 행위자로서 인정받기 어렵다는 여성관(Pujol, 1995)은 하나의 신화로서 여성이 하는 일을 보이지 않게 하는 기제로 영향력을 행사하고 있다. 한송이의 남편은 가장으로서 아내의 활동 반경을 규정한다거나("자기 시야 안에서만 움직여야 하고 뭐 멀리 절대 못가. 안 보내요.") 만나야 할 사람을 통제하고("결혼하고 나서 친구 동창들 만나지 못했어요. 못나가게 하니까. 친구들 모임에 저만 싹 빠지는 거야"), "내 가족을 지키기 위해서" 아내폭력을 행사한다. 한송이는 최소한의 의사결정 권한이 없는 자신의 결혼생활을 "완전히 남자의 노예" 생활로 비유하여 이야기한다. 이러한 관계 안에서 한송이에게 주어졌던 자원관리의 일은 자원관리 권한이라기보다는 자원관리 의무가 있었다고 표현하는 것이 더 정확할 것이다. 어떠한 권한도 없고 의무만이 있는 관계는 가족 이외의 관계에서는 찾아볼 수 없을 것이다. 하나의 경제적 단위로서 가족은 이러한 경제적 착취가 가능한 유일한 장소이다.

남성 부양자, 여성 피부양자 통념은 현실세계를 반영하는 통념이라기보다는 여성들의 경제활동을 개인이 아닌 아내로서 피부양자로서의 역할로 의미화하게 만드는 통념이다. 임은수는 결혼생활 내내 주 생계 부양자로서 역할을 하면서도 '가장'인 남편이 자원에 대한 통제권을 가졌던 사례이다. 임은수의 남편은 결혼하고 나서 일을 하지 않았다. 부유한 가정에서 자라서 대학을 졸업한 남편은 '후진 직장'에는 다닐 수 없었기 때문에 대기업에만 이력서를 넣느라 결혼 후에도 몇 년을 직장생활을 하지 않았다. 자신이 원하는 대기업에 취직을 한 후에도 가족에게 월급을 갖다 준 적이 없었고 더 가져다 쓰는 생활이 지속되었다. 이러한 남편과 같이 사는 아내는 생계를 유지하기 위해서 낮에는 가내부업을 하고 밤에는 닭공장에 다니는 등 '안 한 일이 없을' 정도로 고생을 하였다. 그러다 경제적인 수완이 좋았던 임은수는 아파트 투기를 하여 '돈벼락'을 맞게 되지만 그 돈은 자신이 통제할 수 있는 자원이 아니라 '성스런 가정'에서 '남편 가장'이 통제할 수 있는 자원이 된다.

> 내가 가정을 만들었으면 내 아이와 우선 내 신랑. 이게 한 가족이고. 내 가족에 관한 것은 내가 백 프로 할 수 있는 한 해야 하고. 친정이 되었든 시댁이 되었든 아무도 침범을 못하게… 제가 결혼해서 나를 위해서 티셔츠, 양말 하나 사본 적이 없어요. 그때까지. 아무리 투기를 해서 돈을 벌었어도 나를 위해서 티셔츠 양말 쪼가리 하나를 나를 위해서 사본 적이 없어. 여태껏 나라는 사람을 하~한 번도 생각해 본 적이 없어. 나를. 왜냐하면 아내로서, 며느리로서, 자식으로서 생각을 했지. 나를 돌아보고 나를 사랑해야 하고 누가 나를 왜 이렇게 했나. 나를 걸고 생각해 본 적이 없는 거야. 내가 나한테 한 게 너무 없구나… 내가 없이 성스런 가정이라는 것만 가지고 당신이 그 가정의 가장인데 그것만 가지고.(임은수)

임은수는 자궁종양으로 수술을 하게 되면서 처음으로 '나'라는 사람을 생각해 보았다고 한다. 가족 안에서 자신에게 주어진 역할인 아내와 며느리로서 살았기 때문에 자신이 번 돈은 남편이 언제든 가져갈 수 있는 사업자금이 될 수 있고, 남편은 아내와 전혀 상의 없이 사업을 운영할 수 있으며, 부도를 내고 잠적을 했을 때에도 아내는 그동안 모은 전 재산을 털어서 빚을 갚는다.

> 나는 부도가 난지도 몰랐어. 여행을 간다고 해서 그런 줄 알았어. 빚쟁 이들이 집으로 들이닥치는데 그리고 8개월 동안 연락 한 번 받아본 적 없 어. 어느 날 자다 일어나서 내가 왜 이렇게 살아야 하나. 내가 왜 그 돈을 다 줬을까. 바보같이. 왜 빚쟁이에게 다 털어 줬을까. (아파트 다?) 다. 적 금든거며 뭐며 손에 있는 거 다 털어 줬어요. 그리고 한 4천되는 빚만 안 고. 다 털어 줬는데도 빚이 남는 거예요.(임은수)

가족을 하나의 경제적 단위로 간주하는 가족 중심주의 사회에서 남 편의 빚은 아내의 빚이 된다(정희진, 2000: 122). 아내는 개별적인 경제 주체가 아닌 피부양자의 위치에서 경제활동을 해왔기 때문에 부양자 남편의 빚은 피부양자라 할지라도 공동으로 책임져야 할 몫으로 받아 들인다. "내 가정의 아빠로서 몽땅 믿고, 가장의 아빠로서 아무리 돈을 안 벌어 와도 우선 백 프로를 주고 그랬던" 부부관계에 대한 믿음은 빈 털터리가 되고 빚만 떠안는 상황에 이르러서야 깨지기 시작한다. 아내 라는 지위를 버리고 여성가장이 되었을 때 임은수에게 남은 것은 빚뿐 이었다. 여성의 경제적 능력은 가부장적인 가족 안에서 경제적·심리적 자립을 위한 자원이 되기보다는 경제적 착취의 조건이 될 수 있다. 성별 화된 부양자/피부양자 통념은 여성들을 가족 내의 위치로 강제함으로 써 경제 주체의 위치에서 배제시킨다.

2) 아내의 경제 대리인 가장(家長)

한 가족의 생계 책임자는 남성이며, 가장의 임금은 한 가족의 생계를 유지할 수 있는 수준의 임금이어야 한다는 가족 임금 이데올로기는 경제 위기 때마다 여성이 위기의 안전판 역할을 하는 기제로 사용되어 왔다(조순경, 2000). 한 가족의 생계 책임자는 남성 가장이라는 이데올로기는 개별 남성에게 가족의 경제 대리인으로서의 권리를 지지한다. 따라서 가족을 대표하는 지위로서의 '가장(家長)'은 가족구성원을 개별적인 경제적 행위자로 인식하지 않는다 할지라도 상식적인 통념에서 크게 벗어나는 일이 아니게 된다. 경제 대리인으로서 가장은 아내의 지출 권리를 대신할 수 있다.

> 항상 무시하고 발언권을 안 줬어요. 니 엄마는 모르는 여자. 안에서 살림하면서 뭘 아느냐. 돈 투자를 너무 많이 해서 겁이 나요. 남의 돈으로 하는 거니까. 저 양반 돈이 어떻게 돌아가는지 알고나 하는 거냐고. 카드가 이렇게 돌아가는데 하지 말자고. 다음에 하자고. 그렇게 제지를 하면 자기가 직접 가서 해요. 그러니까 돈이 너무 많이 들어가지. 왜 내 말을 안 들을까. 그러면 큰 사업들 다 남의 돈으로 한다 그래요. 내 카드로 쓰는 상황인데 자꾸 인테리어에 투자를 하니까 불안한거지. 내 통장도 마이너스, 카드로 현금 돌아갈 수 있는 만큼 쓰고.(한송이)

한송이의 남편은 가족의 경제 대리인으로서 아내의 카드와 자식들의 카드를 사용하여 학원을 운영하였다. 한송이는 보습학원 원장으로 딸은 컴퓨터 학원 교사로 아들은 태권도장 사범으로 남편은 관장님으로 학원을 운영하지만 지출에 관한 모든 결정은 남편 혼자 독단적으로 하였다. 학원 운영이 어려워져서 가족이 모두 신용불량자가 되었고 생명을 위협할 정도의 아내폭력이 발생하면서 한송이는 "맨손으로" 집을 빠져 나왔다.

<표 11>을 살펴보면 빈곤으로의 유입 유형의 사례들은 이혼 전에 배우

자가 아내의 명의로 된 카드를 사용하여 신용불량자가 된 상태에서 이혼을 하여 '억울하지만' 채무에 대한 책임을 지게 되는 경우가 대부분이다.

사 례	계 기	채무 상환액
한송이	배우자가 아내 명의 카드 사용	5,000만 원
박수영	배우자가 아내 명의 카드 사용	2,500만 원(채무 독촉 전화에 시달림)
김경자	배우자가 아내 명의 카드 사용	1,500만 원(개인회생을 신청하여 4,200만 원에서 빚을 탕감 받음)

〈표 11〉 신용불량자가 된 경위와 채무 상환액

빈곤의 지속 유형 사례가 배우자의 경제적 무능력과 이에 대한 현실 가능한 대처 방식의 결과로 신용불량자가 된 반면 빈곤으로의 유입 유형 사례는 가족의 경제 대리인으로 인식한 남편이 아내를 개별적인 경제적 행위자로 인정하지 않았던 결과이다. 이러한 인식은 가족 내의 개별 남성만이 가지는 인식이 아니다. 임은수는 신용불량자가 되지는 않았지만 남성 가장을 아내의 경제적 대리인으로 인식하는 사회통념에 의해 자신의 사업 수익금을 남편이 가져 간 사례이다.

여행업을 동업을 했어요. 한 2년은 시작하면서 사무실 유지하고 돈이 들어가니까 얼마동안은 수익금을 가져가지 말고 잠재워두자 이렇게 된 거예요. 그렇게 한 2년 됐어요. 그랬는데 어느 날 뭔 일이 있어서 돈이 들어갈 일이 있었어요. 여동생이 뇌종양이라 수술을 하게 되서 돈을 보태려 했어요. 그래서 나 거기 묻어둔 돈 좀 썼으면 좋겠는데 하니까 '어~ 그거 남편이 다 가져갔는데' 그러는 거예요. 내가 그래서 그건 아니지 않느냐고. 나랑 사업을 한다면 나에게 물어봐야 정상 아니냐고. 그랬더니 아내랑 의논을 해서 자기가 사업에 매꿀 게 있다고 해서 다 줬다는 거예요.(임은수)

부부는 하나의 경제적 이해관계를 갖는 관계라는 인식은 아내의 사업 수익금을 아내의 동의 없이도 남편에게 건네주는 행위로 나타난다. 아내의 돈과 남편의 돈을 따로 분리하여 계산하는 것은 가족관계에서는 생각할 수 없는 이해타산적인 것이다. 따라서 동업자에게 이 문제는 여성을 개별적인 경제 행위자로 인식하지 못한 자신의 인식구조의 문제가 아니라 그들 부부관계의 문제가 되는 것이다.

아내가 분노하는 것은 경제적 대리인으로서 행동했던 남편이 문제가 발생하게 되면 집을 나감으로써 빚 독촉과 같은 힘든 상황을 혼자 견뎌야 한다는 점이다.

> 내가 진짜 그거 카드를 가지고 진짜 바지 하나라도 사 입었으면 참 그런데요. 이건 온전히 그냥 다 쌀값. 쌀 저기 한다고 해서 해 갖고는 그냥 나 몰라라 하는 거예요. 내가 얼마나 그 사람들(카드사)한테 시달리는데. 전화 한 번 받고 나면 맥이 쭉 빠지는데 내가 너무 너무 시달렸어요. 그런데 완전 나몰라라야. 괴롭다고 낚시나 가 가지고 며칠씩 있다 오고. 이건 완전 생활도 아무 것도 아닌 거예요. 아무 대책도 없이.(박수영)

상당히 큰 규모의 중소기업을 운영했던 남편은 부도 후 다시 사업을 시작하겠다며 갚을 능력이 없으면서 아내의 명의로 카드를 발급하여 사용하다 경제적 상황이 악화되었다. 남편은 집을 나가는 것으로 어려운 상황을 회피하지만 아이를 책임지고 있는 아내는 지금도 카드 회사의 빚 독촉전화로 상당한 심리적 압박감에 시달리고 있다. 박수영은 잦은 채무 독촉에 시달리면서 어떤 일에도 집중할 수 없는 상태에 이르러 심리상담을 받은 경험이 있다. 전화 때문에 신경이 쓰여 업무 적응이 어려웠던 박수영은 발신번호를 보고 골라서 전화받는 방법을 배우면서 이 상황에 대처하고 있다.

신용이 중요한 사회에서 여성들은 자신의 경제활동 결과가 아닌 경제적 대리인으로서의 남편의 경제활동의 결과로 신용위기를 겪고 있다. 생계 부양자로서의 남성 가장이 가족구성원의 경제적 권리를 대표할 수 있다는 규범이 지속되는 한 여성들의 신용은 위기에 놓일 가능성이 높다.

2부 요약

　제2부 '가족경험과 빈곤화 과정'에서는 연구 참여자들의 생애 이야기를 통해서 출생 가족관계, 직업경력 그리고 결혼 이후 가족관계에서 어떠한 차별과 배제 과정을 거쳐서 빈곤에 취약하게 되었는지 살펴보았다.(<그림 2> 참조)

　출생 가족관계에서 연구 참여자들은 학력자원형성 과정에서 배제, 자아 배제, 심리적 지지로부터의 배제를 경험한 것으로 나타났다. 연구 참여자들이 경험한 교육기회로부터의 배제는 성 역할 규범에 의해 작동되었으나 계층적 차이에 따라서 성 역할 규범이 작동되는 방식은 달랐다. 저소득층 가족은 가족 내 자원이 절대적으로 제약되는 상황에서 딸들이 가족생계분담의 책임을 맡게 되면서 학업이 중단되었다. 아들은 미래의 가장으로서 가족을 부양하기 위해 평생 취업을 해야 하기 때문에 딸보다는 더 나은 학력이 필요했던 것이다. 중산층 가족에서 성장한 여성들은 가족 내 자원이 성별에 따라서 다르게 배분됨으로써 남자 형제들에 비해 낮은 학력을 갖게 되었다. 자아 배제는 저소득층에서 성장한 딸들은 어린 시절부터 '어린 엄마'로서 가사 노동과 양육노동을 분담하면서 중산층에서 성장한 딸들은 '미래의 엄마'로 훈육되면서 전통적인 성 역할 규범을 체화하는 경험을 하게 되며, 이러한 경험은 희생적인 자아를 형성하는 기층경험으로 자리 잡았다. 가족관계로부터의 배제는 저소득층 가족에서 발생되었던 갈등과 폭력으로 가족을 떠나 일찍 사회에 진입함으로써 학업중단과 함께 주변부 노동시장에 진입하게 되는 조건이었다. 심리적 지지로부터의 배제는 또한 자신에 대한 자존감이 크게 훼손되는 경험으로서 이후에 결혼을 선택하는 데 부정적인 영향을 끼쳤다.

직업경력과 관련하여 연구 참여자들은 직업능력형성 기회로부터의 배제, 노동시장으로부터의 배제, 노동자 정체성 형성으로부터의 배제를 경험한 것으로 나타났다. 딸로서 가족부양 의무를 책임져야 했던 저소득층 가족의 딸들에게 일의 의미는 자신의 독립적인 삶의 기반이 아닌 가족을 위해 희생해야 하는 도구적인 의미로 구성되었다. 가족의 생계 분담과 동생의 학비 지원은 자신의 직업능력을 향상시킬 수 있는 기회를 박탈하게 되는 결과로 이어졌다. 노동시장으로부터의 배제는 노동시장 내부의 결혼퇴직 관행과 승진차별에 의해서 그리고 아버지와 남편에 의한 강요에 의해 이루어졌다. 노동자 정체성 형성으로부터의 배제는 노동시장과 가족영역에서 작동되는 남성 생계 부양자 규범과 모성 규범 그리고 이에 기반한 노동시장에서의 차별 관행에 의해 연구 참여자들이 전통적인 여성 정체성을 유지하거나 강요당하는 경험으로 나타났다.

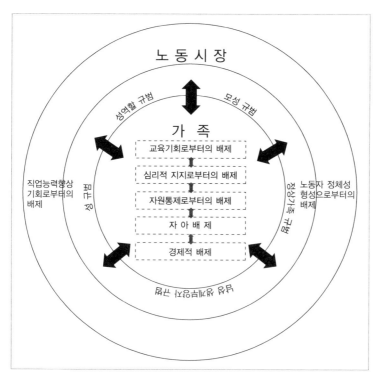

〈그림 2〉 생애과정과 사회적 배제

결혼 이후 가족관계에서 연구 참여자들은 경제적 배제, 금융거래로
부터의 배제, 심리적인 자원형성으로부터의 배제, 자원통제로부터의 배
제를 경험한 것으로 나타났다. 빈곤의 지속 유형은 남편이 생계 부양을
못하거나 안하는 상황에서 아내들은 가족을 유지하기 위해서 결혼 초
부터 일을 하였다. 남성 생계 부양자/여성 보살핌 책임자라는 성별분업
의 원리는 남편이 실질적으로 생계 부양의 역할을 실천하지 못할 때 아
내의 가족유지 책임을 강화하는 방식으로 작동되었다. 연구 참여자들
은 가족유지와 보살핌에 대한 책임으로 일을 하였지만 경제적 어려움

이 가중되면서 신용불량자가 되어 금융거래로부터의 배제를 경험하게 되었다. 가족구성원을 보살피는 일차적인 책임이 여성에게 주어지는 방식의 성별분업은 분업이 이루어질 수 없을 때 여성에게는 이중 노동의 부담을 남성에게는 어떠한 부담도 주어지지 않는다는 점에서 엄밀한 의미의 분업이 아니었다. 아내들의 이중 노동은 보살핌 책임자로서 수행되는 것이므로 가족 내 권력관계를 문제화하지 않았으며 그 부담은 개별 여성들에게 심리적 장애로 표출되었다. 남편이 통제의 수단으로 아내폭력을 사용할 수 있는 것은 남편이 가족의 대표(家長)라는 인식을 기반으로 한다. 남편은 생계 부양의 역할을 하지 못하는 상황에서도 폭력을 휘두르고 경제적 착취를 할 수 있었다. 남성 생계 부양자 규범은 남성의 가장으로서의 권리를 공고하게 하는 기반으로서 생계 부양 실천과는 무관하게 남편의 권력을 지지하는 상징적 힘으로 작동된다. 상징적 힘으로서의 남성 생계 부양자 규범과 정상가족 규범은 아내들이 폭력을 견디고 스스로 착취의 대상이 되는 방식으로 작동되면서 여성들은 심리적 자원형성으로부터 배제 되었다.

빈곤으로의 유입 유형은 남성 생계 부양자/여성 가사 전담자라는 성별분업의 원리에 의해 아내가 자원통제권으로부터 배제되면서 빈곤에 취약하게 되었다. 아내의 무급 보살핌 노동에 대한 보상은 남편이 생계 부양 능력이 있고, 동등하게 공유할 의사가 있으며, 결혼관계가 지속되는 것을 전제로 한다는 점에서 불안정한 것이다. 남성 생계 부양자 통념은 아내의 경제활동을 개인이 아닌 아내로서 피부양자로서의 역할로 의미화시킴으로써 여성들의 가족 내 자원통제권을 제약하였다. 무급 가족종사자로서 그리고 실질적인 생계 책임자로서 일을 하여도 아내가 자원을 통제할 수 없었던 것은 바로 이러한 맥락에 기반 한다. 한 가족의 생계 책임자는 남성 가장이라는 이데올로기는 남성을 가족의 경제 대리인으로서 위치시킴으로써 아내는 남편의 사회활동의 결과로 신용불량자가 되어 빈곤의 악순환에 놓이게 되었다.

빈곤의 지속 유형과 빈곤으로의 유입 유형 모두에서 여성들이 일을 하지 않아서가 아니라 일을 하여도 그 일이 자신의 경제적 자립으로 연결되지 않았다. 여성들은 무급 보살핌 노동에 대한 낮은 평가에 의해서만 빈곤해지는 것이 아니라 일을 하여도 그 일이 아내로서 가족유지에 대한 일차적 책임을 수행하기 위해서 혹은 피부양자라는 지위에서 수행되었기 때문에 경제적으로 착취된다. 저소득층 가족의 아내들은 여성에게만 일방적으로 부여되는 가족유지 책임 때문에 그리고 상징적 의미로 작동되는 남성 생계 부양자 규범에 의해 빈곤해졌다. 중산층 가족의 아내들은 남성 생계 부양자 규범과 정상가족 규범에 의해 빈곤해졌다.

다음 3부에서는 이러한 배제의 누적과 맥락이 빈곤을 해석하고 빈곤에 대응하는 노력과 어떻게 연결되는지 살펴보고자 한다. 여성들은 가족의 계급적 배경에 따라 빈곤에 이르게 되는 과정이 달랐지만 가족 내의 권력관계에 의해 여성의 자원형성, 자원통제 과정이 제약되었다는 점에서는 동일하였다. 이러한 맥락이 이 두 집단이 빈곤층이 되었을 때 빈곤을 해석하는 방식과 어떻게 연결이 되며, 또한 빈곤 대응 방식에 있어서 어떠한 차이를 만들어 내는지 살펴보고자 한다.

제3부 – 배제의 누적과 빈곤의 재생산

7장
여성에게 빈곤은
어떤 의미인가?

여성 가구주의 빈곤경험은 여성 삶의 구조적 조건들과 여성 자신의 주관적 해석을 포함하는 것으로서 여성들이 처해 있는 사회적 맥락에 따라서 다양한 의미를 생산한다. 연구 참여자들은 어떠한 경로를 거쳐서 빈곤에 이르렀는가와 무관하게 빈곤의 두 가지 측면을 동시에 이야기하였다. 하나는 빈곤이라고 하는 결과를 가부장적 가족관계로부터 벗어난 대가로서 긍정적으로 해석하는 방식이다. 다른 하나는 경제적 박탈로 인한 생존권 위협, 불안감과 무기력 등과 같은 여성 가구주의 삶에서 직면하는 어려움을 고통으로 해석하는 방식이다. 그러나 빈곤에 대한 해석은 빈곤층이 되기 이전 삶에서 경험했던 배제의 맥락 속에서 그 의미가 구성된다.

1. 가부장적 가족관계와 빈곤

빈곤이 사회적인 이슈로 제기되는 것은 바로 빈곤의 결과가 이혼이나 아동과 노인 유기, 자살 등과 같은 현상을 심화시킨다는 점에서 그리고 이러한 현상은 사회 병리적인 문제로 인식되고 있다는 점에서이다. 빈곤한 자는 '가족해체'와 건강상의 문제 그리고 자녀교육의 문제가 있다는 점에서 빈곤실태와 함께 이들의 디스트레스 정도와 적응에 관한 연구들이 주로 이루어져왔다(김영희·한경혜, 1996; 김오남·김경신, 1998; 신수아·옥선화, 2001; 오승환, 2001). 그러나 연구 참여자들은 자신의 상황을 이렇게 부정적으로만 묘사하지 않는다. 여성들은 지금의 상황을 "행복하고", "마음이 편하고", "구속하는 것이 없고", "처음으로 꿀잠을 자는" 것으로 기술하기도 한다. 연구 참여자들에게 빈곤이라는 결과는 가부장적 가족과의 관계에서 이해될 때 '해방'으로 이야기한다.

1) 가족유지 책임과 폭력에서 벗어나기

빈곤의 지속 유형 사례 여성들은 결혼생활 동안 '가족'(The Family)을 유지하기 위해서 가족의 생계책임을 맡아 왔다. 알코올중독자인 남편을 돌보면서 그리고 경제적 능력도 없고 일할 의사도 없는 남편을 달래면서 가족을 유지하기 위해서 애를 써왔다. 하지만 생계 부양자로서의 역할을 성실히 수행하여도 시간이 지날수록 더욱 빈곤하게 되었고 그 결과의 한가운데에는 문제를 발생시키는 남편이 있었다. 따라서 이들에게 이혼은 아내의 책임이라는 이름으로 부당하게 참아야 했던 경제적 착취와 폭력으로부터 벗어나는 것을 의미한다.

> 난 지금 너무 좋아요. 너무 좋아서 표현이 안돼요. 홀가분하고, 나에게 얽매였던 게 없어요. 다 풀어졌어요. 지금은 너무 너무 행복해요. 힘은 들어도. 불만이 없어요. 내가 웃겨요. 내가 모자가정이라는 것이 믿기지 않아요. 너무 밝아서. 우울하고 그래야 할 것 같은데 안 그러니까. 내가 이렇게 살아도 되는가 한 번씩 찔러 보기도 해요. (미래에 대한 두려움은?) 없어요. 나락으로 떨어질 거라는 생각은 안 해요. 왜냐하면 저는 나락으로 떨어질 만큼 떨어져 봤기 때문에. 결혼생활 때. 최악이죠. 그때는 정말 사는 게 사는 게 아니었죠.(이영미)

이영미를 얽매이게 했던 것은 무엇일까? 이영미에게 결혼생활은 나락으로 떨어지는 경험이었다. 중학교를 졸업하자마자 서울에 있는 가발공장에서 사회생활을 시작해야 했던 이영미에게 결혼은 고달픈 노동으로부터 벗어날 수 있는 꿈 그리고 성폭력으로부터 피할 수 있는 안식처였다. 하지만 그 꿈은 남편의 심한 구타로 산산조각이 나고 말았다. 남편의 알코올중독 증세는 더욱 심해져서 이영미가 생계 부양의 책임을 졌을 뿐만 아니라 남편의 치료비를 마련하기 위해서 고단한 노동을 계속 해야만 했던 생활이었다. 23세에 결혼을 하여 38세에 이혼을 하기까지 이영미는 '정상'가족을 유지하기 위해서 발버둥을 쳤지만 시간이 지날수록 배우자의 폭력과 알코올중독은 더욱 심각해져 갔다. 결혼관계 안에서 생계 부양자로서의 역할을 성실히 수행하였지만 시간이 지날수록 더욱 빈곤하게 되었고 남편과의 관계에서 더 이상 희망을 찾을 수 없으면서 이혼을 선택하게 된다. 남편의 알코올중독 치료를 위해 사용했던 치료비로 지금은 신용불량자가 되었고 두 아이를 양육해야 하는 상황은 빈곤한 삶에서 쉽게 벗어날 수 없는 조건이지만 이혼을 계기로 그동안 '가족'이라는 이름하에 부당하게 참아야 했던 폭력과 책임으로 부터 벗어날 수 있다는 것만으로도 희망이 있다고 이야기한다.

　어쩌면 유년기부터 가난하게 살아왔던 여성에게 빈곤으로 인한 고통은 그리 새롭지 않을 수 있다. 너무나 익숙한 것이어서 강조하여 이야기할 필요가 없는 부분일 수도 있다. 빈곤으로 인한 고통은 가부장적 가족관계로 인한 고통보다는 견딜만한 것이라는 점에서 연구 참여자들은 남편이 없는 가난한 지금의 상태가 좋다고 이야기한다.

> 애기 아빠가 돈을 많이 줘서 경제적으로 편한 거 하고, 지금 어려워도 마음이 편한 것을 택하라고 하면 지금을 택해요. 솔직히 말해서. 나는 돈이 없어서 고생을 한다기보다는 마음이 백 프로 편하니까. 애기 아빠가 지금 몇 억 갖다 주면서 이것 가지고 살림해라 그러면 일 프로라도 불편하고 싫은데. 지금 이렇게 아프면서도 이게 백 프로 편해요. 마음이 편하잖아요. 구속하는 게 없어요.(김경숙)

> 지금은 솔직히 아주 편해요. 애들만 챙기면 되니까 편안하고. 돈만 있으면 여자 혼자서 애들 키우면서 충분히 살 수 있는 것 같아요.(김영아)

　평생 가난했으며 자신이 몸을 움직여 먹고 사는 것을 해결했던 여성들에게 경제적 결핍에서 생기는 고통보다는 남편과의 억압적인 관계에서 오는 고통이 더욱 크게 다가올 수 있다. 남편과의 관계로 빈곤이 지속되고 가중되고 있다는 점에서 빈곤과 남편과의 관계는 분리될 수 없는 것이지만 남편과의 관계로 인한 고통이 너무 심했기 때문에 빈곤은 상대적으로 문제가 되지 않는다. 김경숙은 남편과 별거를 하면서 남편의 눈치를 보지 않아도 되는 지금의 상황을 "마음이 백 프로 편하다"고, 김영아는 아이들만 챙겨도 되는(즉 남편은 챙기지 않아도 되는) 지금의 상황을 "아주 편하다"고 한다.

빈곤의 지속 유형에 해당되는 사례 모두 결혼생활 초기부터 남편이 생계 부양자로서의 역할을 성실히 수행하였던 경우는 없었다. 따라서 이 유형의 연구 참여자들은 결혼생활 동안 다양한 방식으로 경제활동을 하면서 가계의 실질적인 생계를 책임지면서도 남편에게 경제적으로 착취되고, 폭력으로 인한 억압을 지속적으로 경험해야 했다. 이 여성들이 경험했던 부정의의 현실은 가족의 생계 부양을 책임지는 남편과 가족들을 보살피는 아내라는 성별분업 구조의 문제가 아니라 이러한 성별분업이 이루어지지 않으면서도 부당하게 억압적인 관계에 놓여야 했던 문제였다. 여성들이 "지금이 더 낫다"라고 표현한 것은 경제적 어려움이 없다는 의미가 아니라 빈곤을 가중시키고 심리적, 물리적인 억압을 행사했던 남편과의 관계에서 벗어난 것에 대한 해방감을 의미한다. 이 여성들에게 이혼은 경제적·사회적 지위의 하락을 의미하지 않는다. 오히려 이혼은 경제적 부담과 착취에서 벗어날 수 있는 계기가 되며 사회적 지위 역시 하락을 경험할 정도의 계급적 지위를 가졌던 것도 아니었다. 이 여성들에게 결혼은 경제적 지위는 물론 정서적 안정감도 보장해 주지 않았던 '구렁텅이'였던 것이다.

> 난 차라리 돈 못 벌고 그러는 게 낫지 또 다시 거기(결혼관계)에 들어가서 고통을 받고 싶지 않아. 구렁텅이에 빠지고 싶지 않아요. 죽을 마당이 되서 죽게 된다 하더라도 이 고통(경제적 결핍으로 인한)을 피하기 위해서 다른 대안(재혼)을 선택하고 싶지 않아요. 아직까지는. 현재까지는. 그러면 옆에 있는 사람들은 아직까지 배부른 소리한다고 해요.(이기남)

결혼관계에서 성 역할에 대한 경제적 보상이 전혀 없었고 아내로서의 도덕적 의무만이 무겁게 부여되었던 여성들에게 자신이 지금 겪고 있는 빈곤이라는 결과는 가부장적 가족관계에서 벗어난 대가로서 긍정적으로 해석될 수 있다. 따라서 이들에게 한부모로서 살아간다는 것은 억압적인 관계에서 벗어나 새로운 관계를 형성할 수 있는 계기가 된다는 점에서 새로운 자아를 구성하는 작업과 병행된다.

> 나는 넓은 들판. 어디든 갈 수 있으니까. 앞만 바라보고. 신경 쓸 것 없잖아요. 막말로 비위 맞출 것도 없고. 애들하고 나 혼자 너무 편한 것 같아요.(김영아)

> 제 자신을 생각했을 때 괜찮은 것 같아요. 뿌듯한 것 같아요. 나는 새싹이라고 표현할 수 있어요. 나는 항상 긍정적인, 살아가는 생각을 하거든요. 새싹은 거기서 열매도 맺고 꽃도 피고 그러잖아요. 저는 제 자신을 늘 그렇게 비유를 해요.(이영미)

자신을 넓은 들판 그리고 새싹이라고 새롭게 명명(naming)할 수 있는 힘은 어려운 조건에서도 최선을 다했다는 자기 평가와 자녀와의 새로운 관계맺음에 대한 믿음이 뒷받침되었기에 가능한 것이다. 이영미는 '아내'로서의 정체성을 벗어던지면서 '새싹'이라는 새로운 정체성을 선택하여 끊임없는 자기 암시를 통해서 가부장제가 여성에게 부여하는 정체성으로부터 거리두기를 시도한다. 궁핍한 삶이 지속되더라도 지금 이 상태가 행복한 이유는 바로 이러한 시도가 가능하기 때문이다. 남편의 폭력과 부당한 착취에서 벗어난 결과로서의 빈곤, 빈곤의 악순환 고리였던 남편과의 관계를 정리한 결과로서의 빈곤으로 이해될 때 여성들은 '해방'을 이야기한다.

2) 남편의 통제와 권위에서 벗어나기

어린 시절부터 가난하게 살아왔던 사례와 달리 중산층의 삶에서 빈곤층으로 '추락'을 경험한 빈곤으로의 유입 유형 사례들도 지금의 상태를 '해방'으로 표현한다. 이 여성들에게 지금 상태가 '해방'인 이유는 비록 이혼을 통해 사회·경제적 지위의 하락을 경험했지만 남편의 통제와 부당한 권위로부터 벗어나 자신의 인권을 지킬 수 있다는 점에서 빈곤은 사적인 폭력관계로부터 벗어난 대가이다.

> 저는 오로지 나는 나 하나. 내 이름을 지었어요. 본명은 부모님이 지어주신 거고 지금부터는 내가 선택해서 생활하는 거라 내가 내 자신에게 이름을 지어줬어. 한송이로. 나 한송이다. 너무나 제가 생각해도 내가 갇혀서 살아서 내가 물이 들어서 내가 헤어나지를 못해 가지고 처음에는 내가 나비, 훨훨 날아다니는 나비가 되고 싶다고. 집에 있을 때에는 내가 나를 나비라고 했어요. 난 나비가 되고 싶어. 나와서는 한송이야. 나는 나 하나야. 둘이 될 수는 없다. 그래서 한송이. 결혼생활하면서 너무나 핍박을 받아 가지고. 이 사람이 외도, 도박만 안 했을 뿐이지 딴 것은. 친정식구 비하, 내 주변에 모든 것은 비하. 내 인권은 박탈당하고 모든 권한을 다 박탈당하고. 내가 부모에게 귀하게 자라서 이 사람에게 이런 식으로 생을 마감할 수는 없지. 그래서 그런 생각으로 나왔어요. 너무 너무 시원하고… 참… 인생에서 결정을 잘 했다고.(한송이)

매우 유복한 유년기를 보낸 한송이에게 결혼생활은 남편의 통제와 폭력을 견뎌야 했던 시간이었다. 자원의 통제뿐 아니라 시공간적 통제는 "훨훨 날아다니고 싶은 나비"의 꿈을 갖게 하였지만 '정상적인 가족'에서 벗어나는 것은 쉽지 않은 일이었다. 버터 칼에 눈이 찔리고 구타로 입원을 해야 하는 상황이 반복되면서 생명의 위협을 느끼고서야

1366에 신고를 하여 쉼터에서 이혼을 하게 되었다. 신용불량자가 되어 돈 한 푼 없이 집을 나와 환갑의 나이에 입주 가정부로 사회생활을 시작해야 하는 한송이에게 현실은 두려움이기도 하지만 마지막 희망이기도 하다.

중산층 가족의 결혼관계에서 아내의 역할을 제대로 수행한다는 것은 경제적 안정이라는 보상과 교환된다. 하지만 아내폭력과 남편의 외도와 같은 사건들은 자신의 경제적 지위를 매우 불안정하게 만들며 결국 결혼관계가 깨지게 되는 계기가 된다. 중산층의 전업주부에서 빈곤층으로 유입되는 과정에서도 "숨통이 트이는 것"은 바로 자신이 통제할 수 없는 상황으로부터 벗어났다는 점이다.

> 너무 너무 날아갈 것 같고, 숨통이 트이는 것 같아. 후회는 절대 한 번도 해 본 적 없어요. 뭔가 내 인생에 지저분한 것이 달라붙어 있다가 떼어진 느낌. 결혼생활 때의 나는 버러지 같았어요. 어느 정도 비위를 맞추려고 생각했냐면 기라고 하면 기려고 했었어요. (왜?) 그냥 살아야 하니까. 최선을 다해야 하니까. 이 사람이 왜 말대답이야 하고 폭력을 쓰면 다음에는 말대답하지 말아야지. 또 어쩔 때는 왜 내가 묻는데 대답 안 해. 무시하냐. 그러면서 날라 오잖아요. 그러면 다음 번에는 대답해야지. 나를 바꿔야지. 그 당시에는 내가 바뀌면 될 줄 알았어.(최은희)

남편의 폭력을 고쳐 보고자 최은희가 했던 노력은 상대방의 욕구에 무조건적으로 자신을 맞추는 것이었다. "그냥 살아야 하니까" 최선을 다하기 위해서 남편의 판단과 행동에 맞추려고 노력했다. 따라서 자신이 할 수 있는 모든 것을 하면 할수록 자신의 심리적 자원은 더욱 고갈될 수밖에 없다. 자존감을 지키는 유일한 선택은 바로 경제적 안정의 울타리가 되었던 '가족'에서 벗어나는 것이었고 지금의 한부모 가족을 구성하는 과정은 '숨통'을 트는 과정이었다.

중소기업 사장의 아내로서 경제적인 어려움 없이 생활했던 박수영 역시 지금이 예전보다 행복하다고 한다. 박수영은 중소기업 사장이었던 남편의 사업이 잘 된 덕분에 "지갑에 돈이 항상 있었고, 옆집에서 돈 꾸러 오면 꿔줄 수 있을 정도"여서 친구들이 다 부러워했을 정도의 경제력을 갖추었다고 한다. 하지만 결혼생활 동안 남편은 가정보다는 친구와 술을 좋아하여 새벽에 술에 취해 들어오는 경우가 잦았기 때문에 마음 편히 깊은 잠을 자본 적이 없었다고 한다. 남편이 집에 들어오기까지 잠을 안 자고 기다려야 했던 습관은 시간이 지날수록 더욱 예민해져서 힘들었다고 한다.

> 저는 행복해요. 저는 행복하고… 하여간에 일단은 해방, 해방됐다 그럴까요? 제가 그날(이혼한 날)도 서류정리하고 온 날 처음으로 단잠을 자가지고. 자고 일어났는데 너무 너무 개운한 거예요. 다섯 시간인가 여섯 시간인가 잤는데 너무 깊이 잠을 잔 거예요. 정말 그때부터 정말 꿀잠을 자는 거예요. 그러고 나서 지금까지도 그냥 아침에 벨 울리면 깨니까 너무 행복해요… 저도 깜짝깜짝 놀라는 게 제가 지금 이 시간에, 이 순간에, 이 상황에 아무 것도 없이 굉장히 마음이 행복해요. 행복하고 편안하고 즐겁고. 뭔가 어 '나는 앞으로 이렇게 안 살아. 앞으로'. 미래에 빛을 그런 거를 기대하고 있는 거예요. 기대, 희망, 희망. 그런 게 있어요. (박수영)

남편의 사업 실패로 경제적 위기를 겪게 되고 그 이후 이혼을 하기까지 박수영은 생계 부양자로서 책임지는 남편의 모습을 기대하였다. 그러나 '괴롭다며 낚시 가서 며칠씩 있다' 오는 남편의 모습을 보면서 그리고 다시 사업을 하겠다며 알코올중독자를 사용하여 자신을 신용불량자를 만든 남편의 모습을 보면서 실망을 하게 된다. '해방'은 남편에게 걸었던 기대로부터의 해방이다. 예전처럼 생계 부양자가 되어 주기를 바랐던 남편에게 최소한 갖추어야 했던 '예우'로부터의 해방이다. 중산층의 전업주부로 생활했던 여성이 지금은 국민기초생활보호 수급자의 신분으로 생계 부양자로서의 짐을 지게 되었지만 지금이 행복한 이유는 바로 기대할 것이 전혀 없는 남편과의 관계가 정리되고 자신의 의지대로 삶을 운영할 수 있을 것에 대한 기대와 희망이다. 자신을 '빛'으로 표현하면서 미래에 대한 기대와 희망을 꿈꿀 수 있는 것은 이러한 맥락에서 나오는 것이다.

> 저는 빛이 되고 싶어요. 빛은 어두운 곳을 비춰주면 환하게 비춰주잖아요. 그래가지고 어두움, 어둠이라는 것은 여러 가지 부정적인 거고, 안 좋은 거. 그런데 이 빛을 비춤으로 해서 환하게. 그런 걸 다 물리칠 수 있게. 우리 가정에서 현재로 우리 애들한테 빛이 되고 싶어요.(박수영)

'추락'의 끝에서 여성들은 생계 부양자로서 최선을 다하는 자신의 다른 모습을 발견하기도 한다. 소모되는 존재로부터 무언가를 이루어 내는 존재로서의 자기 평가는 지금 상태를 긍정적으로 해석하는 한 측면이다.

> 이렇게 해낼 거라고는 저 스스로 생각을 못했어요. 스스로 최면을 걸어서인지는 모르겠지만. 내 스스로 생각해도 기특하구요. 전혀 못할 것 같은. 애들 아빠 그늘에 있을 때는. 하다못해 은행 일부터 이 사람이 다 했었으니까. 딱 정리를 하고 사회에 나갔는데 아!!! 내가 너무나도 그동안에 이(남편) 그늘에서 사장이 되어 있다는, (사회에서) 동떨어져 있다는 그런 느낌이. 내가 당신과 사는 동안 바보가 된 느낌이 든다. 내가 너무 안이하게 생활을 한건지 아니면 당신이 나를 너무 안에다만 놔두어서 그런지 모르겠지만 바보가 된 느낌이다. 그랬는데 나와서 또 움직여 보고 부딪쳐

보다 보니까. 스스로 최면을 걸어요 (어떤 최면을 거세요?) 우리 애들. 난 엄마다. 난 엄마고 우리 애들을 책임져야 한다. 그렇게 스스로 최면을 걸어요. 포기라는 단어는 아직까지 안 떠올려봤어요. 살아가는 것은 10점 만점 중에서 9점을 줄 것 같아요. 저는 애들에게 부끄럽지 않고 최선을 다해서 살고 있거든요. 다시 전업주부로 돌아갈 수 없을 것 같아요. 일이 너무 좋아요. 제가 지금 전단지 돌리고 다니지만 제가 돌린 지역에서 와서 아파트 계약을 하고 그러면 그 성취감이랄까. 성취감을 느끼는 거죠. 가사에서 느끼는 성취감과 일을 통해서 느끼는 성취감은 다른 것 같아요. 일을 안 놓을 것 같아요. 일을 해야 돼. 사람은.(김경자)

지역에서 열 손가락 안에 들 정도의 재력이 있었던 시댁의 며느리로서 경제적 어려움 없이 생활하였던 김경자에게 지금의 상황은 경제적 궁핍함으로 비참함을 느껴야 하지만 아이들을 책임져야 한다는 최면을 끊임없이 자신에게 걸면서 이 어려움을 이겨내는 또 다른 자신을 만나고 있다. 그것은 바로 도구적 자아에서 성취적 자아로의 변화이다. 전업주부로 생활하다가 사회에 처음 나왔을 때 겪어야 했던 "바보가 된 느낌"을 극복하고 생계 부양자로서의 역할을 성실히 수행하고 있는 자신의 모습을 높게 평가하고 있다. "이렇게 해낼 거라고는 저 스스로 생각을 못했"던 것은 생계 책임자로서 최선을 다하는 자신의 새로운 모습을 발견하면서다. 가족 안에서의 생활을 중심에 두었던 삶의 패턴이 바뀌면서 김경자는 "나처럼 아픈 사람"을 생각하게 되는 새로운 관계망을 꿈꾼다.

난 나무가 되고 싶어요. 잎이 많은 나무가 되고 싶어요. 좀 더 그 잎이 크다고 한다면 나처럼 아픈 사람이 쉬었다 갈 수 있는 나무가 되고 싶어요.(김경자)

빈곤으로의 유입 유형 여성들이 '해방'을 이야기 하는 맥락은 현재의 상황을 남편의 통제와 권위 그리고 폭력으로부터 벗어난 결과로서의 빈곤 그리고 '정상가족'의 성별분업과 위계를 벗어난 대가로서의 빈곤, 성취적인 자아를 만날 수 있는 계기로서의 빈곤으로 해석될 때이다.

2. 생존권 위협과 좌절로서의 빈곤

1) 빈곤의 누적과 관계 빈곤

여성들은 '해방'을 이야기하면서 동시에 '고통'을 이야기한다. 생존권을 위협하는 빈곤의 현실은 미래에 대한 작은 희망조차 꿈꿀 수 없는 고통을 구성한다. 경제적 어려움은 의식주를 적절하게 확보하는 것과 관련하여 가장 기본적인 생존의 문제를 발생시킨다. 연구 참여자들은 먹을거리가 부족하여 끼니를 굶거나 식사량을 줄인 적이 있으며 요금을 지불하지 못하여 가스와 전화서비스가 끊기고 임대료를 독촉당한 경험이 있다고 이야기 한다.

> 쌀 떨어져서 옆집에 가서 쌀 꿔서 먹고. 저희 집은 외식은 한 번도 한 적 없어. 꿈도 못 꾸고. 정말 큰마음 먹고 통닭이나 한 번 먹고, 피자나 한 번 먹고 그거 외에는 없어요. 아이들이 한참 먹고 자라야 하는데 우선 먹지를 못하니까 애들 성장이 잘 안되잖아요. 그래서 안 좋아.(이영미)

> 김경자 : 지금요? 말 그대로 표현하자면 죽지 못해서 사는 거죠. 그런 느낌인데 내가 우리 애들이 있으니까 포기를 안 하고 사는 거죠. 비참하다는 생각은 들어요.
> 연구자 : 어쩔 때 그런 생각이 드나요?

김경자 : 아~ (생각조차 하기 싫다는 표정으로 머리를 저으며) 정말 지
　　　　난번에 계란 후라이를 해주고 싶은데 가스를 딱 켰는데 불이
　　　　왔다가 스르르 꺼져 버려.
연구자 : 가스가 끊겨서?
김경자 : 예. 애기는 계란 후라이를 찾는데 뭐라고 애에게 설명을 할 수
　　　　없는 거야. 그런데 눈물이 막 흐르는 거야. 이거를 어떻게 설명
　　　　을 해줘야 하나. 그래서 ○○야 가스가 고장 났나봐. 내일 엄마
　　　　가 고칠게. 그때 그 비참함은 아~ 아~ 말로 표현이 안돼요. 쌀
　　　　다 긁었는데 한 공기도 안 나올 때, 쌀이.

　　정말 저녁에 애 우유 값이 없는 거야. 돈 천 원이. 얼마나 비참한지. 그
래서 광고지를 봤어. 일당 5만 원 잡부일. 그래서 일당 5만 원 준다고 해
서 일을 했는데 돈을 내일 준다는 거야. 나는 오늘 돈을 받아가야 애 우
유를 사주는데~. 그래서 안 된다고 꼭 받아가야 한다고 했어.(김영아)

　경제적 어려움은 가장 기본적인 인간의 생존권을 위협한다. 쌀이 떨
어져서 굶거나 공공요금을 못 내고, 아이의 우유 값을 마련하지 못하
는 것과 같은 기본적인 욕구가 충족되지 못하는 상황은 빈곤화 과정이
진행되는 어느 한 시점에서 여성 가구주들이 경험했던 것이다.
　하지만 가족주의 전통이 강한 한국사회에서 복지욕구의 많은 부분이
가족에 의해 해결되고 있는 맥락을 고려해볼 때 여성 가구주들이 겪는
경제적 어려움은 가족의 사적지원 정도에 따라 달라질 수 있다. 그러나
유년기부터 가난했던 여성의 경우 경제적 위기를 겪을 때 형제, 자매, 친
인척 등으로부터 도움을 받을 가능성이 매우 낮아 외부 지원체계가 없
는 상태에서 절대빈곤층으로 전락하게 된다(송다영, 2003: 301).

너무 싫은 거예요. 안 아플 때는 괘념치 않았어요. 나만 잘 살면 되고
그 다음 형제도 있고, 부모도 있는 거다. 그런데 지금은 너무 아프다 보
니까 조금이라도 위로를 받고 싶은데 받지를 못했어. 아프면 형제간에
돈 모아서 주면 MRI 찍을 수 있을 텐데. 교회사람이 부모 형제보다 낫다
그런 생각이 들어요.(김경숙)

시청에서 영세민 전세자금 주는 게 있어요. 형님에게 보증을 서달라고.
내가 일 년 이내에 이 돈을 안 갚으면 형님들이 세를 놓으면 안 되겠는가
했더니 형제간에 칼부림 나니까 보증은 안 선다고. 200만 원에 20만 원
월세를 내야 하는데 공공근로해서 진짜 어려워요.(이순자)

Paugam(1995)은 관계 빈곤(poverty of relationships)이라는 개념을 통해서
고용형태가 불안정한 계층일수록 가족이나 친척의 관계망이 불안정하
다는 것을 보여주었다. 즉, 경제적으로 취약한 계층은 경제적 위기가 생
겼을 때 이러한 위기를 완충해줄 관계가 허약하여 사회적으로 더 취약한
상태에 놓일 수 있다. 본 연구 참여자들 역시 출생가족의 경제적 배경이
중산층이었던 사례들은 경제적으로 아주 위급한 상황에서는 친정부모
의 경제적 지원이 있었기 때문에 돈 천 원이 없다거나, 쌀이 떨어져서 굶
는 정도의 심각한 궁핍함은 이야기하지 않았다. 김경숙와 이순자가 이야
기하는 형제와 친인척에 대한 섭섭함은 바로 빈곤이 누적될 수밖에 없었
던 계급적 배경과 이로 인해 파생되는 관계 빈곤에 대한 감정이다.
경제적 어려움은 생존의 문제뿐만 아니라 자신에 대한 삶을 설계할
수 있는 기회와 다양한 사람들과 접촉함으로써 타인에 대한 이해를 넓
힐 수 있는 기회를 제약한다.

연구자 : 일이 없을 때는 어떻게 시간을 보내세요?
이영미 : 고민이 뭐냐면 사람 만나려면 나에게 좀 투자를 해야 하잖아요.

> (그런데) 정말 싸구려 옷이라도 내 몸에 걸칠 그런 여유가 없잖
> 아요. 외출을 하려고 해도 전혀 옷이 없잖아요. 어쩔 때는 되게
> 속이 상하는데 그러니까 자꾸 그런 쪽으로는 마음을 접게 돼.
>
> 연구자 : 만나실 일이 있어도 안 나가시게 되나요?
>
> 이영미 : 예, 그게 정말 스트레스에요. 나가려고 해도 옷도 없고, 신발도
> 없고, 작업복밖에 없으니까 그런 게 굉장히 큰 스트레스에요.
> 나오라고 하면 굉장히 짜증이 나는 거예요. 그래서 친구들과
> 만나는 횟수도 줄고 요즘에는 전화로 좀 해보려고 해요.

경제적 어려움은 기본욕구를 충족하는 데 실패함으로써 비참한 느낌을 갖게 하지만 경제적 어려움은 소득결핍으로 인해 공동체 생활에 참여하고 사회적 네트워크를 형성할 수 있는 최소한의 욕구 충족의 실패와도 연결된다. 센(Sen)은 빈곤을 어떤 최소 수용수준에 도달하는데 필요한 기본능력의 실패로 정의하면서 부적합한 소득을 갖는다는 것은 소득수준이 외관상 고정된 빈곤선 아래에 있는 문제가 아니라 오히려 그것은 그 사람이 특정 수준의 능력을 확보하는데 적합한 수준 아래에서 소득을 얻는다는 것을 의미한다고 설명한다(센, 1999: 197~9). 경제적 어려움이 문제인 것은 최소로 수용될 만한 능력을 갖추는 것과 관련된 부적합성에 있다.

이혼을 한 다른 사례와 달리 결혼관계를 지속하고 있는 김경숙과 이순자의 경우는 이혼을 하고 싶지만 남편이 무서워서 그리고 남편이 불쌍해서 이혼을 못하고 가족을 유지하면서 더욱 빈곤이 가중되고 있다는 의미에서 관계 빈곤 상태에 놓여 있다.

> (이혼이 안 돼서 힘드시겠어요?) 불안해. 너무 힘들어. (언젠가 올지도
> 모른다는 것 때문에?) 예. 항상 그래요. 이혼은 절대 안 해준대요. 지금도

전화 오면 가슴이 벌렁벌렁하고 팔다리에 힘이 하나도 없어요. 식은땀이
줄줄 흐르고. 이루 말할 수 없어요. 마음이. 그리고 나면 열도 나고 몸이
꼼짝도 못하고. 이혼을 죽어도 못해주겠다고 하니까.(김경숙)

김경숙은 지금 몸이 너무 아파서 일을 하지 못하고 있으며 국민기초
생활보장 수급권자에게 지급되는 한 달 94만 원으로 네 명의 아이들
을 키우고 있다. 연구 참여자들 중 경제적 어려움 정도가 가장 심한 김
경숙이지만 경제적 어려움보다는 남편과의 관계에서 오는 고통이 너무
크다고 한다. 남편이 "너무 무섭고", "도망가면 보복이 두렵고", "빠져
나올 구멍이 전혀 안 보이는" 등 남편과의 관계에서 오는 고통은 김경
숙을 더욱 힘들게 한다. 남편의 전화 목소리를 듣는 것만으로도 식은
땀이 흐르고, 열도 나고 몸을 꼼짝할 수 없는 상태가 된다.

(10년 뒤?) 지금과 똑같을 것 같아요. 저 혼자 노력하니까. 다람쥐 쳇바
퀴 돌듯이. (더 나아질?) 그런 생각은 없고, 우리 애 아빠가 이 세상 사람
이 아니고 그리고 내가 애 둘 데리고 살면 이것보다는 좀 더 행복해지겠
지요. 내가 여기서 나가면 벌 받지. 아이들 누가 키워. 그리고 시댁에서도
버린 사람 노숙자되서 죽지. 차라리 나 하나 희생하고 살자. 이를 악물고
사는데…(이순자)

남편과 살고 있는 한 더 나은 미래를 계획할 수 없지만 이 관계를 끊
을 수도 없기 때문에 이순자에게는 희망이 없다. 보살피는 존재로서의
도덕적 책임감에 묶여 있는 이순자는 "나 하나 희생"함으로써 가족을
유지하고 있다. 이순자가 지금 겪고 있는 심각한 우울증은 바로 이러
한 상황과 무관하지 않다. 생존을 위협하는 경제적 어려움과 '사적인
문제'로 인식되는 가족과의 관계로 인한 고통이 지속되고 있는 상황은

이 여성들이 미래를 설계할 수 없는 이유이다.

> 옛날에는 10년 뒤가 설계가 되었는데 지금은 10년 뒤 설계가 안돼요. 오늘 하루하루 편하게. 장기적인 비전을 계획을 세울 수가 없어요. 나이가 들수록 더 계획을 세울 수 없어요. 그게 과연 이루어질 수 있을까. 아직은 앞이. 세우고 싶지도 않고. 내가 힘들어서 그럴지도 몰라요. 너무나 많은 변수들이 생기니까. 두려움이 있으면서 막막하고 희망도 없지. 장기적으로 할 수 있는 직장도 없지. 막막하고 답답하면서. 지금은 안개처럼 전혀 안 보여. 혼전상태에서 카오스 상태에서 거의 길이 안 보여. 안개가 짙게. 지금은 거의 길이 안 보여. 내가 한 발 디딜 수 있는 힘만 (가지고) 그렇게 살고 있어요. 그럴 때는 한 발 한 발 내디딜 수밖에⋯.(이기남)

2) 정체성 갈등과 심리적 공포

이혼을 전후로 계층적 하락을 경험해야 했던 빈곤으로의 유입 유형의 경우 이들이 경험하는 빈곤은 새로운 상황에 적응해야 하는 문제였다. 남편이 생계 부양자로서 능력이 없거나 생계 부양의 역할을 하지 않아 여성들이 실질적인 생계 부양자로서 일을 해왔던 경우는 경제적 박탈에 대한 심리적 충격은 상대적으로 크지 않았다. 반면 전업주부로 결혼생활을 했던 경우 이들이 경험하는 빈곤은 심리적 공포 그 자체이다.

> 너무 삭막해요. 꽉 끼어 있잖아. 움직일 수 없잖아. 꽉 끼어 있는데 사방이 막힌 것 같은. 그 괴리감이 말도 못해요. 나는 뭔가를 예전에는 내가 열심히 노력해서 지금 당장에는 이익이 안 돼도 언젠가는 써먹을 수 있을 것이다, 이렇게 투자를 하는 데 써먹을 것이다. 그런데 맘 편한 주부같으면 배우는 것 좋고, 취미생활로 얼마나 여유롭고 좋겠어요. 그런데 일로 연결되어야 한다는 강박관념이 있고 일로 연결이 안 될 때 시간이 가고

다른 것을 알아봐야 하는데 허탈하기 짝이 없는 거야. 자꾸 밖으로 밀려요. 웃기는 게 뭐냐면 (목소리가 떨리기 시작하면서 울음을 터트림) 뭐든지 남편 있는 여자들이 훨씬 나아. 예를 들어서 내가 보험회사를 다녔거든요. 영업을 한다고 해봐. 그러면 그것을 그렇게 급하게 안 해도 되거든. 투자다 생각하고 만나고 다음에 만나면 되는데 나는 급하니까 자꾸 재촉을 하게 되는 거야. 이것밖에 나는 안 되는데. 그리고 영업을 하다보니까 친구들이 무슨 말을 하냐면 '내가 차라리 하루 수당을 내가 줄게'. 어떤 기분이 드냐면 '내가 구걸하러 왔니?' 심리적으로 많이 막막해요. 사회가 어떻다는 것을 알면 알수록 막막하죠. (발이) 요만큼 떠 있는 거야. 방향도 못찾고. 뭔가 끼겨있는 것 같고. 내가 꽉 긴 상태에서 뭘 할 수 있는 게 없잖아요.(최은희)

최은희는 지금의 상황을 "꽉 끼어 있잖아, 움직일 수 없잖아"라고 표현한다. 중산층 주부로 살다가 서른여섯에 이혼을 할 때에는 "속이 시원"했고, "뭔가 내 인생에서 지저분한 것이 달라 붙어 있다가 떼어진 느낌"이었다. "뭔가 새롭게 일을 찾아서 먹고 살길을 찾기" 위해서 직업훈련을 받아보지만 안정적인 직장을 찾을 수 없었다. 최소한의 노동력 재생산 비용에도 미치지 못하는 저임금으로 끊임없이 직업이동을 시도하다보니 마흔셋이 되었다. 실업상태로 1년이 되어가는 지금 경제적 자립이 거의 불가능한 것처럼 보이는 현실은 최은희에게 "사방이 꽉 막힌 상황"이다. "방향도 못찾고, 뭔가 끼겨있는 것 같은" 느낌은 더 이상 추락하고 싶지 않은 마음과 현실 간의 간극을 나타낸다. 심리적 두려움과 불안감은 최은희의 일상을 지배하고 있다.

내가 방에서 잠을 안 잔지 오래됐어요. 나 쇼파에서 잠을 자. 잠을 침대에서 자면 불안해서 못자겠어. 깜깜한 데 누워서 온갖 공상을 다 하는 거야. 그러니까 아예 방을 들어갈 생각을 안 하고 여기서(쇼파를 가르키며)

TV를 켜놓고, 뭐를 안 봐도 뭐라도 켜 놓고. 그러면서 그냥 딴 생각을 안 하고 보고 있으면, 잠이 오면 TV 보면서 스르르 잠을 자요.(최은희)

심리적 불안감은 방에서 혼자있는 상황을 견딜 수 없어 하며 항상 TV를 켜놓는 것으로 표출된다. 연구자가 최은희의 집을 두 번째 방문했을 때 최은희는 카드 사용료 납부 미납으로 독촉을 받고 있는 상황이어서 극심한 불안감을 보였다. 거실과 방은 전혀 정리되지 않았으며 집안은 썩는 냄새로 진동하였다. 욕실에는 밀린 빨랫감들이 수북이 쌓여 있었다. 이러한 상황은 최은희의 심리적 공포와 고립의 정도를 말해주는 부분이다. 어린 시절부터 이혼을 하기까지 경제적 주체로서의 정체성을 가져 본 적이 없는 최은희에게 노동시장의 현실은 너무도 낯설다. 여자는 직업보다는 살림이라는 부모님의 사회화와 여성을 결혼으로 강제하는 규범과 제도들은 결혼제도 밖의 여성들을 심리적 빈곤 상태에 놓이게 함으로써 경제적 박탈을 가중시킨다. 사회 밖으로 자꾸 밀리면서 고립되는 느낌은 불안감과 함께 무기력 증세로 나타나고 있다. 가끔씩 완전히 퍼지고 싶기도 하고, 몸이 안 움직여지고, 자다가 심장이 꽉 막히는 기분, 누워 있으면 뭐가 꽉 누르는 것 같고, 뭔가 꽉 차 있는 것 같은 상태가 지속되고 있다.

나이가 들어 이혼을 하는 경우 경제적 독립의 문제는 더욱 심각하다. 생명의 위협을 느껴서 선택한 마지막 대안이지만 그것 역시 생명을 위협하기는 마찬가지라는 점에서 대안이 아니었다.

내가 지금 조금 조금 쇠퇴해져 가는 시기인데. 내가 지금 무엇을 준비해야 하고 무얼 하면서 먹고 살아야 하는지. 황망하지요. 황망해요. 망망. 독립을 해야 하는데 만약 독립을 하게 되면 내 명에 못 살 거예요. 내 명에 못 살 거라고. 지금은 일에 파묻혀서 어떤 생각이 와도 지나가고 지나가고 그러잖아요. 그런데 혼자 있는 상황이 되면 어떻게 생활을 하지? 생활비는 어떻게 되지? 그 생활을 다 어떻게 해야 되는가? 뭔가가 엄습해오는 것 같고, 허공에 있는 것 같고.(한송이)

먹고살 것에 대한 공포는 사회적 지위로서의 결혼으로 회귀하고 싶은 욕망을 자극한다.

(전업주부로 생활했을 때와 이혼하고 지금 사회적 지위를 비교해 본다면?) 결혼했을 때가 훨씬 확고하고 든든하죠. 그냥 내 레벨이잖아, 그냥. 그 사람이 뭐 그렇게 내 자리가 되고 울타리가 되고 그런 게 아니고, 그런 게 아니었다 한들 그 자체가 튼튼한 거잖아. 남편이 정말 병석에 누워 있다 해도 있는 게 낫다는 그 이야기가 맞는 거야.(최은희)

힘들면 이거 포기하고 싶고 편안히 집에 있고 싶고. 그림같이 있고 싶고. 그런 마음 어떨 때는 굴뚝같죠. 결혼하면 가만히 있으면서 살림만 하는 것. 그런 꿈만.(임은수)

가족 밖의 세상이 추울수록 결혼에 대한 환상은 더욱 깊어진다. 결혼생활에서 자신이 "버러지" 같았다는 평가는 경제적 자립의 어려움에 부딪치면서 울타리로서의 결혼을 꿈꾸면서 잊게 된다. 최은희가 이혼 후 재혼을 하려고 여러 번 시도를 하였고 그 과정에서 상대 남자에게 몇천만 원을 사기 당하면서 경제 상황이 더욱 악화되었다는 점은 여성들에게 가족과의 관계를 떠난 삶을 상상한다는 것이 얼마나 어려운 일인지 설명해주는 대목이다.

8장
일 경험과
배제의 누적

연구 참여자들은 빈곤유형에 따라서 일 경험 역시 다르게 나타났다. 빈곤의 지속 유형 여성에게 일은 가족의 생계유지를 위해서 딸로서 그리고 아내로서 해야만 했던 생존의 의미였다. 반면 빈곤으로의 유입 유형 여성에게 일은 아내와 어머니 정체성을 중심으로 위계화되는 부차적인 의미였다. 그러나 여성 가구주로서 아이와 함께 경제적 독립을 해야 하는 상황은 이들이 이전의 삶 속에서 구성해 왔던 '아내', '어머니' 정체성과 '노동자', '시민'으로서의 정체성과 갈등하고 협상하는 과정을 요구한다. 특히 비정규노동의 여성화(feminization of non-regular work) 현상으로 요약되는 성 차별적인 노동시장 현실에서 이들이 생계 부양자로서 살아가기 위해서 어떠한 노력을 하고 있는지 그리고 빈곤층이 되기 이전의 일 경험이 어떻게 이들의 노력을 좌절시키는지 살펴보고자 한다.

1) 저임금에 대항하기 : 잦은 이직과 자발적 실업

저소득 여성 가구주의 주요한 특징 중 하나는 몸을 움직일 수 있는 한 일을 한다는 것이다. 경제위기 직후인 1998년 6,949명의 실직 저소득 여성 가구주에 대한 조사(김경희, 1998)에서는 직업경험이 있는 비율이 94.8%로 조사되어 거의 대부분의 여성 가구주가 일을 통해 생계를 유지하고 있음을 알 수 있다. 그렇다면 여성 가구주들이 지속적으로 일을 하지만 빈곤에서 벗어나지 못하는 이유는 무엇인가? 그것은 노동시장의 양극화의 원인으로 지적되고 있는 비정규직 규모의 증가와 여성노동자 집단이 비정규직의 70%를 차지하고 있는 현실에 기반하고 있다. 정규직에 비해 노동시간은 길고 임금은 절반 정도의 수준에 불과한 저임금이기 때문에 여성 가구주들은 일하는 빈민(working poor)이 되는 것이다. 2000년 통계청의 가구소비실태조사 자료 분석에 의하면 월소득 100만 원 미만 가구는 남자가 25.1%, 여자는 61.3%로 나타나 가구주 성별 월소득 비율에서 매우 큰 차이를 보이고 있다(류정순, 2004). 2005년 전국근로 빈곤여성가장 1,006명을 대상으로 빈곤 실태를 조사한 연구에 의하면 임시·일용직 비율이 82.2%, 월소득 82만 원 이하의 저임금 소득군이 74%로 나타났다(성정현·송다영, 2005). 연구 참여자들 역시 아무리 열심히 일을 하여도 100만 원 벌기가 어렵다고 말하고 있다.

> 어디 가서 제가 백만 원, 팔, 구십만 원 받기도 쉬운 게 아니에요. 막 열두 시간씩 막 일하고 해도 구십만 원 받기가 쉽지는 않더라구요.(박수영)

뭘 하든 한 달에 백만 원은 벌어야 하니까 맨 날 팍팍해요.(이기남)

내가 취직도 안 되지만 백만 원 넘어간 자리가 없어.(최은희)

연구 참여자들은 장시간 노동을 하여도 가족들이 안정적으로 생계를 유지할 수준의 임금을 받기는 어렵다고 한다. 가장 빈번하게 이야기하는 것은 백만 원 정도의 임금을 받을 수 있는 일자리를 구하는 일이 쉽지 않다는 것이다. 그러나 연구 참여자들이 겪고 있는 경제적 어려움은 단지 저임금의 문제에 국한되지 않는다. 매달 갚아야 하는 부채와 주거비는 저임금의 상황을 더욱 악화시키는 조건이다. 신용불량자가 된 경우 금융거래가 어려워지면서 전세대출을 받지 못하여 월세로살게 되고, 지출항목 중에 주거비가 차지하는 비중이 높게 되면서 아무리 일을 열심히 하여도 빈곤의 악순환에서 벗어나기 더욱 어려운 상황에 처하게 된다. 연구 참여자들 중에서 가장 소득이 높은 이영미의 소득과 지출 상황을 자세히 살펴보자. 이영미는 한 달에 164만 원의 임금을 받고 있지만 법정 빈곤층이 되기 위해서 서류상으로는 108만 원을 받는 것으로 되어 있다. 이영미의 지출내역을 살펴보지 않는다면 이렇게 허위로 법정빈곤층이 되는 상황을 이해할 수 없을 것이다. 이영미의 한 달 지출액 중에서 가장 높은 비중을 차지하는 것이 바로 차량유지비이다. 차가 있는 조건으로 고용되는 일자리이기 때문에 한 달에 50만 원씩 나가는 이 항목을 줄일 수가 없다. 다른 직종으로 옮길 경우이 정도의 소득을 보장해주는 일자리를 찾기는 어렵다. 그 다음 지출항목은 바로 학원비(31만 원)이다. 고등학생 자녀와 중학생 자녀를 위한 최소한의 교육비 지출이다. 매달 8년 동안 갚아야 하는 부채액(24만 원)과 월세(22만 원) 역시 고정적으로 나가야 하는 지출항목이다.[1] 이영미는 법정 모자가정이 되면서 고등학생 자녀의 수업료(분기당 35만 원)와 급식비(월 5만 원)를 지원받게 되면서 조금 상황이 나아졌다고 한다. 이영미가 이야기한 지출항목에는 생활비와 피복비 등이 전혀 포함되지 않았다. 이영미는 매달 고정적인 월급을 타도 "또 꿔서 쓰게" 되는 상황이 반복되고 있으며 그래서 심리적으로 쫓기게 된다고 한다. 첫째 자녀가 고등학교에 입학하여 갑자기 목돈이 들어가야 하는 상황이 발생되면서 이영미는 석 달째 월세를 못 내고 있다. 그렇다면 여성들은 이러한 현실에서 벗어나기 위해서 어떠한 노력을 기울이는가?

사례 여성들은 잦은 이직 경험을 이야기하고 있다. 김영아는 이혼 후 2년 동안 카드영업, 정수기 판매, 커피숍 서빙, 이삿짐 포장 일을 하였다. 이렇게 이직이 잦았던 이유는 바로 '돈이 안 되서'이다. 1년 이상 일했던 정수기 판매로 오히려 경제적인 손실이 매우 컸던 경험은 경제적 자립에 대한 희망을 잃게 하였다. 아무리 노력을 해보아도 '한 달에 백만 원'을 보장해주는 일자리를 구하기 어려운 현실은 복지의 수혜자가 되는 길을 선택한다. 노동시장에서 선택 가능한 일자리의 임금보다 국

---

1 이영미의 한 달 지출상황

지출 항목	지출액
차량유지비(연료, 수리, 보험)	50만 원
월 세	22만 원
채 무 액	24만 원
학 원 비	31만 원
공 과 금	15만 원
휴대폰 사용료	8만 원
식 비	10만 원
총 액	160만 원

민기초생활보장법의 수급자로서 받는 소득액이 더 많고 안정적인 현실은 김영아가 법정 빈곤층에서 벗어날 수 없는 이유이다.

> 카드 6개월 정도 하다 바꿨어요. 돈이 안 되서. 그리고 정수기. ○○에 가서 더 망했어요. 그쪽에서는 다단계가 아니라고 하는데 다단계가 아닐 수 없어요. 그것을 제가 1년 넘게 했어요. 거기서 쫄딱 망했어요. 소득이 나올 때는 나오는데 살기 위해서 광고도 해야 하고. 그러다가 카드가 터졌어요. 그리고 나서 커피숍 서빙도 하고, 이삿짐 포장도 하고. 너무 힘들어서 동사무소에 가서 알아보니 모자가정 뭐 그런 게 있대요. 또 알아보니까 수급자가 좋다네요. 동사무소에 몇 번 가다 보니까 조건부 수급자라 하더라구요. 어차피 일당 뛰어도 많아야 한 달에 70, 80만 원이고 없으면 2, 30만 원인데 겨울에 비수기에는. 가만히 생각해보니까 이게 낫겠더라구요. 그래서 보험 하는 거 그만두고 이쪽으로 한 거지요. 이런 게 있는 줄 왜 몰랐을까 싶어요. 확실하게 돈이 얼마 나올지 아니까 안정이 되죠. 한 달에 카드 빚이 40만 원씩 나가요. 그거 빼면 7, 80만 원 되면 아이 학원비 20만 원 내고 나머지로 세 명이 먹고만 사는 거예요.(김영아)

직업훈련을 통해서 자격증을 획득하였다고 해도 여성들이 노동시장에서 처한 상황이 달라지지 않는다. 이기남과 박수영은 보육교사 자격증이 있지만 이와 관련된 일을 하지 않는다. 그 이유는 보육교사의 임금 자체가 너무 낮기 때문에 아무리 고용이 안정적일지라도 생계 부양자인 이들에게는 의미가 없기 때문이다.

> 보육교사를 제가 할 수 없었던 게 월급이 너무 적구. 아침부터 저녁까지 따로 돈을 내고 아이를 맡겨야 하니까 그렇게 못했어요. 한 달에 45만 원. 장기적으로 해도 6, 70만 원. 그거 가지고는.(이기남)

> 보육교사 1년 과정 그것을 배웠어요. 어린이집 뭐 놀이방. 이런 데 가서

아르바이트 하고 베이비시터 같은 것도 좀 하고. 그런데 막 안정이 안돼
요. 특별한 수입이 되지 않으면서도 불안하니까 하기는 했는데. 정직원으
로 일을 해도 그 당시에 60만 원인가 밖에 안 줬어요.(박수영)

연구 참여자들이 저임금의 현실을 벗어나려는 노력은 잦은 이직으로
이어지고 결국 경력이 쌓일 수 없는 조건이 되기도 한다. 노동시장에서
일한 기간이 길어질수록 저임금의 상황에서 벗어나는 것이 아니라 오히
려 뚜렷한 경력은 없으면서 연령제한으로 구직 선택의 범위가 좁아지는
악순환에 놓이게 된다.

연구 참여자들이 저임금의 현실에 대항하는 방식은 잦은 이직과 함
께 자발적인 실업을 선택하기도 한다. 소득보다 지출이 많은 상황은
일을 지속할 수 없는 이유이기도 하다.

힘들어요. 제가 체력이 그렇게 강한 체력은 아니거든요. 그래서 막 힘에
겹더라구. 그러면 집에 와서 어느 때는 밥도 못 차려 주고 그냥 오자마자
누워요. '엄마 한 시간만 누워 있다가 일어날게.' 그러고선 그러다 보면은
시간이 지났는데 애들 먹을 시간도 지났는데 못 일어나겠는 거예요. 그러
면 뭐 '뭐 시켜 먹자. 뭐 시켜서 먹어라. 니네 둘이 시켜 먹어라.' 아무래도
용돈 더 주게 되고, 혹시라도 비상시에 써라 그러면서 주게 되고 그러니
까 지출이 너무 많은 거예요 생각보다. 열한시 사십분까지 일하다가 보
니까 버스가 끊겨요. 그럼 택시타고 집에 와야 되고. 이런 상황도 많고 그
래서 아 이 일은 내가 오래도록 할 수 없는 일이다.(박수영)

박수영은 4개월 동안 도시가스 검침원 일을 하다가 그만 두고 새로
운 일자리를 찾고 있다. 그녀가 스스로 실업자가 된 이유는 노동조건
에 비해서 너무도 낮은 임금 그리고 장시간 노동으로 가사 일을 할 수

없어 발생하는 비용이 너무 과다했기 때문이다.[2] 최은희 역시 '돈이 안 되어서' 하던 일을 중단하고 실업자가 되어 다른 일자리를 구하고 있다. 하지만 '백만 원 정도의' 소득을 보장해 주는 안정적인 일자리를 구하려고 잦은 이직과 실직을 해보지만 시간이 지날수록 상황은 더욱 악화되고 있다. 일을 하기에는 생계유지조차 어려운 저임금의 현실 앞에서 일을 할 수도 안 할 수도 없는 딜레마에 빠지면서 자신이 '적응을 못하는 사람'이 아닌가 하는 자괴감에 빠진다.

> (몇 년 동안 지속한 그런 일이 있으셨어요?) 몇 년까지 일한 적은 없고, 짧게 짧게. 어쨌든 생활을 해야 하니까. 마지막으로 한 일이 빨간펜. 5개월 했나? (길게 못간 이유는?) 돈이 안 되니까. 돈이 안 되니까. 이걸 접고 다른 것을 찾아야겠다. 사실 이게 현명한 생각인데 일이 없이 있다 보니까 이런 괴리감이 있는 거야. 아이씨 내가 뭐 적응을 못하니까 접어 치우고 접어 치우고 그런 게 아닌가 하는. 사람들이 보기에 딱 그런 거야. 안 되는데 마이너스로 가고 있는데 가면 그건 병신이거든. 정말 돈이 안 되는 거예요.(최은희)

그러나 연구 참여자들은 빈곤층이 되기 이전의 일 경험에 따라서 저임금의 현실에 대처하는 방식에서 차이를 보이고 있다. 노동시장에서의 주변적인 지위로 여성 가구주의 빈곤은 가속화되고 있지만 여성들은 빈곤층이 되기 이전에 어떠한 삶을 살아왔느냐에 따라서 대응 양상이

---

2 이재경 외(2006) 연구에 의하면 서비스직·생산직에 종사하는 고졸 이하의 여성들은 고용지위가 불안정하고 돌봄노동을 대체할 만큼의 풍부한 자원을 소유하지 못했기 때문에 노동시장 진입·퇴출을 반복하고 있는 것으로 분석하였다. 즉, 자녀양육 부담과 고용불안정 그리고 경제적 자원의 부족은 저소득층 여성들을 노동시장에서 퇴출하게 하는 주요 요인이 되고 있다(이재경 외, 2006: 52).

달라진다.

2) '몸'의 계급화 : 생계수단으로서의 '몸'

저소득층 가족의 딸로 태어나 저소득층 가족을 형성했던 여성들에게
빈곤시점을 묻는 질문은 어리석은 질문일 수 있다. 어린 시절부터 가족
의 생계를 분담하거나 혹은 전적인 책임을 지기 위한 이른 노동경험은
"뭐든지 할 수 있는 몸"을 형성하여 빈곤상황에 대처하여 왔기 때문이
다.

> 지금도 내가 가난해서 힘들다는 생각은 안 해요. 왜냐하면 내가 나가
> 면 돈을 버니까. 내가 그렇게 잘 살지는 못하지만 가난해서 힘들어 그런
> 생각은 없는 것 같애. 내가 몸만 건강하면 지금이라도 나가면 돈을 벌 수
> 있으니까. 나는 뭐든지 가면 다 할 수 있어요. 어디에 갔다 놔도 다 할 수
> 있어요. 식당. 밭일. 뭐든지 할 수 있는데 몸이 안 따라 주니까. 하면 백만
> 원인데. 일 년이면 천이백만 원. 반 쓰고 반을 저금한다 해도. 그런 생각
> 을. 내가 너무 가난해서 힘들어 그런 생각은 없어요.(김경숙)

김경숙은 연구 참여자 중 현재 경제적인 궁핍 정도가 가장 심하며 이
전의 삶의 경로에서도 가난했지만 스스로 '가난해서 힘들어'라고 생각
해본 적이 없다고 한다. 이러한 생각은 '어디에 갔다 놔도 다 할 수 있
다'는 자신의 몸에 대한 믿음에 기초한 것은 아닐까? 김경숙과 같이 어
린 시절부터 가난하게 살아왔던 빈곤의 지속 유형 여성들은 공통적으
로 배우자가 생계 부양자로서의 역할을 하지 않을 때 '닥치는 대로' 일
을 하면서 빈곤상황에 대응하였다고 말한다.

딸내미 낳고, 계속 일 다녔어요. 장애자 집 안에 가둬 놓고 일 나가고 그랬어요. 저는 그때 남의 집 가정부로, 닥치는 대로 일을 했지요. (아저씨는?) 계속 요꼬 공장 다녔지만 자기 혼자 다 쓰고. 술 좋아하는 사람이 술 먹고, 비 오고 그러면 고스톱 쳐서 빚은 빚대로 지고. 그러다가 우리 딸과 함께 여기 와서 동사무소에 가서 취로사업 좀 하게 해달라고 하니까 여성자활후견기관에 가서 간병인 교육도 받고 그렇게.(이순자)

이 사람이 애를 먹이는 것이 여자문제가 아니라 노름을 미칠 정도로 하고 그래서 사람이 안 되는 거예요. 돈에 너무 시달리는 거예요. 안 해본 장사 없이 다 해봤어요. 식당생활도 하고 그냥 닥치는 대로 일을 했어요. 정말 도둑질만 안 하고 닥치는 대로. 호떡 장사도 해보고, 병아리 이런 것도 해보고 안 해본 것 없이 다 했어요.(김경숙)

가족의 생계가 위협을 받을 때 이순자와 김경숙은 어떤 일이든 일할 기회만 주어지면 가리지 않고 다 했다고 한다. '닥치는 대로'는 당장의 생계유지의 절박성을 짐작하게 하는 부분이기도 하지만 그 일에 대한 사회적 평가나 자신의 적성 혹은 능력, 일의 안정성 등에 대한 고려가 전혀 없었다는 것을 의미하기도 한다.

사례 여성들은 가족의 생계를 유지하기 위해서 자신의 몸을 최대한 활용하는 전략을 사용하는데 그것은 바로 동시에 여러 개의 직업을 갖는 것이다. 여성들은 소득을 극대화하기 위해서 '닥치는 대로' 여러 개의 일을 한다.

새벽에 김밥을 말러 다녔죠. 새벽 2시 50분에 나가요. 그럼 7시 정도에 와서 아이들 학교 보내고 시어머니 밥 차려 드리고 11시 정도에 또 가요. 그럼 3시나 4시쯤에 끝나요. 김밥 다음에 한 일이 정보지 배달 일이에요. 새벽 5시에 나가서 10시에 끝나요. 그러면 또 11시까지 식당 배달 일을 나

갔어요. 그러니까 맨날 입술이 부르터 있는 거야. 그렇게 일을 하고 들어와도 신랑은 손가락 까딱도 안했어요. 지금은 새벽 4시 30분에 나가면 오후 5시 정도 끝나요. 그러면 집에 와서 밥하고 저녁에 택배 배달을 또 하죠. 그러다보니까 건강이 딸려요.(이영미)

이영미는 남편의 알코올중독 치료비 마련과 생계유지를 위해서 항상 두 개 이상의 일을 동시에 하였다. 김밥 만드는 일, 정보지 배달, 식당 배달 등 육체적으로 힘든 일을 동시에 한다는 것은 결코 아무나 할 수 있는 것이 아니다. 하루 12시간 이상의 육체적으로 힘든 일을 견딜 수 있는 사람은 이러한 노동으로 단련된 몸 자원을 가지고 있는 사람만이 가능한 일이다. 사례 여성들에게 저임금의 현실을 극복할 수 있는 현실적인 전략은 여러 개의 직업을 갖는 것인데 이것은 장시간 노동의 열악한 조건을 견딜 수 있는 자만이 가능한 것이다. 이런 의미에서 몸은 계급적 경험에 따라서 다르게 구성되어진다. 빈곤의 지속 유형 사례 여성들에게 소득의 극대화는 바로 계급화된 몸 자원 활용 극대화를 통해서 실천되고 있다.

성 차별적인 노동시장에서 여성들이 생계 부양자로서 역할을 하기 위해서 필요한 것은 학력자원보다는 몸 자원이다. 여성들에게 몸 자원이란 고된 노동을 견딜 수 있는 몸이거나 성적 서비스가 가능한 몸을 의미한다. 소득 극대화를 위한 몸 자원 활용 극대화는 고된 노동을 닥치는 대로 여러 개 하는 것이지만 때로는 성적 서비스가 가능한 몸 자원의 사용도 포함된다.

호프집에 가서 일을 하는데 처음에는 못할 것 같더라고. 남의 비위를 맞추는 게. 그런데 한 달 지나고 두 달 지나고 그러니까 이렇게 쉬운 일이 있는데. 그야말로 같이 술 먹고. 비위 맞춰 주고. 술을 먹으니까 몸은 망가지지만 편한 거예요. 여름에는 에어컨 틀어서 시원하고 겨울에는 따시고. 2차 안 했어요. 처음에는 안 갔어요. 그런데 돈에 욕심이 나서 몇 달 지나고 나서 2차 갔어요. 어~ 정말 이렇게 쉬운 일이 있는데 내가 왜 그렇게 힘들고 구정물 만져 가면서. 그런 생각이 들어요. 솔직히 지금 식당 가라고 하면 몸도 안 좋지만 못할 것 같아요. 힘이 달려서. 보니까 돈을 너무 쉽게 버는 것 같아요. 식당일은 너무 힘드니까. 그런데 이것은 많이 남고 과일도 몇 천 원짜리 깎아도 몇 만 원 받고. 이렇게 수월한 일도 있는데. 호프집은 팁도 있고 손님들이 원하면 노래방에 가면 시간당 2만 원 주잖아요. 수입이 낫더라구요. 운 좋으면 하루에 6만 원씩 받기도 하고. 그때 130, 150 정도 벌었어요. 처음에는 나쁘다고 생각했어요. 거기에 들어가서 일을 한다면. 저기를 다니려면 식당에 가서 일을 하지. 내가 그렇게 욕을 했어요. 그런데 가서 일을 해보니까 그게 아니에요. 지금까지 일한 것 중에서 그때가 제일 좋았던 것 같아. 지금도 몸이 나아지면 호프집 술집에서 서빙하는 거 하지 식당은 못할 것 같아요. 못하는 게 아니라 안 해요.(김경숙)

어린 시절부터 해왔던 고된 노동으로 몸은 더 이상 사용할 수 없을 정도로 소모되었고 아이들과 먹고 살기 위해서 할 수 있는 마지막 선택은 바로 성적 서비스를 제공하는 것이다. 평생 식당에서 고달픈 일을 해왔던 김경숙에게 호프집 서빙 일은 가장 좋았던 일로 기억된다. "처음에는 나쁘다고 생각했던 일"이 "일한 만큼 돈을 받는 일"이 된다. 생계를 책임져야 하는 여성에게 호프집 서빙 일은 도덕적 판단 이전에 다른 일에 비해서 상대적으로 고임금이 보장되는 일일 뿐이다. 김경숙의 달라진 평가는 여성들이 노동시장에서 얼마나 열악한 조건에서 일하고 있는지를 보여주는 단면일 뿐이다.

그러나 몸 자원 활용 극대화의 결과는 빠른 노동력 폐질화로 연결된다. 저소득 여성 가구주 빈곤실태에 관한 기존 연구들을 통해서 여성 가구주의 불건강 문제가 빈곤을 악순환시키는 요인이라고 지적되고 있다(김수현, 2001; 박영란 외, 2003).[3] 김경숙의 경우도 유일한 생계수 단이었던 몸을 더 이상 사용할 수 없는 상황에 이르게 되면서 빈곤은 재생산되고 있다.

> 너무 아프니까 귀가 아프고 이빨도 아프고 너무 아프니까. 다 아픈 것 같아. 고통이 너무 심하니까 이거 표현이 안돼요. 심하니까. 망치로 때려 도 그만큼 아프지 않을 거예요. 이빨이 뽑힐 정도로 아파요. 몸이 아프면 아무 생각이 안나요. 죽으면 고통이 끝날 거라는 생각밖에. 제가 이렇게 몸이 아픈 게 2년 전. 여기 온지는 5년째 되었는데 전입신고도 못했어요. 시간이 없어서. 정말 죽자살자 일만 했어요.(김경숙)

'죽자 살자 일만' 한 결과 김경숙은 심각한 몸의 고통을 겪고 있다. 표 현이 안 될 정도의 통증으로 매우 무기력해지기도 하고 삶의 희망을 잃 기도 하지만 아이들 때문에 삶을 포기할 수는 없다고 한다. 여러 차례 자살을 시도하기도 한 김경숙은 자신이 울 안에 갇힌 것 같다고 한다.

> 울 안에 갇혔다는 생각을 많이 해요. 일하러 다닐 때는 그런 생각할 시 간이 없었는데 아프기 시작하면서 그런 생각을 많이 해요. 나가도 내가 빛을 본다는 생각을 안 했고, 숨을 쉬어도 숨을 쉰다는 생각을 안 했어 요… 나에게 투자하는 게 지금이 투자하는 것 같아. 나를 위해서. 나를 위 해서 투자한 게 하나도 없어요. 엄마로서, 딸로서, 아내로서 그렇게 살았

---

3 김수현의 조사에 의하면 저소득 여성 가구주가 본인의 건강이 좋지 않아 일하는데 어려움이 있는 경우가 55.0%로 나타났으며, 지난 1개월 동안 일을 하지 못할 정도로 몸이 아프거나 병원에 간 날이 있는 여성 가구주는 전체의 43.5%로 나타나 건강으로 인한 경제활동에 상당한 장애를 겪고 있는 것을 알 수 있다(김수현, 2001).

지 나를 위해서 산 적이 한 번도 없었어. 할 틈도 없었고. 억울한 점도 있어요. 내가 누구를 원망하기 전에 왜 내가 그렇게 살았을까. 궁상맞게 살았는가. 그렇게 살아서 남는 게 아무것도 없잖아요. 병밖에.(김경숙)

몸이 아파서 일을 할 수 없는 상황이 되어서야 비로소 쉴 수 있었다는 그녀는 지금이 처음으로 자신을 위해서 투자하는 시간이라고 말한다. 엄마로서, 딸로서, 아내로서의 역할을 충실히 하다 보니 남는 것은 병이라는 진술은 자신이 울 안에 갇혔다고 느끼는 이유일 수 있다. 김경숙은 아이들과 먹고 살기 위해서 자신이 가지고 있는 몸 자원을 최대한 활용하였지만 그 결과 얻게 된 병은 출구가 없는 '울 안'에 갇힌 상황이다.

3) 정체성 갈등과 '적당한' 일자리 찾기

어린 시절부터 가난했고 성인이 된 이후에도 빈곤이 지속된 사례 여성들과는 달리 이혼을 전후로 빈곤층으로 유입된 사례 여성들은 현재의 조건을 인정하는 것부터가 쉽지 않다. 유년기 부유했던 생활과 결혼생활에서 누렸던 경제적·사회적 지위는 자신의 빈곤상황을 수용하는데 상당한 어려움을 발생시키는 지점이다. 사례 여성들이 빈곤층으로 진입하면서 가장 어렵고 힘겹게 노력해야 했던 부분은 바로 빈곤층으로의 '추락'을 수용하는 것이다.

가장 기억이 나는 게 아버지하고 제일 다정했던 시간은 아버지가 파자마 차림으로 아버지 발 위에 내 발을 올려놓고 왈츠를 추는 거야. 지금 생각하면 스텝이야. 그 기억이 가장 생생해요. 우리 어머니는 나랑 동대문 시장, 남대문 시장 데리고 가서 옷감을 뜬다든가 원피스, 블라우스 같은

것을 사 주신 다든가. 신발도 운동화, 우단, 엑스자로 된 우단신발을 사
신기고. 그리고 동대문에 케네디 시장이라고 있어요. 외국물자만 들어오
는 곳. 지금 같으면 수입품 코너지. 우리나라에는 기성품이 없었던 시절이
었지요. 예쁜 원피스 사다 입혀 주고. 여기(입주 가정부 일을 하는 집) 있
으면서 나 어렸을 적에 일하시는 아주머니가 있어서 했는데. 내가 주방에
있으면서 그것을 연상하면 아주 슬퍼요.(목소리가 떨리면서 눈물을 흘
림) (한송이)

한송이는 어린 시절 자신의 집에서 일을 하셨던 아주머니의 자리에
자신이 서 있는 현재의 상황을 떠올리며 눈물을 흘린다. 경제적으로 매
우 풍요로웠던 어린 시절은 지금의 상황을 더욱 힘겹게 느껴지게 하는
경험이다. 김경자와 박수영 역시 처음 겪는 경제적 궁핍의 상황을 힘겨
워 한다.

지금까지 살면서 경제적으로 가장 힘든 상황이에요. 처음 겪는. 먹고
사는 것을 걱정해야 하는 것은 처음. 남들이 보기에는 부유한 결혼생활
을 했죠. 지금은 말 그대로 표현하자면 죽지 못해서 사는 거죠. 그런 느
낌인데 내가 우리 애들이 있으니까 포기를 안 하고 사는 거죠.(김경자)

완전히 밑바닥으로 떨어져서. 저는 완전히 바닥 생활을 한거죠. 완전
히. 제가 어느 순간엔 그런 생각도 했었어요. 내가 왜 이렇게 하고 살아야
되나. 진짜 완전 바닥에 떨어져서. 인제 더 떨어질래야 떨어질 데도 없는
이런 삶을 내가 이렇게 살고 있나.(박수영)

"완전히 밑바닥으로 떨어져서", "죽지 못해서 사는" 상황에서부터 새
로운 삶을 준비해야 했던 연구 참여자들이 가장 우선적으로 해결해야
했던 것은 바로 일자리를 찾는 일이다. 중산층 전업주부로 살아왔던
여성들이 여성가장이 되면서 가장 쉽게 접할 수 있는 것은 바로 직업훈

련의 기회였다.

> 부도가 나고 처음 드는 생각이 '어머, 어디 회사를 들어가야 되겠네'. 애들하고 먹고 살아야 되잖아요. 당장. 아무 것도 없으니까. 수급자가 되면서 꽃방창업훈련 뭐 이런 것을 배웠어요. 그래 가지고 꽃집 같은 데 가서 일을 좀 하고 그리고 조리학원을 다녔어요. 제가 뭐 배우는 거를 좋아해요. 뭐 배우면 그 순간에는 옛날로 돌아가서 행복해요. 배우고 있을 때는 아주 그냥 이것 저것 생각 안하고 배우는 거 자체만 생각하고. 돈 들여서는 못 배우니까 무료로 할 수 있는 거. 조리학원 그것도 여성가장으로 해서. 그렇게 배우고 나서 제과제빵 그걸 또 배웠어요.(박수영)

> 처음에는 막 날아다닐 것 같았어요. 뭐든지 할 수 있을 것 같았어요. 모르니까. 세상이 어떻게 변해 있는지 모르니까. 막연하게 뭔가 기술을 하나라도 가지고 있으면 유리할 것 같고. 그게 아니잖아. 제가 여성가장 직업훈련 전산회계 4개월하고, 제과제빵 6개월 했어요. 거의 1년을 그것을 했어요.(최은희)

저소득 실직 여성 가구주의 빈곤실태에 대한 기존 연구들에 의하면 여성들이 직업훈련이나 직업교육 경험이 있는 경우가 상당히 낮은 것으로 보고되었다. 김경희의 조사(1998)에서는 전체의 29.0%, 정미숙 외의 조사(1998)에서는 20.1%에 불과하여 여성 가구주의 고용기회 확대와 촉진을 위한 직업훈련의 실효성이 크지 않은 것으로 드러났다. 그러나 학력이 높아질수록 직업훈련을 받은 비율이 높아진다는 김경희의 조사 결과는 빈곤에 대응하는 여성들의 노력이 동일하지 않음을 짐작케 하는 부분이다. 박수영과 최은희에게 직업훈련 과정은 기술을 배워서 안정적인 일자리를 구하기 위한 투자로서의 의미였다. 하지만 꽃방창업, 조리, 전산회계, 제과제빵 기술을 배웠다고 해도 그것이 일자리로 연결이 안 되는 현실에 직면하게 된다. 일자리로 연결된다 해도 그것은 한 가족의 생계를 유지할 그런 수준의 '적당한' 일자리가 아니었다. 자신이 원하는 일자리와 현실에서 선택 가능한 일자리 사이에는 상당한 간극이 존재한다는 것을 확인하게 된다.

오히려 배운 것 없이 그러면 막일. 더 일자리가 많은 것 같아. 그렇다고 식당에서 주방일 할 정도로 체력은 안 되는 거야. 그것은 보통 체력이 아니야. 처음에 하면 손도 다 까지고 그것도 한두 해 할 수 있는 것도 아니고. 아침에 우유 배달도 수금 때문에 쉬운 일도 아니고. 사람들이 쉽게 말해서 아무거나 하면 되지 그러는데 그게 그렇지 않아요. 그게 안 돼.(박수영)

(젊었을 때 막일을 해 본 사람은 일을 더 쉽게 구할 수 있을 것 같아요?) 더 잘 살아요. 더 할 게 많아. 왜냐하면 해보았기 때문에 각오하고. 어느 정도 몸에 배어 있거든. 그리고 뭐랄까 몸에 배어 있다는 것은 그 사람이 원하는 방식으로 몸이 되어 있다는 거야. 내가 공장 갔을 때 그 당시에는 생머리 단발이었거든. 완전히 인텔리 같이. 얼마나 애리애리해. 그러니까 사장이 하는 말이 '이런 일 해보셨어요?', '아니요', '이런 일 안해 보신 분 같은데 이런 일 해보시겠어요?' 그러더라고. 너에게 맡겨서 뭔가 될까. 그런 거야. 좋은 말로 이런 일 해 보셨어요 그렇게 이야기하는 거고. 너 내가 원하는 대로 쑥덕쑥덕 해줘야 하는데 안 그래 보여. 그런 거야. 내가 왜 몰라. 정말 내가 차라리 그냥 막일할 수 있는 그런 모습이면 일하기는 그냥 딱 좋은데.(최은희)

이들에게 '적당한 일자리'를 찾는 일은 결코 쉽지 않다. 식당일과 같은 고된 노동을 견딜 수 있는 그런 몸 자원을 갖지 못한 이들이 선택할 수 있는 일은 매우 제한적이기 때문이다. 최은희의 '인텔리' 같은 외모는 40대 기혼여성이 일할 수 있는 직종에서 원하는 모습이 아니다. 오랜 노동 경험으로 '몸에 배어서' 고용주가 '원하는 방식으로 몸이 되어 있어야' 하는 것이다. '막일할 수 있는 그런 모습'이 아니어서 배제되고 스스로 할 자신이 없어서 배제된다. 주변 사람들은 '닥치는 대로' 일을 하지 않는 이들에게 아직 배가 덜 고파서 그런다고 비난의 눈길을 보내기 때문에 더욱 상처를 받는다고 한다.

> 내가 지금 일을 구하고 있는 상황에서도 사람들이 상당히 상처를 줘요. (일자리가) 아주 널려 있는데 내가 집으면 되는데 안 집는 것처럼 이야기를 하니까. 사람들이 어쩜 자기일이 아니면 그렇게 쉬울까. 말하기가 그렇게 쉬울까. 친구들과 이야기하기 싫은 게 이런 거야. 사람 구하는데 되게 많던데. 막연하게 그렇게 이야기하는 거야. 내가 지금 갈 데가 없어요. 누구는 몸 망가진다고 식당일하지 말라고 하는데 뭣두 모르는 사람들은 식당일이라도 해야지 뭘 가리냐 그런 식이에요. 딱 그런 눈빛이야. (최은희)

아무리 경제적으로 어려워도 식당일만큼은 받아들일 수 없다는 최은희는 실직 기간이 길어지면서 그리고 경제적 상황이 악화되면서 '적당한' 일자리의 기준이 흔들리고 있다. 호텔 사무직 구직 과정에서 나이가 많아 탈락되자 최은희는 이제는 더 이상 사무직의 일자리를 구할 수 없음을 절감하면서 '청소하는 아줌마'가 되어야 하는 현실 앞에서 눈물을 쏟아낸다.

> 이쪽으로 생각해도 밀리고, 저쪽으로 생각해도 밀려요. 지난번 호텔 사무직 사람 뽑는다고 해서 갔는데 '나이가 걸리네요. 생각보다 많네요' 하더라구요. 그래서 10분인가 앉아 있다가 나왔는데. 아~ 거기 나오면서 '혹시 여기 룸에서 청소할 아줌마 구하면 연락 주실래요' 이 말이 여기까지(손으로 목을 가리키며 눈물이 왈칵 쏟아짐) 나오는 거야. 청소하는 아줌마 필요하면 불러주세요. 그렇게 하고 돌아설걸.(최은희)

중산층 전업주부로 살아왔던 최은희에게 '청소하는 아줌마'가 되는 것은 사회적 지위의 하락을 수용해야 하는 것이다. 하지만 그 과정은 그리 쉽지 않다. 자신이 누려왔던 삶의 수준과 자신이 할 수 있는 일 사이의 간극을 받아들이는 것은 단순한 적응 그 이상을 요구한다. 삶의 뿌리가 뽑히고 존재기반을 새롭게 이식해야 하는 두렵고 고통스러운 과정이 그 앞에 놓여있다.

이혼으로 인한 자신의 사회·경제적 지위의 하락을 처음부터 인정하고 출발하는 경우는 그렇지 않은 경우에 비해서 조금은 수월하게 일자리를 찾게 된다. 그러나 그 첫 출발 역시 쉬운 것은 아니다. 지역 유지의 며느리에서 노점상이 된 김경자는 첫 좌판을 펼친 날을 "앞에 장막이 쳐진 것 같은 그런 느낌"으로 표현하고 있다.

> 이혼하고 처음 한 일이 액세서리 장사였어요. 길거리에서. 서점에 가니까 30만 원으로 돈을 벌 수 있는 방법이 있더라구요. 내가 가진 게 없으니까 바닥부터 시작을 해보자 해서. 처음에 남대문에서 10만 원어치 떼어서 장사를 했어요. 처음에 진짜 무서웠어요. 좌판을 펴는데. 앞에 장막이 쳐진 것 같은 그런 느낌이었어요. 이것을 뚫고 나가야 하는데 방법이 없는 거. 그런데 어떤 분이 오셔서 그러는 거야. "아줌마! 이 액세서리 파는 거예요?", "예" 그랬더니 "그럼 얘기를 해야 사가지 그렇게 가만히 앉아 있으면 안 사가요" 그러더라고. 아! 맞아. 나 액세서리 장사하러 나왔지. 그래서 그 다음에 말을 못하니까 써서 붙였어요. 세트에 얼마. 그렇게 이삼 일 정도 하다가 보니까 손님들이 와서 물어 보면 대답하고 그렇게 하다 보니까 자연스럽게 "액세서리 구경하세요" 그런 소리도 나오고.(김경자)

액세서리 노점상으로 좌판을 벌렸지만 아무 말도 못하는 김경자를 도와 준 사람은 본인 역시 여성 가장으로 보험 일을 하는 여성이었다. 그 여성은 김경자가 처음 장사 나온 것을 알아차리고 장사하는 방법을 알려주면서 첫 구매고객이 되었다. 조금씩 자신감을 갖게 된 김경자는 겨울에는 붕어빵 장사를 하였고 지금은 전단지 돌리는 일을 하고 있다. 여전히 더 나은 일자리를 찾고 있는 중이지만 애들에게 부끄럽지 않고 최선을 다해서 살고 있는 자신에 대해서 긍정적으로 평가하고 있다. 김경자가 다른 사례 여성들에 비해서 비교적 빨리 현실에 적응할 수 있었던 것은 어린 시절 엄마와 함께 엿 배달을 하며 리어카를 밀었던 경험 그리고 시장에서 야채장사를 하는 부모님을 위해 '동생을 업고 머리에 밥을 이고 보온병을 들고' 밥을 날랐던 경험이 있었기 때문에 가능한 것이었을지도 모른다.

9장
자녀양육에 대한 책임과 배제의 재생산

　여성 가구주가 빈곤에 취약할 수밖에 없는 조건은 바로 자녀를 양육하면서 성 차별적인 노동시장에 진입해야 한다는 사실이다. 여성 가구주에게 자녀는 삶의 희망이면서 동시에 빈곤의 덫에 갇히게 하는 양날의 칼이다. 연구 참여자들에게 자녀는 어떤 의미인지 그리고 자녀양육에 대한 책임과 여성 가구주의 빈곤탈출 노력과 충돌하는 지점은 무엇인지, 여성들이 이 상황에서 벗어나기 위해서 어떻게 대응하는지 살펴보면 다음과 같다.

1) 보살핌과 빈곤의 덫

　남성 생계 책임자/여성 보살핌 책임자라는 성별분업은 결혼관계 내에서만 작동되는 원리가 아니다. 자녀에 대한 사적인 책임 그리고 여성의 책임을 강조하는 분업의 원리는 여성 가구주가 되는 과정이 결국 더욱 빈곤하게 되는 과정을 의미하게 만든다. 연구 참여자들은 대부분 자녀를 보호하기 위해서 혹은 자녀와 살기 위해서 이혼을 선택하였기 때문에 자신이 자녀를 양육하는 것은 너무도 당연한 것이 된다. 그러나 자녀를 자신이 전적으로 책임져야 하는 상황은 경제적 어려움을 가중시키고 재혼의 가능성을 어렵게 한다는 점에서 주변사람들은 여성의 자녀양육 책임을 반대하기도 한다.

> 한편으로 생각하면 정말 내가 대단한 것 같아요. 친정엄마와 아빠가 애를 데려오지 말라고 했어요. 남들은 시집을 갈 나이인데 애 둘을 데리고 어떻게 살아갈래. 지금은 힘들어도 애를 떼어놔라. 그렇게 했어요. 난 그렇게 못한다. 그럼 너는 결혼하지 말고 애들만 바라보고 살아야 한다. 그래서 그렇게 하겠다고 해서 데리고 왔는데 애들에게 미안하지만 버리지 않고 끝까지 짊어지고 간다고 생각하는 내 자신이 정말 대견해요. 죽이 되든 밥이 되든 내가 한다. 내가 대견해요. 어떻게든 애들 데리고 살려고 바둥바둥 하는 게 대견해요. 나는 기특해. 나는 대단해. 그렇게 생각해요.(김영아)

김영아는 20대 중반에 아이 둘을 데리고 이혼하면서 아이를 시댁에 데려다 주라는 부모님의 권유를 받아들이지 않았다. 그 이유는 배우자와 시댁 식구들에 대한 신뢰가 없었기 때문이다. 결혼생활 동안 남편은 자신보다 오히려 자녀에 대한 구타를 심하게 했던 사람이고 시어머니는 고아원 명함을 주면서 아이를 키울 자신이 없으면 고아원에 갖다주라고 한 사람이다. 김영아는 아이를 책임지기로 결심하면서 동시에 결혼은 하지 않겠다고 생각하였다. 자신에 대한 높은 자긍심은 바로 자녀를 "버리지 않고" 끝까지 책임지고 있다는 사실에 기반한다. 자녀양육에 대한 일차적인 책임이 여성에게 부여되는 사회에서는 이혼과정에서 자녀를 맡지 않은 여성은 '자식을 버린 여자'로 강하게 비난받게 된다. 자녀양육을 책임지면 이에 따르는 어려움이 동반되지만 동시에 자녀양육을 책임지지 않을 경우 사회적 비난과 지탄이 한 개인에게 쏟아진다는 점에서 여성들의 선택은 제한적이다. 성별분업은 단지 누가 어떤 일을 맡을 것인가를 규정하는 것뿐만 아니라 일에 대한 일차적인 책임이 누구에게 있는가를 규정하고 평가하는 도덕적 규제의 원리로 작동된다. 최은희의 경우에도 자신이 두 아이를 맡게 된 것을 후회하지 않는 가장 큰 이유는 바로 "자식을 버리지 않았다"는 데 있다.

> 후회를 하지 않는 게 애들이 티브이 프로나 그런 것을 보면서 느낀 것은 아빠가 버린 것은 상처를 크게 안 받는데 엄마가 빈 애들은 상처를 많이 받더라구요. 우리 애들조차도 그렇게 생각해요. 엄마를 왜 찾아? 엄마가 버리고 갔는데 그렇게 이야기를 해요. 아빠가 버리고 갔을 때는 그렇게 이야기하지 않거든요. 그런데 엄마가 애들을 두고 나갔다고 하면 버리고 갔다고 표현을 해요. 우리 애들조차도.(최은희)

자녀를 맡지 않은 여성에 대한 비난은 결국 자녀양육에 대한 여성 개인의 일차적 책임을 강화시키고 동시에 남성 개인들의 책임분담의 의무를 약화시킨다. 연구 참여자들 중에서 배우자로부터 양육비 지급을 요구했던 사례는 다섯 사례(이영미, 김영아, 이기남, 최은희, 김경자)이지만 배우자로부터 양육비를 일정기간 동안 지속적으로 받았던 사례는 전혀 없었다. 김영아와 최은희의 경우만 2~3회 양육비를 받아본 적이 있었고 나머지는 전혀 받지 못했다고 한다. 재판이혼의 사례를 분석한 연구에서도 양육비 지급에 관해서는 매우 소극적이어서 양육비 지급

이행을 위한 국가 개입의 필요성을 지적하고 있다(성정현 외, 2001). 남성들이 양육비 지급을 이행하지 않는 가장 근본적인 이유는 바로 자녀양육에 대한 일차적인 책임을 여성에게 부과하기 때문이다. 이러한 태도는 단지 개별 남성의 문제만이 아닌 자녀양육에 대한 사회적 책임 의식과 연결된다. 여성 가구주가 빈곤하게 되는 과정은 전 배우자의 양육비 지급 불이행과 함께 자녀양육에 대한 사회적 책임의 부재 속에서 여성 개인이 혼자 자녀를 책임져야 하는 구조 속에서 발생된다. 여성 가구주들이 자신의 삶의 의지처로 자녀를 선택하지만 그 이후의 삶을 보장해주지 않는 사회적 서비스의 부재는 각 개인을 끊임없이 딜레마 속에 놓이게 한다.

김경자는 자신이 직면하고 있는 경제적 어려움을 극복하고자 하는 힘을 엄마로서의 정체성에서 부여받고자 노력한다. "나는 엄마고 우리 애들을 책임져야 한다"는 자기 최면은 삶을 지탱시켜주는 에너지이다. 그러나 이러한 최면은 자녀양육에 대한 적절한 사회적 지원이 없는 우리의 현실에 의해 한계를 갖는다. 김경자는 좀 더 나은 소득이 보장되는 일자리를 구하지만 아이를 맡길 곳이 없어서 선택할 수 있는 업종이 제한된다.

> 스스로 최면을 걸어요. (어떤 최면을 거세요?) 난 엄마다. 난 엄마고 우리 애들을 책임져야 한다. 그렇게 최면을 걸어요. 애들이 내가 살아가는 유일한 목적이자 보람된 일이라고 생각해요. 즐거움이니까. 삶의 흔적이니까. (김경자)

> 공장 같은 곳은 저녁 8시, 9시 일이 끝나니까 애들 때문에 매여서 안 되고. 그래서 일을 계속 찾는 중이에요.(김경자)

자녀는 삶의 유일한 목적이자 보람이지만 동시에 경제적 어려움이 가중되는 장애요인이기도 하다. 여성 가구주들이 겪는 이러한 딜레마는 바로 자녀양육과 관련된 서비스가 적극적으로 제공되지 않는 사회 그리고 자녀양육에 대한 책임을 일차적으로 어머니에게 부과하는 사회라는 맥락에서 발생한다.

자녀양육에 대한 책임은 여성 가구주들이 일을 찾는 데 있어서 노동시간과 집과의 거리, 보육시설의 운영시간 등을 중요하게 고려할 수밖에 없기 때문에 매우 제한된 직종과 고용형태만이 선택된다. 자녀의 연령에 따라서 발생되는 당면문제는 달라진다. 자녀가 어릴수록 보육시설과 보육 서비스 질이 문제가 되고, 초등학생 자녀를 둔 경우 방과 후 지도와 학업지도의 문제, 중고생 자녀는 교육비 지원의 문제가 발생된다(장혜경 외, 2001). 초등학교 저학년 자녀를 둔 이기남은 집에서 인터넷 학습지 교사를 하다가 소득을 좀 더 높이기 위해서 투잡(two job)을 시도하였지만 좌절되면서 다시 재택노동을 하였다.

> 아이가 어려서 할 수 있는 일이 별로 없어요. 1월달에는 투잡을 하려고 보험설계교육을 받고 5일 일했는데 그만 두었어요. 안 되겠더라구요. 그동안 아이가 너무나 방치되는 거야. 아이가 잠옷 바람으로 하루종일 집에서 엄마 기다리고 상 차려 놓은 것 먹구 그렇게 기다리는데 학원을 보낼 형편도 아니고. 아이고 안 되겠구나. 도로 재택으로 주저앉아서 올해 1년만 더 고생을 해보고. 그 다음에 내가 할 수 있는. 그러면 내 나이가 마흔 여섯이에요. 사실 갈 데가 없어요.(이기남)

대학을 졸업한 덕분에 인터넷 교사가 될 수 있었던 이기남이지만 일정 규모의 회원을 지속적으로 관리해야 하는 스트레스와 저임금으로 다른 일자리를 구하고 있다. 그러나 그 과정에서 자녀의 문제는 직종선택의 폭을 좁히면서 경제적 어려움을 지속시킨다. 연구 참여자들은 빚과 자녀를 떠맡고 주변적인 노동시장에 진입하게 되면서 점점 더 자신감을 잃어 가고 있다.

> 몇천만 원을 떠안아야 되고, 애들 키워야 되고. 아무 것도 없는 상태에서. 임대 아파트도 월세식으로 관리비가 나오고 또 임대료가 있어요. 고정적으로 나가야 되니까 자신감이 없어져요. 버팅기는게 오히려 아니다 싶은 거예요. 조금씩 나아지는 게 아니라 점점 저 나빠지는.(박수영)

보살핌에 대한 책임의 성별화된 분업 구조에서 여성들이 살아가기 위해서는 국가에 절대적으로 의존할 수밖에 없다. 여성에게 빈곤과 복지에의 의존은 보살핌 노동을 수행한 대가인 것이다(Lister, 1990; Folbre, 2001). 그러나 우리나라에서 저소득 여성 가구주에게 제공되는 복지는 극소수의 절대빈곤층에 대한 최후의, 최소한의 보호라는 특성을 지니고 있다. 이처럼 저소득모자가구에 대한 최후의 최소한의 보호를 제공하는 근저에는 '실패한 여성'들에 대한 국가의 복지정책은 마치 열등처우의 원칙과 같이 이들이 '훌륭한 가정주부'보다 더 나은 삶을 살아서는 안 된다는 인식이 있다(송다영, 2003: 303). 보살핌에 대한 사회적 지원이 부적절한 것 역시 자녀양육에 대한 책임을 개별 여성에게 부과하기 때문이여 이러한 조건으로 여성 가구주는 빈곤에서 쉽게 벗어나기 어렵다.

2) 복지 수혜와 낙인

여성 가구주들은 자신이 버는 임금으로 자녀를 키우고 생활하는 것이 불가능하다고 판단될 때 복지의 도움을 요청한다. 그러나 복지 수혜를 받을 수 있는 자격을 갖추는 것은 상당히 제한적이다. 우선 이혼이나 사별을 통해서 남편이 없다는 것을 분명하게 증명할 수 있는 경우에는 조금 더 수월하게 복지의 수혜를 받을 수 있지만 서류상으로 남편이 있다는 사실이 확인되는 경우 복지 자격에서 탈락되기 쉽다. 복지의 장에서 여성 가구주들이 복지 자원을 획득하기 위해서는 그들의 생계조건을 '자원화'해야 한다. 즉, 사람들에게 끊임없이 자신의 '가난한 처지'를 확인시켜야 필요한 자원을 얻을 수 있다(유연정, 2005: 76). 이영미는 법정 모자가정이 되기 위해서 자신이 실제 벌고 있는 소득액보다 50만 원 더 적게 받는 것으로 서류를 꾸민 부정 수급자이다. 하지만 이영미의 부정 수급은 아무리 열심히 일을 해도 빈곤상태에서 벗어날 수 없는 현실에서 살아남기 위한 몸부림일 뿐이다. 이영미는 법정 모자가정이 되면서 중학생 자녀와 고등학생 자녀의 학비와 급식비를 지원 받고 있다.

> 난 무슨 생각을 했냐면 이혼하고 법정 모자가정 그거 하려고 했어요. 그거하면 내가 벌고 해서 살아갈 수 있으니까. 힘든 대로. 이거(법정모자가정) 안 됐으면 정말 힘들었을 거 같아요. 그래도 주위에서 도와줘서 살아갈 희망이 있죠.(이영미)

서류상 남편이 있는 여성의 경우 복지의 수혜를 받기 어렵기 때문에 가출신고와 행방불명 신고를 통해서 서류상 남편의 기록을 말소시켜야 한다. 김경숙 역시 '먹고 살기 위해서' 주민등록에서 남편의 기록을 말소시켰다. 노동이 불가능할 정도로 몸이 아픈 상태에서 아이 넷과 살기 위해서는 복지 수혜자가 되는 것이 유일한 길이었다.

아이들과 먹고 살아야 하니까 말소를 시켰어요. 남편이 있으면 혜택을 받지 못하니까. 행방불명으로. 집에 오지 않는 거 다 아니까.(김경숙)

유연정은 여성 가구주의 국민기초생활보장 수급 경험에 대한 분석을 통해서 여성 가구주가 수급 선정을 받기 위해 남편의 '결핍'을 과잉되게 드러내는 과정에서 여성 수급자는 가구 결핍을 갖는 자라는 정형화된(stereotyped) 이미지가 만들어진다고 분석하였다. 즉, 빈곤정책에서 전제하고 있는 부양의무자 기준은 여성들이 빈곤현실을 은폐시키는 이유이며 여성 수급자를 가구 결핍을 갖는 집단적 범주로 인식하게 만드는 조건이다(유연정, 2005: 53~65). 복지 수혜를 받는 가구는 결핍된 가구라는 낙인은 사춘기 자녀를 키우는 여성 가구주들이 가장 우려하는 부분이다. 최은희는 법정 모자가구가 됨으로써 자녀에게 상처를 줄 수도 있다는 판단으로 복지 수혜를 거부하고 있다.

모자가정 신청도 아이들이 어렸을 때에는 상처를 줄까봐 그까짓 보조금 뭐 얼마큼 하냐 해서 신청 안 했는데.(최은희)

"그까짓 보조금" 때문에 아이들 상처를 받지 않게 하겠다던 최은희는 큰 자녀가 중학생이 되면서 그리고 자신의 실업상태가 일 년이 넘어가면서 자신이 판단이 잘못되었다고 말한다. 그러나 국민기초생활보장법 수급자인 박수영은 복지 수혜에 대한 낙인 때문에 수혜자격을 갖추었어도 자녀들 급식비를 내고 있다.

급식비는 제가 내요. (왜요?) 안 내도 되는데. 하루는 큰 애가 와서 밥 먹는데 너무 너무 불편하다는 거예요. 학교에서 돈 안내고 먹는 애들은 표시가 나나 봐요. 표시가 안 나면 좋은데 애는 돈 안 내고 먹는 아이 그런 표시가 난대요. 너무 너무 가슴이 아팠죠. 세상에. 애가 먹고 자라는데 그걸 가시밥을 먹고 아이구(울음을 터뜨림) 참 너무 기가 막히더라구요. 내가 그래 가지고 무슨 수를 써도 딴 건 몰라도 급식비는 내자고. 작은 애도 그냥 내가 내고 있어요.(박수영)

박수영은 자신이 받아야 할 권리로서의 복지수혜를 거부하고 있다. 복지에 대한 부정적 시선과 편견으로부터 자녀를 보호할 수 있는 방법은 복지 수혜를 거부하는 것이며 그 결과 박수영은 복지 수혜를 통해서 탈빈곤의 가능성이 더욱 어려워지고 있다. 두 아이의 한 달 급식비로 지출되는 10만 원은 박수영의 한 달 소득의 10%를 넘게 차지하는 비중으로 적은 액수가 아니다. 그러나 복지의 자원을 적극적으로 활용할수록 자녀가 상처를 받는 상황은 아무리 경제적으로 어려워도 급식비를 자신이 지출하는 이유이다. 자녀가 장애를 가진 경우에도 복지 자원을 적극적으로 활용하지 않는 이유는 바로 복지에 대한 부정적인 시선 때문이다.

우리 딸내미 중학교 입학했을 때 복지관에 껌을 돌렸어요. 초등학교만 졸업해도 감사한데 중학교에 입학을 하니 너무 감사한거야. 그러다가 이번에 고등학교를 보내는데 장애인이라고 받아주지를 않는거야. 장애인 등록을 안 했음에도 불구하고. 내가 왜 등록을 안 했냐면 여자니까 시집은 보내야 하니까. 그런데 3학년 올라가니까 이거 안 되겠다고 하더라고. 애가 장애인이니까 장애인증 따서 어떻게 하라고. 그래서 등록을 했어. 그러니까 시댁에서 딸내미 장애인 만들어서, 아들내미 장애인 만들어서 얼마 받아쳐 먹냐는 거야.(이순자)

이순자의 딸은 뇌병변 장애 2급, 아들은 정신지체 장애 2급이다. 아들은 장애를 발견하면서 장애인 등록을 한 반면 딸은 고등학교 입학 전까지 장애인 등록을 하지 않았다. "여자니까 시집은 보내야 하니까" 공식적으로 장애인으로 판정을 받게 되면 결혼에 지장이 있으리라는 판단이었다. 그러나 고등학교 입학과정에서 거부되면서 장애인 등록을 하게 되었지만 주위의 시선은 따갑기만 하다. 시댁식구들은 자식들을 장애인 만들어서 "얼마나 받아쳐 먹냐"고 비난한다. 복지가 권리가 아닌 낙인이 되는 이유 중 하나는 바로 남성 생계 부양자 가족을 중심으로 다양한 가족형태를 위계화하는 시각에 기반한다. 남성 생계 부양자가 없는 여성 가구주 가구, 남성이 생계 부양의 역할을 못하는 장애인 가구 등은 모두 정상에서 벗어난 비정상 그리고 결핍된 가구이기 때문에 복지의 수혜를 받는다는 인식이 강하게 깔려 있다.

복지에 대한 낙인에도 불구하고 복지 수혜자가 된다 하더라도 자녀 양육과 교육 문제를 해결하기에는 너무도 제한된 지원일 뿐이다. 김경숙의 빈곤상황은 자녀들의 교육기회 박탈로 이어지면서 빈곤의 대물림으로 이어질 가능성이 높아 보인다.

> 한 달에 94만 원 시에서 받으면 집세 30만 원 나가고, 아이들 학원비 20만 원, 수돗세, 가스비 그런거 10만 원. 나머지 20만 원 정도. 그리고 교회에서 10만 원 나오는 거 30만 원 가지고 사는 거예요. 어느 때는 너무 힘들어요. 딸 유치원 준비물, 현장학습 가는 것. 초등학교 준비물 있고. 이번 중학교 시험에 붙으면 한 아이만 하라고. 할 때 같이 하면 안 되니까. 아이들은 아닌 거야. 할 때 같이 했으면 하는 거야.(김경숙)

학교 부적응으로 중학교를 중퇴한 큰 딸과 둘째 딸은 지금 검정고시 준비를 하고 있다. 유치원에 다니는 딸과 초등학교에 다니는 딸도 함께 키우고 있는 김경숙에게 학원비로 매달 20만 원씩 지출해야 하는 상황은 경제적 상황을 더욱 악화시키는 조건이다. 검정고시에 합격을 했다 할지라도 지금 상황으로는 두 아이 동시에 고등학교에 보낼 자신이 없다고 한다. 이러한 조건 때문인지 김경숙은 아이들에게 "착하게만" 자라주기를 바랄 뿐이지 공부하라는 말은 전혀 하지 않는다.

10장
가족 신화와
배제의 악순환

신화(myth)란 특정 대상에 대한 잘못된 신념 혹은 믿음으로서 신화의 대상자들의 적극적이고 긍정적인 문제 해결 모색을 방해한다. 신화를 근거로 한 외부로부터의 부정적인 피드백 또한 이들로 하여금 부정적 자아상을 갖게 하여 적극적인 문제해결을 저해하게 만든다(김인숙, 2000: 246). 여성 가구주에 대한 부정적인 사회적 시선은[1] 이들이 빈곤에 적극적으로 대처하는 데 장애요인으로 작동되고 있다. 가족형태의 다

---

1 우리나라 TV드라마 분석을 통한 연구 결과를 근거로 여성 가구주에 대한 우리 사회의 신화로 여겨지는 것은 다음과 같다. ①편모여성은 무엇인가 적응에 문제가 있는 사람이다. ②편모여성은 불행한 사람이다. ③편모여성의 불행은 남성을 만남으로써 해소된다. ④편모여성은 자녀를 잘 키울 수 없다. ⑤편모여성은 남성에 의존할 수밖에 없다. ⑥편모여성은 성적인 문제를 해결하지 못하기 때문에 불행하다. ⑦편모여성은 팔자가 센 사람이다. ⑧편모여성은 전문직업인이 될 수 없다. ⑨편모여성이 키운 자녀는 무엇인가 문제를 가진다. ⑩편모여성이 노인이 되면 괴팍한 성격의 소유자가 된다. ⑪편모여성은 함부로 대해도 상관없다(김인숙 외, 2000: 246).

양성을 수용하지 못한 정상가족 이데올로기와 모성 규범은 여성 가구주들의 사회활동을 고립시키기도 하고 노동권을 심각하게 위협하기도 한다.

1) 사회적 고립과 위협받는 노동권

급격한 이혼율의 증가로 인한 가족해체는 여성 가구주 빈곤화의 원인으로 지적되면서 심각한 사회문제로 인식되어 왔다. 그러나 연구 참여자 중 가족해체로 빈곤해진 것이 아니라 가족보호의 결과로서 경제적 궁핍이 심화되었고 이 상황에서 벗어나기 위한 적극적인 노력으로서 이혼과 별거를 선택하였다고 이야기하기도 한다.

> 새벽에 생활지 배포하러 나가면 (남편이) 새벽에 골목에 있다가 목 조르고 그러고. 그래서 제가 바로 파출소로 들어가서 그때부터 별거생활을 시작했어요. 그러다가 애들 데리고 살아야 할 것 같아서 제가 서류정리를 완전히 해버렸어요. 난 무슨 생각을 했냐면 이혼하고 법정 모자가정. 그거 하려고 했어요. 그거하면 내가 벌고 해서 살아갈 수 있으니까, 힘든대로. 내가 아버지 없이 살아 봐서. 아버지 빈자리 이런 거 생각해서 가능한 굳혀서 살려고 했는데 끝내는 그게 안 되더라구요. 이거 때문에 이혼도 늦어졌어요. 그거 때문에 17년이라는 시간이 흘렀어요.(이영미)

> 노름만 하지 않으면 살 것 같아요. 노름을 해서 본전을 찾을 것 같은 그런 생각을 하는 것 같아요. 돈이 너무 딸리고 애들을 키워야 하니까 이혼을 하자고 하니까 안 해준다고 해서 겨우 겨우 달래서 별거를 했어요. 이혼신고가 안 되어 있고. 그런데 혜택을 받아야 하니까 동네사람들이 (주민등록) 말소를 시키라고 하더라고. 안 오니까. 내가 너무 힘들고 살아야 하고 애들

을 가르쳐야 하니까 말소를 시켰어요. 연락두절, 가출로. 지금 뭘 하는지 모르겠어요. 한 번씩은 폰전화를 알아서 와요. (남편이 생활비를 보낸 적이 있나요?) 생활비를 받을 생각은 전혀 생각도 안 하고. 오히려 나에게 안 뜯어가면 다행이라고 생각을 하는 거죠. 정말 합치기 싫고 지금 내가 합친다고 생각하면 내가 자살을 하거나 뛰쳐나갈 것 같아.(김경숙)

이영미와 김경숙에게 가족 '해체'는 빈곤의 원인이 아니라 가족의 빈곤상황이 악화되는 것을 막기 위해서, 즉 가족 '보호'를 위한 선택이었다. 이영미는 알코올중독자인 남편으로부터 지속적인 폭력과 생계활동의 방해를 견디다가 이혼을 하였고, 김경숙은 남편으로부터의 경제적 착취에서 벗어나기 위해서 별거를 하였다. 이들에게 가족 '해체'는 자신과 아이들을 지킬 수 있는 가장 현실적인 대안이었다. 결혼생활 동안 실질적인 생계 부양자로서 일을 해온 이들과는 달리 배우자의 사업실패로 빈곤층으로 유입된 경우에도 가족을 경제적 궁핍 상황에서 보호하기 위한 대안 중 하나로 선택하는 것이 바로 가족 '해체'이다.

당신(남편)이 애들도 책임을 안 지는 상황에서 나는 애들 결혼할 때까지는 내가 책임을 져야 하니까 이혼을 해달라고 했어요. 그러니까 별거를 하자고 하더라구요. 내가 여성가장이 돼야 뭐 어디 점포인가 뭔가 그런 거 창업하는 거에 도움도 받고 그래야 내가 애들 키우고 살 테니까 그렇게(이혼) 하자고 했어요. 안 한다고 하는 걸 달래가지고 했어요.(박수영)

법적으로 벗어난 게 그렇게 정리한 게 너무 홀가분해요. 내가 마치 그 사람 굴레에서 빠져나온 것 같은, 긴 암흑에서 긴 터널에서 나온 기분. (법적으로 아내와 남편으로 묶여 있다는 것은 어떤 의미인가요?) 나는 그런 것 같아. 애가 아빠가 기존에 채무가 참 많았어요. 난 그것이 참 싫었어요. 채권자가 찾아와서 언성 높이지. 그 사람의 채무로부터 애들을

보호하는 길은 이것밖에 없었어요.(김경자)

박수영과 김경자는 남편의 사업실패로 경제적 상황이 악화되었고 그 과정에서 보여준 배우자의 태도에 실망하면서 이혼을 하게 되었다. 빚과 아이 양육의 짐을 혼자 책임지면서까지 이혼을 하게 되는 것은 '애들을 보호'함으로써 가족을 '보호'하기 위해서이다.

그러나 부부와 그들의 자녀로 구성된 가족만을 정상가족으로 인정하는 규범은 가족을 '보호'하기 위해서 가족을 '해체'한 이들을 사회적으로 고립시킨다. 한부모 가족을 형성한 사례 여성들은 '가족해체'를 한 '결손 가정'이라는 시선 때문에 심리적 고립감을 느낀다고 이야기한다.

> 가장 힘든 게 고립감. 가끔 그래요. 나는 이혼한 사람이잖아요. 남편과 살 때는 남들이 깔보고 그런 것은 없잖아요. 남들이 나를 무시하는 거. 대화를 하다보면 어느 정도까지만 대화가 되지 그 이상은 따로 따로 놀기 마련이고 고립이 되는 거예요. 그것을 안고 있으면 병이 되고, 내가 자꾸 자꾸 작아져요. 자신감이 없어지고.(이영미)

이영미는 직장에서 동료들이 자신을 바라보는 시선 때문에 상당한 스트레스를 받는다고 한다. 자신을 새싹에 비유했던 자신감은 "남들이 깔보고", "남들이 무시"하면서 조금씩 줄어들고 있다. 결혼의 내용이나 질과는 상관없이 결혼을 하고 그것을 유지하는 것만이 정상으로 여겨지는 사회에서 결혼 제도 밖에 있는 사람들은 비정상 집단이 된다(김혜련, 1993: 140). 이러한 이유로 한부모 가족은 정상가족이 아니며 가족이 해체되었다고 믿는 규범은 여성 가구주의 빈곤을 가중시키고 있다.

> 오영숙 : 제가 주님을 못 만났으면 내 현실을 용납을 못했을 거예요. 용

납을 못하고 어디 정신병원에 가든지, 너무 너무 우울증에 빠져서 가정이 제대로 안 됐을 거예요.

연구자 : 가장 힘들 때 교인들에게 의지하나요?

오영숙 : 아무도 안 해요. 지금 교회에서는 몰라요. 제가 이혼한 거.

연구자 : 왜 말을 안 하셨어요?

오영숙 : 별로 덕이 안 돼요.

연구자 : 어떻게, 왜 덕이 안 돼요?

오영숙 : 하나님이 원하시는 것은 온전한 가정을 원하시는데, 내 나름대로 내 생각대로 지금 깬 거잖아요. 그러니까 덕이 안 되고.

연구자 : 그래도 깬 것은 당당한 요구 아니었나요?

오영숙 : 그래도. 그래도 제 생각으로는 하나님이 이렇게 온전하지 못한 사람을 붙여 준 것은 그 사람을 나로 하여금 변화시키고, 온전하게 하나님 길을 갈 수 있도록 그렇게 좀 변화시키라고 그 사람을 나에게 붙여준거다라는 생각이 들어요.

오영숙에게 이혼은 처음으로 꿀잠을 잘 수 있었던 계기였지만 동시에 그 자체로 "온전한 가정"을 깬 것이 되기도 한다. 연구 참여자들이 보여준 이러한 비일관성은 바로 현실의 가족과 이념으로서의 가족 간의 간극을 보여주는 단면이다. 이념으로서의 가족 안에서 여성은 아내로서 "온전하지 못한 사람(남편)"을 변화시켜야 할 의무가 있기 때문에 오영숙은 해방을 이야기하면서 동시에 죄책감을 느낀다. 정상가족 규범은 여성 가구주들이 "사회구성원임에도 불구하고 아웃사이더 영역에 있다는 생각"을 느끼게 함으로써 사회적 고립을 발생시키는 강력한 힘으로 작동된다.

며칠 전에 학교에서 가정환경조사표 나왔어요. 한부모 모자가정, 부자가정이면 좋을텐데 가족구성원해서 편부, 편모로 표기 되어서. 이것은 결손가정으로 들어가는 거잖아요. 전체 사회 흐름은 바뀌고 있지만 체제는 아직 안 바뀌고 있다는 생각이 들어요. 사회구성원임에도 불구하고 전체 사회구성원이면서도 한쪽으로 치우친다는 느낌. 아웃사이더 영역에 있다는 생각이 들어요.(이기남)

여성 가구주에 대한 부정적 시선은 이들의 사회적 관계를 고립시킴으로써 또 다른 차별을 발생시킨다. 특히 한부모 여성 가구주는 결혼 제도 밖에 있는 여성, 즉 남성 가장이 없는 여성, 주인 없는 여성이라는 인식에 기반 하여 직장 내 동료와 상사 등에 의해 쉽게 성적 대상화되면서 여성 가구주의 노동권을 심각하게 침해하고 있다. 여성 가구주들은 아내라는 지위에서 벗어나 생계 부양자로서 일을 하게 될 때 경제적 주체로서 동등하게 존중되기보다는 성적인 대상으로서 자신이 인식된다는 사실에 당황한다. '임자 없는 몸'으로서 여성 가구주는 남성들에 의해 쉽게 접근될 수 있는 대상인 것이다.

직장생활을 남자와 같이 하다 보니까 이혼한 사실을 아니까 남자들이 가만히 안 놔두죠. 어떻게 해볼까 하고. 내가 이렇게 살다보니까 억센가 봐요. 얘기를 들어보니까 남자들에게 왕따거든요. 왜냐하면 여자다운 맛이 하나도 없다는 거야. 너무 세파에 시달렸다고 하나. 그래서 여자다운 맛이 전혀 없다고 해요. (그런 말 들으면 어떠세요?) 안 좋지요. 저는 웃으면서 그래요. '나는 모양만 여자야~' 난 늘상 그러거든요. 제 성격이 숨기고 그런 스타일이 아니고 일이 있으면 나서서 일하기 좋아하고, 몸이 힘들어도 좋아하고 그러다보니까 남자들이 자꾸 튄다고 그런 이야기가 나와서 스트레스를 받아요. 여자들이 보기에는 애 데리고 살려고 노력하고 긍정적인 것으로 보이지만 남자들이 보기에는 그렇지 않나 봐요. 여자가 보는 눈과 남자가 보는 눈이 다른가 봐요. 저는 인상은 편안하다고 그러는데. 스트레스를. 여자 혼자다 보니까 어떻게 좀 쉽게 생각을 하는 것 같아요. 여자 혼자 사니까 내가 어떻게 해도 괜찮다 그런 식으로. 그러다보니까 남자들이 "수고했어, 고생했어" 그렇게 하잖아요. 그런데 (어깨와 팔을 주무르며) "수고했어, 고생했어"(비음이 섞인 목소리로) 하면서 막 주물 주물 하는 거예요. 그래서 내가 "싫다"는 표현을 짤라서 했거든요. 그래도 두세 번 반복이 되어서 우리 회사에 나이든 아주머니와 얘기를 했어요. 그런데 또 그런 현상이 나와서 제가 소리를 크게 질렀어요. 그때부터 저를 막 무시를 하더라구요.(이영미)

이영미는 연구 참여자 중 소득이 가장 많다. 운전 경력이 있었기 때문에 정보지 배달 일을 구할 수 있었다. 새벽 4시에 시작해서 오후 5시 정도에 끝나는 고된 일이지만 일하는 능력을 인정받아 고용은 안정적인 편이다. '여성 직종'이 아니라 '남성 직종'에서 일을 하게 되면서 다른 연구 참여자들에 비해서 상대적으로 고임금을 받을 수 있지만 남성 동료들에 의한 성희롱은 이영미의 노동권을 심각하게 위협한다. 이영미의 일에 대한 적극적인 태도와 능력은 남자동료들에 의해서 "여자다운 맛이 전혀 없다"는 것으로 평가된다. 이러한 평가는 남성들의 성희롱에 대해서 이영미가 노골적인 거부를 표시했을 때 표출된다. 성희롱에 대한 거부는 남자 동료들의 보복으로 이어진다. '주인 없는 여자'를 건드릴 수 있는 자신의 성적 욕망이 거부될 때 그 불쾌감은 "무뚝뚝하고 그러니까 이혼했지, 저러니까 남편이 싫어했지"라는 집단적 언설을 퍼트리면서 드러낸다. 이혼한 여자는 '주인 없는 여자'이기 때문에 자신이 '잠재적인 주인'이 될 수 있다는 욕망을 드러내는데 그것이 좌절될 때 상대를 비난할 수 있는 최고의 무기는 바로 이혼 사실에 대해서 비난하기이다. '무뚝뚝함'은 이혼의 원인이 되고 직장에서 동료들과 원만히 생활할 수 없는 문제로 부각된다.[2] 이러한 동료들의 평가에 이영

---

2 여성임과 '여성다움'의 이상은 결혼과 어머니임에 매우 밀접한 관련을 가지는 것으

미는 어떻게 해야 할지 매우 당혹스럽다. '여자다운 맛'은 자신을 "싸구려"로 "질 낮은 여자"로 보이게 할 것 같아서 그렇게 하고 싶지 않고, 자신의 일에만 충실하려고 하니 '여자다운 맛'이 없다고 자신을 고립시킨다. 이영미는 "이래도 안주거리, 저래도 안주거리"인 이 직장에서 평생 일할 자신이 점점 없어지면서 이직을 고민하고 있다.

> 제가 주눅이 들어요. 회사가도 말도 하기 싫고. (그렇다고 옮길 수도 없잖아요?) 없지요. 그만한 월급을 주는 곳도 없고. 이 직장을 그만두고 싶다는 생각을 하고 있죠. 힘들 때마다 확확 올라와요. 그만두고 싶을 정도로. 그래서 지금은 대형면허를 따고 싶어요. 그래서 버스기사 같은 거 하고 싶어요.(이영미)

직장 내 성희롱은 여성의 노동권을 심각하게 침해한다. 직장 내 성희롱의 피해에 관한 연구들은 직장 내 성희롱이 피해자의 근무 의욕을 상실한다는 점을 지적하여 왔다.[3] 이영미는 지금 성희롱으로 심각한 갈등을 겪고 있지만 최은희와 김영아의 경우에는 성희롱을 계기로 일을 중단한 경험이 있는 사례이다.

> 여자가 일을 한다고 하면 성적인 것과 많이 연결이 되요. 사회생활이라는 게 조직생활에 들어가는 건데 거기가 어떠냐면. 대학 나오고 30대 초

로 정의되었기 때문에 비혼여성 또는 과부가 될 여성은 점차 비여성적이고, 위협적이며, 주변적인 사람으로 인지되었다(기틴스, 2001: 72).

3 1999년 한국여성민우회의 조사에 의하면 응답자의 96.6%가 직장 내 성희롱이 피해자의 근로 조건과 근무 환경에 영향을 미친다고 답하고 있다. 구체적으로는 '같은 공간에서 함께 일하기가 싫어진다'(57.2%), '일의 능률이 떨어진다'(14.6%), '위축감을 느낀다'(9.4%), '회사 가기가 싫어진다'(8.8%) 등이다(강이수·신경아, 2001: 263에서 재인용).

반이. 내가 아줌마잖아요. 남편은 없어도 기혼이고 나이가 내가 많잖아. 그런데 회식자리에서 은근슬쩍 건드리려고 해요. 그런데 일적으로 조직자체에서 보면 나보다 직급이 위잖아요. 상당히 불리하잖아요. 여자가 성희롱을 당하고도 이야기하지 못하는 것은 자기가 불이익을 당할까봐 그렇잖아요. 그런 것도 걸리는 거야. 미스일 때는 차라리 편했어. 어~ 내가 미스여서 그런가보다. 총각들이 그러니까. 나이 들어 일을 가지니까 이런 문제가 있네. 막 그게 진짜 내가 붙들어야 할 일이고 이거 외에는 일이 없고 그러면 끝까지 버티고 그럴지 모르겠는데 기회가 되면 옮겨야지 그런 생각이 또 들어가는 거야.(최은희)

　제가 이삿짐센터에서 경리를 봤는데 현금이 많이 들어오니까 등본을 가져오라고 하더라구요. 아빠(남편)는 없고, 나 혼자 되어 있잖아요. 그러니까 슬슬 밥을 먹으러 가자는 둥, 그러는 거예요. 그래서 한 달 안 채우고 그만 두었어요.(김영아)

　우리 사회에서 '기혼여성'은 '주인 있는 여자'라는 인식이 있기 때문에 사회생활에서 남성들에 의해 쉽게 성희롱의 대상이 되지 않는다. '주인 있는 여자'를 건드리지 않는 것은 가부장제 사회에서 남성들 간에 공유되는 암묵적인 약속이기 때문이다. 이런 의미에서 이혼한 여성은 가장 쉽게 건드려볼 수 있는 대상이 될 수 있다. '한 번 깨진 그릇'이라는 관념은 미혼여성보다 '주인'이 없는 이혼한 여자가 더 쉽게 성적 대상으로 인식되게 한다. 이혼한 여성을 한 번 찔러보는 것은 도덕적으로 크게 비난받을 만한 행동이 아니기 때문에 매우 공공연하게 그리고 남성들 간의 집단적 공모에 의해서 이루어진다.

　과장하고 왔어요. "힘드셨겠어요." 그러면서 그 젊은 사람이 하는 말이 그 가게 서류상으로 안 돼도 우리 과장님께 잘 보여서 얼마를 대출을 받았다는 둥 그러는 거예요. 그러면서 여기 몇 시쯤 되면 노래방을 갈 수 있냐고 해요. "그럴 수는 없는데요. 아~ 정산하고 무슨 노래방을 가요. 그리고 저는 노래방 그런데 안 가봐서 모르는데요." 전혀 그러고 싶지 않은 거야. 내가 정말 감사하는 마음에서 형식으로 할 수는 있겠지만 네가 얼만큼 잘보여서 하면 내가 해줄게. 그런 형식이면 이건 아니잖아요. 그건 아니라고 하니까. 젊은 사람이 아~이 우리 과장님이 뭐 능력이 있으시고, 파워가 있으신 분인데 뭐 잘못 보이면 좀 어려운데~ 젊은 사람이 그런 식으로 이야기를 하더라고. 그 사람은 가만히 있는데. 그 젊은 사람이 앞자리 깔아놓는 거지. 본인이 못하니까. 아래가 와서 뭐라고 띄우는 거예요. 제가 마음이 엄청 다쳤어요. 이혼했다는 거 서류상에 다 나오잖아요. 등본부터 가게 계약서부터 서류가 다 있잖아요. 그러니까 그러면서 그러는 거죠. 별거 다 물어봐요. 왜 그렇게(이혼) 됐냐까지 물어봐요. 상관도 없지만 그냥 다 이야기하게 되요. 서류를 보면서 이야기하니까. 상황을 알아야 되니까 그러겠죠. 그날 그런 식으로 하더니 "아~ 뭐 영업시간 때문에 그러는가 보네 우리 어디 가 가지고 당구 한 게임 치고 오지" 그러더라고 그리고 한 10시쯤 오더라고. 그리고 가면서 막말로 3만 원어치 먹었다. 그러면 2만 원을 내놓으면서 "이거면 원가는 되지요?" 그러면서 가 가지고 그 다음에 와서는 만 원을 딱 주면서 "이거 원가는 되지요?" 그러고 갔어요. 뭐 나이트를 가든지, 노래방을 가자고 그러더라구요. 여기 아줌마도 있는데 뭐 이 시간에 이러냐고. 막 말이 여기까지(목을 가리키며) 나오더라구요. 니네들이 그 자리에 있으면서 오죽한 마음이면 (내가) 갔는데 너희들까지 힘든 사람을 땅바닥에까지 떨어뜨려야 되겠냐. 이 속에서 뭐가 울컥울컥 올라 오는 거야. "아~ 그럼 힘들겠군" 그러면서 가는 거야. 그러더니 다시는 안 와. 나도 안 갔지만. 그날 솔직히 일찍 문을 닫아 버렸어요. 재수 없는 놈들 때문에 여기서 자꾸 울분이 올라오는 거야. 장사한 지 얼마 안 됐는데 그러면 안 되잖아요. 그날 집에 가서 대성통곡하고 울었다는 거 아니에요. 내가 이러고 살아야 하는가.(임은수)

임은수는 여성가장 창업자금 지원금을 받는 과정에서 자신의 성적 서비스를 원하는 공무원들을 만나면서 국가도 믿을 수 없게 되었다고 한다. 이혼에 대한 주위의 차가운 시선 때문에 낯선 지역으로 이사 와서 처음 빈대떡 장사를 시작하면서 겪었던 일이었기에 임은수는 이혼한 여성에게 가해지는 사회적 폭력을 더욱 실감할 수 있었다고 한다. 하위직 남성 공무원은 자신의 사회생활을 잘 하기 위해 상사에게 바칠 수 있는 상납의 대상으로 힘없고 가난한 여성가장을 선택하고, 관리직 남성 공무원은 그것을 묵인하고 즐기면서 더욱 부추긴다. 이혼한 여자는 남자들이 함께 공모하여 즐겨도 되는 성적 대상으로 인식된다는 점에서 집단적 성폭력의 대상이 되고 있다. 이혼한 여성은 '울타리가 없는', '임자가 없는' 여자로 쉽게 성적 대상화되면서 경제적 주체에서 배제된다.

2) 좋은 어머니와 자아 배제

여성 가구주들이 일을 선택할 때 중요하게 고려하는 요인은 무엇인가? 지금까지 나온 몇몇 연구에 의하면 여성 가구주들은 임금을 가장 중요하게 생각하며, 그 다음으로 고려하는 것이 바로 가사와 자녀양육의 병행이라고 한다(박영란, 1998; 김경희, 1998; 박경숙·박능후, 2001). 자녀양육에 대한 책임을 일차적으로 어머니에게 부과하는 사회에서 여성 가구주들은 끊임없이 일과 모성 간의 갈등을 경험할 수밖에 없다. 이러한 갈등은 여성 가구주만의 문제가 아니라 기혼여성들이 일을 하고자 할 때 부딪히는 문제이다. 하지만 여성 가구주의 경우 모성 역할과 취업은 선택적인 것이 아니라는 점에서 그리고 모성 역할을 수행하기 위해서는 취업이 불가피하다는 점에서 기혼 여성노동자의 경험과는 다른 지점에 있다. 여성 가구주의 모성 역할과 사회참여는 서로 배타적인 것이 아니라, 자녀를 키우고 교육시키기 위해서 경제활동을 해야만 하는 저소득층 여성 가구주에게는 경제활동이란 모성 역할 수행의 일부분인 것이다(김경애, 1999).

그러나 우리 사회에서 모자가구를 '결손가정'이라는 사회적 낙인을 찍는 시선으로 바라보기 때문에 여성 가구주들은 자녀양육·교육과 관련된 모성 역할의 도덕적 책임감을 더욱 깊이 받아들이고 있다. 연구 참여자들은 어머니로서의 역할과 생계 부양자로서의 역할 간의 갈등 경험을 이야기하면서 자신이 어머니 역할을 충실히 하지 못하고 있는 것에 대해서 죄책감을 느낀다고 이야기한다.

> 엄마로서 나는 빵점. 좋은 엄마는 자기의 감정을 절제하면서 되도록이면 이야기를 들어주고 사랑을 줄 수 있는. 나는 화나고 바쁠 때 짜증내고. 그럴 수밖에 없는 상황이면서도 그러면 내가 불쌍한 거예요. 아침에 일찍 일어나려면 저녁에 일찍 자야 하는데 말을 하면 아이는 내가 알아서 하는데 잔소리한다고. 그것을 일일이 설명해 주기에는 내가 마음에 여유가 없으니까 큰소리가 나가고. 좋은 엄마는 사랑을 가지고 사랑을 줘야 하는데. 나는 그냥 아이의 엄마예요. 좋은 엄마는 아니에요.(이기남)

'좋은 엄마'는 '자기 감정을 절제'할 줄 알아야 하며, '사랑을 줄 수' 있어야 하지만 일을 하면서 아이를 키워야 하는 상황은 이러한 사랑을 줄 마음의 여유를 갖기 힘들다. 이러한 이유로 이기남은 엄마로서 자신이 빵점이라고 말한다. '좋은 엄마'에 대한 규범은 여성 가구주들이 자신에 대한 긍정적인 이미지를 갖기 어렵게 하는 측면이다. 그러나 '좋은 엄마'에 대한 규범이 일과 갈등하는 양상은 계급적 경험에 따라서 다르게 나타난다. 여성의 위치는 가정이며, 가정에서 여성의 임무는 가족구성원을 돌보고 이들에게 정서적 안정을 제공하는 것이라는 사회적 통념은 남편의 임금으로 가족부양이 가능한 이성애 핵가족 안에서만 실천될 수 있기 때문에 실질적인 생계 부양자로서 일을 해왔던 여성들에게 모성 역할은 일과 대립되기보다는 일에 따라 조절되는 것으로서 위치된다.

> 나는 형식적인 엄마 같아. 나는 돈을 벌 수 밖에 없는. 아이들에게 따뜻하게 마음을 준다거나, 음식을 줘서 즐겁게 해준다거나. 아이들이 학교 갈 때 뒤에서 먼저 바라봐준다거나. 난 지금까지 우리 딸 교복입고 학교 가는 것을 중학교 들어가서 지금까지 본적이 없어. 볼 수가 없어. 그러니 미안한거야. 다른 엄마들은 아침에 일어나서 밥도 챙겨주고 간식거리도 주고 학교 갔다 오면 인사도 하고 그러는데 우리 애들은 그런 게 없잖아요. 아침에 자기들이 일어나서 학교에 가고 학교 갔다 집에 오면 텅 빈 집에 열쇠 따고 들어와야 하고. 아이들 잘 때 보면 미안해요. 어쩔 수 없는 상황이지만 부모로서 해야 할 도리를 못하는거니까.(이영미)

새벽 3시 50분에 출근을 하는 이영미는 딸이 교복을 입고 학교 가는 모습을 본 적이 없다고 한다. 첫 아이를 낳고 그 다음 해에 둘째를 낳은 이영미는 아이를 낳고 3년 쉰 것을 제외하고는 계속 직장생활을 하였다. 이영미에게 '좋은 엄마'는 '아이들에게 따뜻한 마음을 주고, 음식을 해주고, 학교 갈 때 뒤에서 바라봐 주는' 것이다. 이것을 못하는 자신은 '형식적인 엄마'이고 '부모로서 해야 할 도리'를 못하는 엄마가된다. 그러나 자녀들에게 헌신적이며 집중적인 방식의 양육을 수행하는 전업어머니가 아니며 전통적인 어머니 노릇에 직업 노동을 더하는 '슈퍼' 어머니(이재경, 2004: 108)가 아닌 이영미는 '생계 부양자로서의 어

머니' 정체성을 새롭게 구성하고 있다.[4]

반면 중산층 가족 안에서 어머니로서 그리고 아내로서의 역할에만 충실했던 사례들은 경제적 자립을 준비하는 데 있어서 이들이 경험했던 모성 규범은 자립의 가장 큰 장애로 나타나고 있다.

> 왠만하면 아이들이 몇 시간은 혼자 있더라도 저녁 먹을 시간이면 내가 들어오는. 일주일에 한 번 정도는 쉬고. 뭐 보통 조건인데 그런 자리가 별로 없어요. 애들이 없었으면 취업 벌써 했어요. 이판사판 가릴 것 없고, 집에 들어와도 새벽까지 일하고 들어오면 어때요. 애들이 있으니까 그게 있더라고. 정말 못할 일은 좀 피하고 싶고. 예를 들어서 엄마로서 애들에게 떳떳한 일을 하고 싶고. 애들이 스스로 주눅이 들까봐 걱정이 되는 거예요. 아빠가 같이 없는데. 누군가 상처를 줄 수 있고, 그리고 밖에서 들어올 수 있는데. 내가 직업적으로 일적인 것으로 마이너스가 생긴다면 조금 이득이 있다고 해서 애들이 망가지거나 하면. 그 갈등이 항상 심해요. 뭘 시작할 때 항상 애들을 어떻게 해놓고 시작을 해야 하는지 머리가 복잡해져요.(최은희)

최은희는 이혼 전 2년의 별거생활이 있었음에도 불구하고 경제적 자립준비를 거의 하지 못했다. 남편이 생계를 책임질 수도 있다는 막연한 기대와 자립에 대한 두려움은 현실을 외면하는 방식으로 나타났다. 결혼생활 동안 중산층 전업주부로서 전형적인 모성 이데올로기를 실천할

---

4 이재경(2004)은 지금까지의 모성연구가 중산층 중심의 경험에 집중되면서 많은 여성들의 경험이 배제되어 왔음을 비판하면서 노동자계급 여성의 어머니 노릇과 갈등을 분석하였다. 우리 사회에서 중산층 중심의 완벽한 어머니에 대한 이상은 전 계급에 걸쳐 확산되면서 노동자계급 여성들은 스스로 '부족한 어머니'로 정체화하는데, 대부분의 어머니들은 일에 대한 욕구와 좋은 어머니 노릇 사이에서 끊임없이 갈등하고 있는 것으로 분석하고 있다. 이 연구는 모성 경험의 계급적 차이를 드러냄으로써 중산층 중심의 모성연구의 한계를 극복하고 있다는 점에서 매우 큰 의미가 있다.

수 있었던 최은희는 남편의 외도와 폭력으로 이혼을 결심하고 나서도 전업주부가 아닌 삶을 준비하지 못했다. 출생가족에서 보아왔던 중산층 어머니의 모성실천과 자신의 결혼생활에서 실천했던 모성경험은 최은희에게 삶의 기준이 되면서 생계 책임자로서의 역할과 심각하게 갈등하게 된다. 자녀가 중학생과 초등학교 고학년이지만 저녁은 엄마의 손으로 직접 챙겨주고 싶은 최은희는 저녁시간 이후까지 일을 해야 하는 조건의 일은 할 수가 없다. 또한 아빠가 없어서 아이들이 상처를 받을 수 있다는 두려움으로 자신은 애들에게 '떳떳한 일'을 해야 한다는 자아 규제를 한다.

> 여자들에게 일자리는 더 많거든요. 그런데 일다운 일자리가 없어서 그렇지. 노래방 도우미 그런 일들이 많아요. 일자리는 많은데 제가 일할 곳은 없지.(최은희)

여성들이 일을 시작할 때 어떤 일을 할 것인가를 선택하는데 모성 이데올로기는 강력하게 작동된다. 특히 한부모 가구에 대한 '결손가정'이라는 사회적 낙인은 여성들이 더욱 '좋은 어머니'가 되어야 한다는 갈등에 놓이게 한다. 최은희에게 노동시간과 직종의 선택은 '좋은 어머니' 규범과의 갈등 속에서 선택된다. 일자리는 많은데 '좋은 어머니'가 일할 수 있는 그런 조건의 일자리는 부족하다. 최은희가 겪는 갈등은 바로 '좋은 어머니'가 될 수록 '좋은 생계 부양자'가 될 수 없다는 사실에 있다. 기혼 여성들이 노동시장에서 가장 쉽게 접근할 수 있는 직종은 식당 일과 파출부와 같은 비공식 부문의 일이다. 가족의 생계 부양이 가능할 수 있는 정도의 임금을 벌기 위해서는 노동시간이 거의 12시간 이상이며 노동 강도가 매우 강하여 노동력의 폐질화가 빨리 이루어지는 일이다. 그러나 이러한 일은 아무나 할 수 있는 것은 아니다. 오랜 노동 경험으로 이미 몸에 체화된 그런 몸만이 가능한 일이다. 따라서 우리 사회에서 '좋은 어머니'와 '좋은 생계 부양자'의 문제는 계급화된 모성과 계급화된 몸과 연결된다. '좋은 어머니' 규범은 중산층의 모성실천을 기준으로 한 계급화된 모성경험을 의미하며 '좋은 생계 부양자'는 성 차별적인 노동시장에서 고된 노동으로 단련된 계급화된 몸을 가진 자만이 가능하기 때문이다. 이러한 이유로 '좋은 어머니'와 '좋은 생계 부양자'는 양립될 수 없다.

저소득 여성 가구주들에게 취업은 선택사항이 아니다. 생계유지와 양육 그리고 자녀 교육을 위해서 경제활동을 할 수밖에 없으며 경제적 자립이 뒷받침되어야 모성 역할을 제대로 수행할 수 있다. 그러나 여성들이 경험했던 계급적 위치에 따라서 모성 규범은 다양하게 해석되며 선택된다. '좋은 어머니'가 되어야 한다는 사회적 기대는 계급적 경험에 따라서 여성의 경제적 자립과 대립되기도 하고 때로는 '좋은 어머니' 이미지를 전복하기도 한다.

3부 요약

제3부 '배제의 누적과 빈곤의 재생산'에서는 연구 참여자들이 빈곤층이 된 이후 자신의 빈곤화를 어떻게 해석하는지 그리고 빈곤 대응 노력을 좌절시키는 사회적 배제는 무엇인지 살펴보았다.

연구 참여자들에게 빈곤이라는 결과는 단지 소득결핍의 의미만은 아니었다. 가부장적 가족과의 관계 속에서 빈곤은 해방의 의미가 되기도 하고 어떠한 희망도 가질 수 없는 고통으로 해석되기도 한다. 그러나 자신이 경험했던 배제의 맥락에 따라서 해방과 고통의 의미는 다르게 구성되었다.

빈곤의 지속 유형 사례 여성들에게 이혼은 빈곤으로의 추락이 아니라 경제적 착취와 폭력으로부터 벗어나는 것을 의미한다. 즉, 남성 생계 부양자를 상실해서 빈곤에 이르게 된 것이 아니라 남성이 생계 부양자가 되어야 한다는 규범 때문에 빈곤의 악순환이 지속되었다. 이들에게 빈곤은 '가족해체'의 결과가 아니라 가족과의 관계 속에서 형성되었다. 따라서 이 여성들에게 이혼은 경제적·사회적 지위의 하락이 아니라 경제적 부담과 착취에서 벗어날 수 있는 계기였다. 이들에게 빈곤이 남편의 폭력과 부당한 착취에서 벗어난 결과로서의 빈곤, 빈곤의 악순환 고리였던 남편과의 관계를 정리한 결과로서의 빈곤으로 이해될 때 해방의 의미로 구성된다. 그러나 이들의 삶에서 누적되어 온 빈곤의 결과는 이들 출생 가족의 계급적 배경에 의해서 더욱 빈곤의 나락으로 떨어지는 결과를 가져왔다. 생존권을 위협하는 경제적 위기는 고통과 좌절로서의 빈곤으로 의미화된다. 또한 이혼을 하지 못하고 가족을 유지하는 여성들에게 남편은 빈곤을 더욱 가중시키는 존재이지만 가족을 보살펴야 한다는 도덕적 책임감으로 이 관계를 끊을 수도 없기 때문에 희망을 가질 수 없다.

빈곤으로의 유입 유형 사례 여성들은 이혼을 통해 사회·경제적 지위의 하락을 경험했지만 남편의 통제와 부당한 권위로부터 벗어났다는 점에서 빈곤의 결과를 해방으로 해석한다. 남성 생계 부양자/여성 가사 전담자라는 성별분업은 남편에게 아내폭력과 아내에 대한 통제를 가능하게 하는 권력관계로 작동되었기 때문에 이들에게 이혼은 개인의 인권을 보호하는 과정이었다. 이들에게 가족경험은 아내로서 피부양자의 지위로 규정되었기 때문에 개인의 인권, 개인의 노동권과 충돌하는 장이었다. 따라서 이혼을 전후로 빈곤해졌다 하더라도 이들에게 남성 생계 부양규범을 전제한 가족은 빈곤의 대안이 될 수 없다. 어린 시절부터 이혼을 하기까지 경제적 주체로서의 정체성을 가져 본 적이 없는 여성에게 이혼은 심각한 정체성의 혼란을 가져오며 심리적 공포를 경험하게 된다는 점에서 빈곤이라는 결과는 두려움과 좌절로 해석된다.

이와 같이 여성 가구주에게 빈곤은 가족과의 관계 속에서 형성되었다는 점에서 동일한 지점을 공유하게 되지만 계층적 차이에 따라서 개별 여성들이 부딪치는 어려움은 달랐다.

연구 참여자들은 빈곤층이 되기 이전의 삶의 경험에 따라서 빈곤대응 방식에서 차이를 나타냈으며, 이들이 경험하는 사회적 배제의 제 형태들은 각각의 배제 형태들을 강화하면서 빈곤을 재생산하는 것으로 나타났다. 연구 참여자들이 경험하는 사회적 배제는 다차원적이며 이것은 이전 삶 속에서 경험했던 배제의 누적적 특성을 가지면서 다양한 사회적 배제 형태는 더욱 강화되고 있다. 사회적 배제의 다차원성은 바로 가부장적인 가족과 성 차별적 노동시장을 지탱하고 있는 남성 생계 부양자 규범, 모성 규범, 정상가족 규범, 성 역할 규범, 성 규범에 의해 유지되고 재생산되고 있다는 점에서 매우 강고한 형태로 유지된다. 이를 그림으로 나타내면 <그림 3>과 같다.

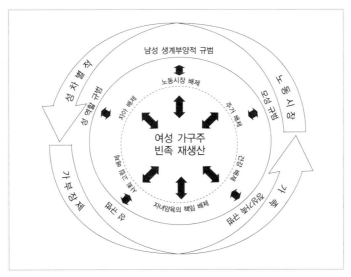

〈그림 3〉 사회적 배제의 형태와 빈곤 재생산

연구 참여자들은 저임금과 고용불안정 그리고 장기간의 실업에 의해 노동시장으로부터의 배제를 경험하는 것으로 나타났다. 빈곤의 지속 유형 사례 여성들은 저학력으로 일찍 노동시장에 진입하여 단순 반복적이면서 주변화 된 노동을 해왔던 경험이 있었다. 이들에게 일은 평생 해왔던 것이며 생존의 차원에서 수행되어 왔던 익숙한 경험이다. 따라서 한부모가 된 후 생계 부양자로서 일을 해야 하는 상황은 정체성 갈등을 동반하지 않는다. 문제는 열악한 노동시장의 조건에서 아무리 열심히 일을 해도 생계유지가 어려운 현실이었다. 이러한 현실에서 생존하기 위해서 이들은 '닥치는 대로' 일을 하고 여러 개의 일을 동시에 하였다. 그러나 그 결과 빠른 노동력 폐질화로 연결되면서 건강으로부터의 배제를 경험하고 있다. 연구 참여자들이 경험하는 노동시장으로부터의 배제, 건강으로부터의 배제는 서로 악순환의 고리로 연결되면서 빈곤이 재생산되고 있으며 이에 신용불량으로 인한 금융거래가 불가능해지면서 주거로부터의 배제를 경험하기도 한다.

빈곤으로의 유입 유형 사례들은 '아내'로서 가져왔던 정체성과 '노동자'로서 새롭게 가지는 정체성 간에 상당한 갈등과 혼란을 경험하는 것으로 나타났다. 중산층 전업주부로 살아왔던 여성에게 '노동자'가 되는 것은 사회·경제적 지위의 하락을 의미하는 것이다. 단순 반복적이며 고된 노동을 견딜 수 있는 몸을 갖지 못했다는 것은 성 차별적인 노동시장의 현실에서 대안을 찾기 어렵다는 점에서 빈곤은 재생산되고 있다.

그러나 연구 참여자들이 빈곤대응 노력에서 좌절을 경험하는 것은 단지 성 차별적인 노동시장과 이들의 일 경험에 국한되지 않는다. 배우자의 양육비 지급 불이행, 보육 서비스 지원이 미약한 조건에서 자녀양육에 대한 책임을 여성 가구주 혼자 떠맡게 되면서 빈곤에 더욱 취약하게 되었다. 자녀양육 책임에 의한 배제는 직종선택 제약, 자녀들의 교육기회 박탈로 연결되면서 빈곤의 세습화 가능성이 나타났다. 이와 함께 사회적 고립에 의한 배제는 여성 가구주들이 빈곤에 적극적으로 대처하기 어려운 차별 기제로 작동되고 있다. 정상가족 이데올로기는 이혼을 한 여성 가구주들의 사회활동을 고립시키는 방식으로 작동되며, '주인 없는 여자'라는 사회통념은 여성 가구주를 쉽게 성적 대상화함으로서 이들의 노동권을 심각하게 위협하고 있다. 좋은 어머니 규범은 여성 가구주들이 자신에 대해서 부정적인 평가를 하는 부분과 연결되어 있었다. 어머니로서의 정체성은 이들의 삶을 지탱하는 중심축이지만 정형화된 좋은 어머니 모델을 실천할 수 없다는 자괴감을 동시에 이야기하였다. 그러나 빈곤의 지속 유형에게 모성 역할은 일과 대립되기보다는 일에 따라 조절되는 것으로 해석되는 반면, 빈곤으로의 유입 유형에게 모성 역할은 생계 부양자 역할과 갈등을 초래하는 부분으로서 모성 역할에 따라 일이 조절되는 것으로 나타났다. 이와 같이 연구 참여자들이 겪는 정체성의 갈등과 이혼한 여성에 대한 부정적인 통념, 한부모 가족에 대한 낙인은 빈곤 대응 방식에서 여성들이 소극적인 모습으로 보일 수 있는 자아배제를 형성하는 기제로 작동된다.

성 차별적인 노동시장은 근본적으로 연구 참여자들이 탈빈곤 의지를 갖기 어렵게 하는 구조라는 점은 분명하다. 그러나 빈곤층이 되기 이전 삶의 경험에서 빈곤의 지속 유형은 고된 노동의 반복과 심리적인 고통으로 생존의 유일한 수단인 건강을 잃을 가능성이 높다는 점 그리고 빈곤으로의 유입 유형은 달라진 자신의 사회적 지위를 수용해야 하는 과정에서 상당한 심리적 좌절을 겪을 가능성이 높다는 점에서 일자리 창출만으로 여성 가구주의 탈빈곤을 도울 수 없다. 여성 가구주 자립에 관한 기존 연구들에서 지적되어 왔던 여성들의 자립의지 부족은 이러한 삶의 맥락과 함께 이해되지 않는다면 개별 여성에 대한 낙인화로 연결될 것이다. 가족 내에서 배제되어 왔던 경험은 가족 신화에 의한 배제와 맞물리면서 사회적 고립과 자아배제로 나타났다. 지지집단의 부재는 이들이 성 차별적인 노동시장 구조에 맞서 싸울 힘을 갖기 어렵게 하는 또 하나의 차별로 나타났다.

제4부_
　　여성 빈곤에 대한 통념을 넘어서기

여성 빈곤에 대한
통념을 넘어서기

이 책은 여성 가구주의 빈곤은 '가족해체' 때문인가라는 의문으로 출발하였다. 그동안 여성 가구주의 빈곤에 대한 접근은 생계 부양자였던 남성을 상실함으로써 발생되는 사회적인 문제로 인식되어 왔다. 특히 이혼율 증가로 인한 여성 가구주 가구의 증가와 빈곤에의 취약성은 이러한 인식을 강화하는 현상으로 이해되었다. 여성 가구주의 빈곤을 '가족해체'의 결과로 이해하는 통념은 여성 가구주의 빈곤을 가족(The Family)이 해체된 결과로 이해함으로써 가족과의 관계 속에서 형성되는 여성 빈곤의 문제를 비가시화시켰다. 이러한 문제의식에서 출발하여 본 연구는 가족과의 관계 속에서 형성되는 여성 빈곤의 문제에 주목하였다. 저소득 여성 가구주들이 빈곤에 이르기까지 빈곤 경로는 동일한가? 딸로서 아내로서의 가족 경험은 여성들의 자원배분과 자원통제와 어떠한 관련을 갖는가? 가족 내의 권력관계를 둘러싼 사회화 과정과 정체성은 빈곤층이 된 이후 빈곤을 해석하고 빈곤에 대응하는 노력에 어떠한 영향을 끼치는가? 이러한 문제의식은 그동안 240 탈빈곤에 대한 논의가 한편에서는 가족 환원론적 처방으로 다른 한편에서는 노동시장 중심의 경제주의적 처방에 치중됨으로써 가족책임의 논리에 기반한 빈곤정책의 문제를 정면으로 비판하지 못했다는 문제의식과 맞닿아 있다.

여성 가구주의 빈곤을 결과(outcome)가 아닌 과정(process)을 중심으로, 소득중심이 아닌 권력의 문제로 접근하기 위해서 필자는 사회적 배제(social exclusion) 관점을 검토하였다. 사회적 배제 관점은 여성 가구주가 빈곤층을 형성하게 되는 경로와 사회적 맥락 그리고 빈곤탈출을 어렵게 하는 중층적인 과정에 대한 논의를 가능하게 하는 방법론적 강점이 있다고 판단하였다. 여성의 빈곤경험은 경제주의적 빈곤 접근으로 설명되지 않았던 숨겨진 빈곤(hidden poverty)을 밝히는 출발점이 되어야 한다고 보았다. 여성의 숨겨진 빈곤은 가족 내의 권력관계와 여성들 내의 계층적 차이에 주목함으로써 설명될 수 있다고 보았다. 빈곤의 역동성을 강조하는 사회적 배제 관점은 여성 가구주의 행위성에 주목하여 빈곤을 발생시키는 사회적 맥락을 설명함으로써 여성 가구주를 대상화, 피해자화, 병리화하는 지금까지의 연구 경향들과 거리를 둘 수 있는 이론적 자원으로 살펴보았다. 저소득 여성 가구주 생애사를 분석한 결과를 토대로 하여 여성 가구주 빈곤 연구에서 쟁점이 되는 부분을 중심으로 논의하면 다음과 같다.

1. 빈곤과 가족

여성 가구주의 빈곤은 '가족해체' 때문인가? 즉, 여성 가구주는 남성 생계 부양자가 가져왔던 사회적 혜택과 경제적 자원을 잃게 되면서 빈곤을 경험하게 되는가? 연구 참여자들이 빈곤에 이르게 되는 조건과 계기는 이혼('가족해체')이라는 요인으로만 설명될 수 없다. 출생가족의 계층적 지위는 연구 참여자들이 빈곤에 이르게 되는 경로에서 차이를 드러내는 중요한 지점이었다. 어린 시절부터 가난했고 성인이 된 이후에도 빈곤이 지속되었던 빈곤의 지속 유형 사례 여성들과 이혼을 전후로 빈곤층으로 유입된 빈곤으로의 유입 유형 사례 여성들은 빈곤화 과정에서 작동되는 차별기제와 빈곤층이 된 이후 빈곤대응 방식에서 다른 지점을 이야기하였다.

저소득층에서 어린 시절을 보낸 여성들은 가족 내 자원의 제약으로 학력자원형성 기회로부터 배제되면서 주변부 노동시장에 진입할 수밖에 없었지만 남자 형제들에 비해 더 적게 자원을 배분받게 되고 심리적 지지를 받지 못하게 되면서 자신의 삶의 조건을 개선할 최소한의 자원형성 기회에서 배제되었다. 가족부양을 책임져야 했던 저소득층 가족의 딸들은 자신의 일이 독립적인 삶의 기반이 되지 못하면서 결혼을 선택하게 되지만 이들이 경험했던 가족은 이상(ideal)으로서의 가족과 거리가 먼 것이었다. 이 여성들에게 빈곤은 남성 생계 부양자 상실(이혼)의 결과가 아니라 결혼 관계 안에서 누적되어 왔던 빈곤의 가시화였다. 남성 생계 부양자 규범은 상징적인 힘으로 작동되면서 이 여성들의 경제활동은 가족을 보살펴야 하는 아내 역할의 차원에서 수행되었다. 그 결과 경제적 어려움이 더욱 가중되었으며 신용불량자가 되면서 빈곤상황이 더욱 악화되었다. 반면 중산층에서 유년기를 보낸 여성들은 가족 내 자원배분에서 차별을 경험하게 되고 성 역할 규범을 체화하게 되면서 학력자원형성에서 남자 형제들보다 낮은 학력을 갖게 되었다. 이 여성들에게 결혼은 정상적인 삶의 경로로 선택되었고 결혼관계 안에서 남성 생계 부양자/여성 보살핌 책임자라는 성별분업을 유지하였다. 이 관계에서 여성들은 직업경력이 단절되거나 자원통제권을 갖지 못하면서 빈곤에 취약하게 되었다. 경제활동을 한 사례도 피부양자의 위치로 자신을 인식함으로써 그 일이 자신의 경제적 자립으로 연결되지 못했다.

　이러한 결과는 연구 참여자들 대부분 이혼을 계기로 빈곤하게 된 것이 아니라 이혼을 하기 전에 이미 빈곤층이 되었다는 점이다. 이러한 연구결과는 여성 가구주의 빈곤은 '가족해체'의 결과가 아니라 가족 내의 권력관계로 인한 자원배분·자원통제에서의 배제가 누적되어 가시화된 결과로 볼 수 있다. 연구 참여자들은 빈곤을 계기로 이혼한 것이 아니라 폭력적이며 억압적인 배우자와의 관계를 더 이상 견딜 수 없을 때 이혼을 하게 되었다. 연구 참여자들은 결혼생활 동안 '정상적인 가족'을 유지하게 위해서 모든 노력을 다하였고 그 과정은 빈곤하게 되는 과정을 동반하였다. 출생가족의 계층적 배경은 연구 참여자들이 빈곤에 이르게 되는 경로가 달라지는 조건이었다. 그러나 이러한 차이에도 불구하고 가족규범은 모든 사례 여성들이 빈곤에 취약하게 되는 차별기제로 작동되었다. 가족만 유지된다면 여성은 빈곤하지 않을 것이라는 담론은 여성들을 생애과정 내내 경제적 주체로 설 수 없게 하는 강력한 신화로 존재하였다. 남성 생계 부양자/여성 보살핌 책임자라는 성별분업 규범은 여성이 일차적으로 자녀양육을 책임지도록 하는 사회질서를 유지시키는 막강한 힘으로 우리 사회를 조직하고 있다. 이러한 성별분업 규범은 여성을 '노동자'로서보다는 '아내'와 '어머니'로 정체화시킴으로써 여성의 노동권을 근본적으로 위협하고 있다. 아이를 키우고, 노인과 병자를 보살피는 책임이 개별 가족에게, 즉 여성에게 떠넘겨지는 사회 속에서 여성들은 노동단절을 경험하게 되며, 이러한 조건은 여성의 고용불안정과 고용차별을 심화시키는 원인으로 작동된다. 따라서 여성 가구주의 빈곤문제는 바로 한 가족의 생계가 주로 남성소득에 의존하는 것을 전제로 구성되는 사회구조와 연결된다. 이것이 의미하는 것은 여성 가구주의 빈곤은 '특별한' 그들만의 문제에서 비롯된다기보다는 여성 가구주의 지위는 우리 사회 전반적인 여성의 지위와 여성이 위치 지워지는 맥락과 분리되지 않는다는 것이다. 여성 가구주의 지위가 성별화된 사회권의 지표로 사용되는 이유는 바로 여기에 있다(Duncan and Edward, 1997; Hobson, 1994). 즉, 한 사회 속에서 여성 가구주가 살아가는 것이 더욱 어렵고 사회적으로 낙인이 찍힐수록 나쁜 혼인관계를 벗어나는 데에 장애가 더욱 크다는 점에서 여성 가구주가 사회로부터 받는 지원책들은 가족 내에서의 여성의 사회권의 크기를 보여주는 시금석으로 사용될 수 있다. 여성 가구주들이 경험하는 모성과 일의 갈등지점은 바로 보살핌과 양육의 일차적 책임이 여성에게 있다고 믿는 가치체계와 이에 기반한 사회구조로부터 나오는 것이다. 여성 가구주 가족에 대한 낙인은 빈곤 문제에 있어서 가족의 책임을 강조하는 관점에 기반 한다. 여성 가구주 빈곤논의에서 가족이 노동시장 진출의 장애요소가 아닌 평등의 전제로 인식되어야 하는 이유는 지금까지 가족에 대한 통념이 여성 가구주 탈빈곤의 장애요소로 작동되기 때문이다.

2. 사회적 배제의 누적과 과정으로서의 빈곤

여성 가구주가 경험하는 빈곤은 단지 소득결핍이라는 물적 차원의 문제로 환원될 수 있는가? 물적 지원을 통한 빈곤 감소는 여성 가구주의 지위를 향상시킬 수 있는가? 연구 참여자들에게 빈곤이라는 결과 (outcome)는 생애과정에서 작동되는 사회적 배제의 누적 결과였다. 출생 가족관계에서 연구 참여자들은 교육기회로부터의 배제, 심리적 지지로부터의 배제, 자아배제를 경험하게 되었다. 가족이라는 경계 내에서 작동 되었던 사회적 배제는 노동시장 진입·퇴장의 과정과 긴밀히 연결되어 있다는 점에서 가족이라는 경계를 넘어서 노동시장과 교차되었다. 이 과정은 직업능력 향상 기회로부터의 배제, 노동자 정체성 형성으로부터의 배제, 노동시장으로부터의 배제로 나타났다. 노동시장에서 작동되는 배제는 여성들이 결혼 이외의 다른 삶을 선택할 수 없는 차별기제였다. 이러한 조건에서 연구 참여자들은 결혼 이후 가족관계에서 경제적 배제, 금융거래로부터의 배제, 심리적 자원형성으로부터의 배제, 자원통제로부터의 배제를 경험하게 되었다.

이러한 결과는 여성들이 경험하는 빈곤은 단지 소득결핍이라는 물적 차원의 문제로만 환원될 수 없다는 것을 의미한다. 여성들의 숨겨진 빈곤은 가족 내의 자원형성과 자원통제에 영향을 미치는 규범과 관습의 문제, 사회적 관계망과 시간 등과 같은 비물질적 차원과 연결되어 있다. 이러한 숨겨진 빈곤은 빈곤선(poverty line)을 중심으로 접근되는 경제주의적 관점으로는 설명될 수 없는 부분이다.

여성 가구주의 빈곤이 생애과정에서 작동되는 사회적 배제의 누적 결과라면 여성 가구주 빈곤에 대한 장기적인 정책대안에서 기존의 논의와는 다른 방향을 모색해 볼 수 있다. 즉, 여성 가구주의 빈곤을 '가족해체'의 결과로 설명하는 접근에서는 여성 가구주 빈곤에 대한 장기적인 정책대안은 이혼 예방을 통한 가족유지를 강조하는 가족 환원론적 처방을 하게 된다. 그러나 여성 가구주의 빈곤이 '가족해체'의 결과가 아니라 여성의 생애과정에서 작동되는 기회의 박탈 내지 제한의 결과라면 여성 가구주 빈곤 예방은 바로 기회에 대한 균등한 접근을 보장하기 위한 다양한 정책의 마련으로 연결되어야 한다. 즉, 교육기회로부터의 배제를 예방하기 위해서 아동복지를 위한 투자 증대와 함께 성 평등한 가치의 확산이 이루어져야 한다. 또한 여성의 노동권과 사회권을 보장하기 위한 적극적 차별시정 정책과 사회적 서비스 지원이 이루어져야 한다. 적극적인 노동시장 정책과 평등하고 다양한 가족관계를 수용할 수 있는 가치의 확산이 요구된다. 여성 가구주 빈곤에 대한 지원책은 '결핍' 가정에 대한 시혜적 지원의 차원이 아닌 여성의 생애과정에서 작동되는 사회적 배제의 누적에 대한 보상적 차원에서 접근되어야 한다.

3. 사회적 배제의 다차원성과 빈곤의 악순환

여성 가구주에게 일자리만 제공된다면 빈곤으로부터 벗어날 수 있는가? 현재 빈곤정책은 "일을 통한 빈곤탈출 지원정책"이라는 방향 속에서 자활지원사업, 사회적 일자리 사업, 창업지원제도 등을 통해서 빈곤층의 빈곤탈출을 지원하고 있다. 그러나 지금까지 진행되었던 여성 가구주 자활에 대한 논의에서 공통적으로 지적되었던 부분은 바로 여성 가구주의 취업에만 초점을 맞춘 경제주의적 접근으로는 여성들이 빈곤을 탈피하는 데 한계가 있다는 점이다(강남식 외, 2001; 김수현, 2001).

저소득층 여성이 경제적 자립을 이루기 위해서는 경제적 지원뿐 아니라 의료지원, 보육·간병·가사 지원, 사회·심리적 지원이 통합적으로 이루어져야 한다는 주장이 제기되었다. 본 연구의 결과 역시 이러한 주장을 뒷받침하고 있다.

연구 참여자들이 경험하는 사회적 배제는 다차원적이며 이것은 가부장적인 가족과 성 차별적인 노동시장 구조에 의해 사회적 배제의 각 형태들은 악순환의 고리로 연결되어 있다. 여성 노동시장의 저임금 구조화는 여성들이 열심히 일을 하여도 가난하게 되는 상황과 연결되었다. 이러한 노동시장으로부터의 배제에 대응하기 위해서 여성들은 잦은 이직과 실업을 되풀이 하고 있으며 이러한 상황은 시간이 지날수록 뚜렷한 경력은 없으면서 연령제한으로 구직 선택의 범위가 좁아지는 악순환에 놓이는 결과를 가져오고 있다. 이러한 조건에서 빈곤의 지속 유형 사례 여성들은 성 차별적인 노동시장에서 살아남기 위해서 '닥치는 대로' 일을 하면서 버티고 있다. 그러나 그 결과 건강으로부터 배제되면서 빈곤은 재생산되고 있다. 또한 신용불량으로 인한 금융거래로부터의 배제는 주거로부터의 배제를 결과하고 있다. 빈곤으로의 유입 유형 사례 여성들은 사회·경제적 지위의 하락을 수용하는 것 자체가 가장 큰 어려움으로 나타났다. 고된 일을 견딜 수 있는 일 경험이 없다는 것 자체가 성 차별적인 노동시장에서 경제적 자립을 하기 어려운 조건이었다. 이와 함께 배우자의 양육비 지급 불이행과 보육 서비스 지원이 미약한 조건에서 자녀양육에 대한 책임을 지게 되면서 빈곤상황은 더욱 가중되고 있으며 가족신화에 기반한 배제는 여성 가구주의 노동권을 위협하고, 사회적 고립감을 증가시키는 것으로 나타났다.

여성 가구주가 경험하는 빈곤이 다차원적인 사회적 배제의 악순환 결과라는 사실은 여성 가구주의 탈빈곤 전략이 경제적 지원을 넘어선 통합적인 접근이 되어야 한다는 것을 의미한다. 지금까지 일자리만 제공해준다면 빈곤으로부터 벗어날 것이라는 빈곤신화는 물질적 지원 이외에 보육, 교육, 의료, 심리 정서적인 지원 등 비물질적 지원에 정부가 적극적으로 개입하지 않았던 이유이다. 여성에게 빈곤은 물적 결핍의 결과만이 아니라 가부장제 사회에서 여성이 어떠한 방식으로 남성과 관계 맺어 왔는가를 보여주는 결과이다. 여성의 빈곤과정이란 자원을 다양한 방식으로 조직하는 과정이며, 여성들의 노동과 삶에 새로운 의미를 부여하는 과정이며, 젠더관계를 재구성하는 과정이기도 하다. 또한 여성에게 빈곤과정은 '아내', '어머니', '딸'이라는 사적영역 내의 역할에 의해 발전되고 구성되어 온 자신의 정체성과 '가장', '노동자', '시민'이라는 정체성과 갈등하고 협상하는 정체성의 변화과정이기도 하다. 즉, 여성의 빈곤과정은 모성과 경제적 독립에 관한 사회적 관념과 규범이 작동되는 과정이며, 노동과 모성에 대한 의사결정과 태도가 드러나는 과정이며, 취업경험과 직업 정체성 그리고 가족 정체성이 새롭게 구성되는 과정이다.

따라서 여성 가구주 탈빈곤 전략은 복지 서비스 지원의 문제만이 아닌 사회적 배제를 야기하는 중층적인 과정에 어떻게 개입할 것인가를 중심으로 접근되어야 한다. 중층적인 과정은 빈곤정책이 사회적 배제 극복을 위한 다양한 분야의 지원을 의미하는 것에 국한되어서는 안 되며 개입의 수준이 다양화되어야 함을 의미한다. 여성 가구주를 위한 탈빈곤 전략은 사회 안에서 남성들과 여성들 간의 관계를 조직하는 사회적 규칙을 수정하려는 방향 속에서 탐색되어야 한다. 여성들이 남성과 맺고 있는 관계 그리고 노동시장과 국가와 맺고 있는 관계에 대한 근본적인 도전이 필요하다. 여성 가구주의 빈곤경험을 외부인의 관점이 아니라 내부인의 관점에서 설명하려는 노력은 배제의 중층적인 구조를 파악하기 위한 첫 출발이 될 수 있다. 여성 가구주 빈곤경험의 복잡성에 대한 이해는 이것에 민감한 정책과 실천을 새롭게 상상하게 만드는 힘을 제공함으로써 여성의 이슈로서 빈곤문제를 쟁점화할 단초를 제공할 것이다.

본 연구의 결과가 갖는 함의는 다음과 같이 정리될 수 있다.

첫째, 이 연구는 여성 가구주의 빈곤화 과정에 주목하여 설명함으로써 지금까지 여성 가구주 빈곤 논의에서 전제되고 있는 통념이 허구임을 밝힐 수 있었다. 여성 가구주의 빈곤이 '가족해체' 때문이라는 인식은 여성 가구주에 대한 부정적인 인식을 강화함으로써 여성 가구주의 빈곤경험을 왜곡하고 비가시화하였다. 따라서 가족책임을 전제한 빈곤정책은 정면으로 도전받지 못했다. 가족 내의 성별 정치학이 여성의 경제적 자립에 영향을 끼친다고 했을 때 빈곤정책은 지금과는 달리 새로운 방향 속에서 새롭게 디자인되어야 한다. 여성의 노동권과 사회권에 대한 고민은 바로 사적영역으로서의 가족이 아닌 사회제도로서의 가족으로부터 출발해야 함을 본 연구를 통해서 제기할 수 있었다.

둘째, 방법론적 차원에서 과정(process)으로서의 빈곤에 주목함으로써 빈곤을 초래하는 다양한 차별의 기제와 사회적 맥락을 분석할 수 있음을 제시하였다. 지금까지 여성 빈곤을 설명하는 대표적인 개념은 빈곤의 여성화였다. 이 개념은 여성들이 빈곤층에 집중되어 있는 현상을 지칭하는 개념으로서 여성 빈곤을 문제화할 때 이제는 더 이상 새로운 것을 설명해주지 않는다. 본 연구는 생애사 접근법을 통해서 소득 중심의 양적 접근 방법으로는 설명될 수 없는 차별기제와 빈곤의 누적적 특성을 밝히려 시도하였다는 점에서 방법론적 함의가 있다.

셋째, 여성들의 주관적 관점에 주목함으로써 빈곤경험을 외부인의 관점이 아닌 내부인의 관점에서 설명하려는 시도를 하였다. 여성 가구주는 그동안 빈곤 연구에서 대상화, 피해자화, 병리화의 방식으로 다루어져 왔다. 여성 가구주에 대한 정형화는 이들의 경험에 귀 기울이기보다는 연구자의 통념에 의해 현실이 재단되는 오류를 범할 위험을 높게 한다. 여성들 사이의 다양한 목소리에 귀 기울일수록 여성들이 처해 있는 복잡한 현실을 포착할 수 있음을 본 연구는 시사하고 있다.

그러나 본 연구는 다음과 같은 한계를 갖는다.

첫째, 빈곤경험과 빈곤과정에 대한 연구가 거의 부재한 현실에서 빈곤화 과정을 연구하는 작업은 상당한 어려움이 있었다. 그 결과 빈곤 경로 유형화를 중심으로 한 분석방식은 여성들의 다양한 목소리를 담아낼 수 없는 거친 그릇이라고 생각한다. 이러한 점은 전적으로 연구자의 한계라고 생각되며 빈곤경험과 빈곤과정을 분석할 수 있는 좀 더 정교한 개념과 분석틀에 대한 고민은 앞으로 계속 되어야 할 연구과제로 남아있다.

둘째, 본 연구는 여성 가구주의 빈곤화 과정에 초점을 맞추었기 때문에 빈곤남성은 연구의 대상에 포함하지 않았다. 하지만 성별화된 빈곤화 과정을 분석하기 위해서 남성 가구주의 빈곤화 과정과 비교하여 설명되었다면 여성의 빈곤경험을 좀 더 잘 드러낼 수 있다고 생각한다. 이것 역시 후속 연구 과제로 남기고자 한다.

셋째, 본 연구는 이혼한 경험이 있는 여성 가구주를 대상으로 빈곤화 과정을 분석하였다. 따라서 우리 사회에서 이혼이 가지는 특수한 맥락이 강조될 수밖에 없었다. 사별을 한 여성 가구주, 비혼모 여성 가구주, 유배우 여성 가구주는 이와는 다른 맥락에서 빈곤화 과정을 설명할 수 있다. 이러한 다양한 목소리를 비교함으로써 여성들의 중첩적인 차별의 기제가 분석되어야 할 것이다.

넷째, 이 논문은 과정으로서의 빈곤에 주목하여 여성 가구주의 생애사를 분석하였지만 여성들의 다양한 경험에 대한 분석이 심층적으로 이루어지지 못했다. 특히 빈곤을 발생시키는 차별기제가 무엇인가에 연구의 초점이 맞추어지면서 여성들의 행위성에 대한 분석이 상대적으로 충분히 이루어지지 못했다. 이러한 결과는 연구자가 중층적인 차별기제에 대해서 좀 더 깊게 사고하지 못한데 기인한다. 여성의 숨겨진 빈곤을 드러내기 위한 이론과 방법론에 대한 고민은 앞으로 계속되어야 할 연구과제로 남는다.

참고문헌

국문 문헌

강남식(2004), "여성 일자리 창출방안 모색", 「여성 빈곤 극복을 위한 대안모색」 토론회 자료집.

강남식·신은주·성정현(2001), "여성 조건부 수급자들의 자활후견기관 프로그램 만족실태 및 정책제언", 한국여성단체연합, 「여성 빈곤깨뜨리기 II, 빈곤 없는 사회만들기」 토론회 자료집.

강신욱·김안나·박능후·김은희·유진영(2005), 『사회적 배제의 지표개발 및 적용방안 연구』, 한국보건사회연구원.

강욱모(2004), "한부모 가족과 빈곤: 영국에서의 정책변화", 『한국사회복지학』 Vol.56 No.1.

기틴스(1997), 『가족은 없다: 가족이데올로기의 해부』, 안호용·김홍주·배선희 옮김, 일신사.

김경애(1999), "흔들리는 모성, 지속되는 모성 역할: 저소득층 모자가정의 여성가장", 『한국여성학』 제15집 2호.

김경희(1998), 「저소득 실직 여성가장의 여성복지 강화방안」, 한국여성단체연합.

김미숙·박민정·이상헌·홍석표·조병은·원영희(2000), 『저소득 편부모 가족의 생활 실태와 정책과제』, 한국보건사회연구원.

김성례(2002), "여성주의 구술사의 방법론적 성찰", 『한국문화인류학』 35-2.

김수현(2001), 「저소득 여성 가구주 자활촉진을 위한 지역사회의 실천과제」 토론 회 자료집.

김순영(2005), "산업화기 한국사회 빈곤계층의 모성실천: 딸들의 구술을 중심으 로", 「2005년 한국여성학회 제21차 추계학술대회」 자료집.

김승권·이태진·김유경·송수진(2001), 『최근 가족해체의 실태와 정책방안에 관한 연구』, 한국보건사회연구원.

김영란(1997), "빈곤의 여성화와 사회복지정책", 『한국사회복지학』 제31호.

김영희(1998), 「요보호모자세대의 자립과정에 관한 연구」, 이화여대 석사학위논문.

김영희·한경혜(1996), "빈곤층 편모의 스트레스가 부모역할 수행에 미치는 영향: 심리적 디스트레스의 매개역할을 중심으로", 『한국가정관리학회지』 제 14권 4호.

김오남·김경신(1998), "편모가족의 가족스트레스와 심리적 복지", 『한국가정관리 학회지』 제16권 4호.

김인숙 외(2000), 『여성복지론』, 나남출판.

김인숙(2004), "가족복지 지식의 패러다임: 반성과 모색", 『사회복지리뷰』 제8집.

김혜련(1993), 「여성의 이혼 경험을 통해 본 가부장적 결혼 연구」, 이화여대 대학 원 석사학위논문.

류정순(2004), "여성주의 시각에서 빈곤개념의 재정립을 읽고", 「여성 빈곤 극복을 위한 대안모색 토론회」, 한국여성단체연합 주최.

문진영(2004), "사회적 배제의 국가간 비교연구-프랑스, 영국, 스웨덴을 중심으 로", 『한국사회복지학』 제56권 3호.

민가영(2006), "저소득층 학업중단 남녀의 성별/계급 정체성 구성방식을 통한 젠 더/계급 작동 연구", 「2006년 한국여성학회 추계학술대회」 자료집.

바렛·매킨토시(1994), 『가족은 반사회적인가』, 김혜경 옮김, 여성사.

박경숙(2001), "저소득 모자가정 빈곤실태와 자활대책 개선방안: 국민기초생활보 장 자활사업을 중심으로", 「한국사회보장학회 2001년도 추계학술대회」 자료집.

박능후(1999), "사회적 배제 극복을 위한 근로연계복지정책의 효과성", 「한국사회 보장학회 추계학술발표회」 자료집.

박병현·최선미(2001), "사회적 배제 및 하층계급의 개념고찰과 이들 개념들의 한 국빈곤정책에의 함의", 『한국사회복지학』 제45권.

박성희(2004), 『질적연구방법의 이해: 생애사를 연구를 중심으로』, 원미사.

박숙자(1991), "계급 연구의 분석 단위", 서울대학교 사회학 연구회 편, 『사회 계 층: 이론과 실제』, 다산출판사.

박영란 외(2003), 『여성 빈곤 퇴치를 위한 정책개발 연구』, 한국여성개발원.

박재홍(1999), "기성세대의 생애사와 세대차이 인지에 관한 연구: 질적 접근", 『한 국사회학』 제33집 여름호.

석재은(2003), "한국의 '빈곤의 여성화 실증 분석: 1996-2002'", 노무현정부에 바라 는 사회복지 정책", 「2003년 한국사회복지학회 춘계학술대회」 자료집.

성정현·송다영(2005), "근로 빈곤층 여성가장의 삶과 노동실태 분석을 통한 탈빈 곤 방안 연구", 한국여성노동자회협의회, 한국여성단체연합, 실업극복 국민재단 함께 일하는 사회, 「근로 빈곤층 여성가장 삶과 노동실태 분 석을 통해 본 탈빈곤 방안 연구」.

성정현·송다영·정미숙·한정원·김진(2001), "재판이혼 사례를 통해 본 자녀양육비 지원실태와 대안", 『사회복지연구』 제18호.

센, A(1999), 『불평등의 재검토』, 이상호·이덕재 옮김, 한울.

손병돈(2000), "비공식 복지의 빈곤완화 효과와 그 한계", 『IMF 이후 한국의 빈 곤』, 나남.

송다영(2003), "사회적 배제집단으로서의 저소득 모자가족과 통합적 복지대책 수 립을 위한 연구", 『한국사회복지학』 제54권.

　　　(2005), "가족가치 논쟁과 여성의 사회권에 관한 고찰", 『사회복지정책』 제

22권.

스콧, 조운 W(2001), "젠더와 정치에 대한 몇 가지 성찰", 배은경 옮김, 『여성과 사회』 제13호.

신명호 외(2004), 『사회적 배제의 관점에서 본 빈곤층 실태 연구』, 국가인권위원회.

신수아·옥선화(2001), "저소득 여성가장의 소외감에 영향을 미치는 변수고찰", 『한국가정관리학회지』 제19권 2호.

심창학(2001), "사회적 배제 개념의 의미와 정책적 함의", 『한국사회복지학』 제44권.

여지영(2002), 「여성 가구주와 남성 가구주의 빈곤차이에 관한 연구」, 서울대 대학원 박사학위논문.

오승환(2001), "저소득 편부모가족의 가족기능과 자녀의 심리사회적 특성 비교연구", 『한국아동복지학』 12호.

옥선화·성미애·허정원(2001), "경제위기 이후의 빈곤여성가장의 생활실태 조사", 『대한가정학회지』 제39권 2호.

유연정(2005), 「복지 낙인(Stigma)이 여성 가구주의 탈빈곤에 미치는 영향에 관한 연구」, 이화여대 대학원 석사학위논문.

유정원(2000), 「한국여성 빈곤의 특성에 관한 연구: 제4, 5, 6차 대우패널자료 분석을 중심으로」, 연세대 대학원 석사학위논문.

유철인(1998), "물질하는 것도 머리싸움: 제주 해녀의 생애 이야기", 『한국문화인류학』 31-1.

이숙진(2002), "여성주의 시각에서 본 자활사업", 『한국여성학" 제18권 2호.

이재경(2003), 『가족의 이름으로』, 또 하나의 문화.

    (2004), "노동자계급 여성의 어머니 노릇의 구성과 갈등: 경인지역을 중심으로", 『사회과학연구』 제12권 1호.

    (2004), "한국 가족은 '위기'인가?: '건강가정' 담론에 대한 비판", 『한국여성학』 제20권 1호.

이재경·이은아·조주은(2006), "기혼 취업 여성의 일·가족생활 변화와 한계: 계층간 차이를 중심으로", 『한국여성학』 제22권 2호.

이혜경(1998), "빈곤의 여성화: 한국여성 빈곤의 원인과 결과", 『빈곤퇴치 : 한국의 경험과 교훈」, UNDP.

　(2000), "통계로 본 여성 빈곤", 「여성 빈곤 깨뜨리기 I」, 한국여성단체연합.

임태연(2004), 「'아내폭력' 피해자의 '취약성'과 도덕적 행위성에 관한 연구」, 이화
　　여대 대학원 석사학위논문.

장경섭(1991), "핵가족 이데올로기와 복지 국가: 가족부양의 정치경제학", 『경제와
　　사회』 통권 제15호.

장혜경 외(2001), 『여성한부모가족을 위한 사회적 지원방안』, 여성부.

정미숙 외(1998), 「여성 가구주에 대한 사회적 지원방안: 실직 여성 가구주를 중심
　　으로」, 한국여성연구소.

정미숙(2001), "여성 가구주, 성별화된 빈곤 그리고 일: 어머니냐 노동자냐", 『경제
　　와 사회』 통권51호.

정희진(2000), 「'아내폭력' 경험의 성별적 해석에 대한 여성학적 연구 : 가족 내 성
　　역할 규범을 중심으로」, 이화여대 대학원 석사학위 논문.

조 은(1990), "도시 빈민 가족의 생존전략과 여성", 『한국가족론』, 여성한국사회
　　연구회 편, 까치.

　(1991), "계급 이론과 사적영역", 서울대학교 사회학 연구회 편, 『사회 계층:
　　이론과 실제』, 다산출판사.

조문영(2001), 「'가난의 문화' 만들기 : 빈민지역에서 '가난'과 '복지'의 관계에 대
　　한 연구」, 서울대 대학원 석사학위논문.

조순경(1998), "민주적 시장경제와 유교적 가부장제", 『경제와 사회』 여름호.

　(2000), "경제위기와 고용평등의 조건", 조순경 외, 『노동과 페미니즘』, 이화
　　여대 출판부.

조정아(2000), "대졸 여성의 노동 경험과 직업의식 신화", 조순경 엮음, 『노동과 페
　　미니즘』, 이화여대 출판부.

조주은(2002), 「대기업 생산직 '노동자' 가족의 가정중심성에 관한 연구」, 이화여
　　대 대학원 석사학위논문.

조혜련(2003), 「저소득 여성의 한부모 노릇에 관한 여성주의적 연구」, 이화여대 대
　　학원 석사학위논문.

퍼버와 넬슨(1997), "경제학의 사회적 구성과 성의 사회적 구성", 김애실 옮김, 『남성들의 경제학을 넘어서: 페미니스트 이론과 경제학』, 한국외대 출판부.

황미영(2002), "빈곤여성의 자활 경로와 그 결과", 『상황과 복지』 제12호.

영문 문헌

Adair, Vivyan C.(2005), "Class Absences: Cutting Class in Feminist Studies", *Feminist Studies* 31, No. 3(Fall).

Baines, C., Evans, P. and Neysmith, S.(1998), "Women' s Caring: Work Expanding, State Contracting", in Carol T. Baines, Patricia M. Evans, and Sheila M. Neysmith ed., *Women's Caring : Feminist Perspectives on Social Welfare*. Oxford Univ Press.

Baker, M and Tippin, D.(1999), *Poverty, Social Assistance and the Employability of Mothers: Restructuring Welfare States*. University of Toronto Press.

Berghman, J.(1995), "Social exclusion in Europe: policy context and analytical framework". in Graham ed. *Beyond the threshold. -The measurement and analysis of social exclusion*. The Policy Press.

Bhalla, A. S and Lapeyre, F.(1999), *Poverty and Exclusion in a Global World*. Macmillan press.

Connell. R. W.(2002), *Gender*. Polity.

Crenshaw. K. W.(1994), "Mapping the Margins: Intersectionality, Identity Politics, and Violence Against Women of Color". *Albertson. M ed. The Public Nature of Private Violence*. Routledge.

Daly, M and Saraceno, C.(2002), "Social exclusion and gender relations". Barbara Hobson, Jane Lewis, Birte Siim eds, *Contested Concepts in Gender and Social Politics*. Edward Elgar.

Dinerman, M.(1986), "The Women Trap: Women and Poverty", in Van Den Bergh, Nan.,

Cooper, Lyn B. eds., *Feminist Vision for Social Work*. National Association of Social Workers, Inc.

Doyal, L.(1995), *What Makes Women Sick: Gender and the Political Economy*. Macmillan Press.

Duncan, S. and Edwards, R.(1997), "Lone mothers and paid work-Rational Economic Man or Gendered moral rationalities?". *Feminist Economics* 3(2).

Edwards, R and Duncan, S.(1996), "Rational economic man or lone mothers in context?" In Elizabeth Bortolaia Silva ed. *Good Enough Mothering?*. Routledge.

Evans, P. M.(1998). "Gender, Poverty, and Women's Caring", in Carol T. Baines, Patricia M. Evans, and Sheila M. Neysmith eds. *Women's Caring : Feminist Perspectives on Social Welfare*. Oxford Univ Press.

Evans, S(2005). "Beyond gender: Class, poverty and domestic violence". *Australian Social Work* Vol. 58 No. 1.

Figueiredo, J and Haan, A(1998), "Central issues in the debate on social exclusion". *Social exclusion: An ILO perspective*. International Institute for Labour Studies.

Folbre(2001), *The Invisible Heart: Economics and Family Values*. The New Press.

Fraser. N and Gordon, L.(1994), "A Genealogy of Dependency: Tracing a Keyword of the U.S. Welfare State". *Sign*. winter.

Fukuda-Parr, S(1999). "What does feminization of poverty mean? It isn't just lack of income". *Feminist Economics* 5(2)

Geiger(1986). "Women's Life Histories: Method and Content". *Signs*. No. 2.

Gore, C., and Figueiredo, J.(1997), *Social exclusion and anti-poverty policy : A debate*. Geneva, International Institute for Labour Studies, ILO.

Gore, figueiredo, Rodgers.(1995), "Introduction : Markets, citizenship and social exclusion". Gerry Rodgers, Charles Gore, Jose B. Figueiredo eds. *Social exclusion: rhetoric, reality, responses*. International Institute for Labour Studies. Geneva.

Harding, L.(1996), "'Parental responsibility': the reassertion of private patriarchy?". In Elizabeth Bortolaia Silva ed. *Good Enough Mothering?*. Routledge.

Jackson, C and Palmer-Jones, R.(1999), "Rethinking Gendered Poverty and Work". *Development and Change*. Vol. 30.

Jackson, C.(1998), "Rescuing gender from the poverty trap". in Cecile Jackson and Ruth Pearson ed. *Feminist visions of Development*. Routledge.

Kabeer, N.(1994a), "Same Realities, Different Windows: Structuralist Perspectives on Women and Development". *Reversed Realities : Gender Hierarchies in Development Thought*. Verso

Kabeer, N.(1994b), "Beyond the Poverty Line: Measuring Poverty and Impoverishing Measures". *Reversed Realities : Gender Hierarchies in Development Thought*. Verso

Kooten, G.(1999), "Social Exclusion and the Flexibility of Labour: A theoretical exploration" in Paul Littlewood and Ignace Glorieux, Sebastian Herkommer, Ingrid Jonsson eds. *Social Exclusion in Europe: Problems and Paradigms*. Ashgate.

Krumer-Nevo, M.(2005), "Reading a Poor Woman' s Life: Issues and Dilemmas". *Journal of women & Social work*. Vol. 20 No. 1. spring.

Lewis, J. and Hobson, B.(1997), "Introduction". *Lone mothers in European welfare regimes*. Jane Lewis ed., Jessica Kingsley Publishers

Lister, R.(1990), "Women, Economic Dependancy and Citizenship", *Journal of Social Policy*. Vol 19 No 4.

Lister, R.(1991), "Concepts and causes of poverty". *Local Government Policy Making*. Vol 17 No 4.

Lister, R.(2004), "A Politics of Recognition and Respect: Involving People with Experience of Poverty in Decision- Making that Affects their Lives". John Anderson and Birte Siim eds. *The Politics of Inclusion and Empowerment : Gender, Class and Citizenship*. palgrave.

Littlewood, P and Herkommer, S.(1999), "Identifying social Exclusion : some problems of meaning". in Paul Littlewood and Ignace Glorieux, Sebastian Herkommer,

Ingrid Jonsson eds. *Social Exclusion in Europe : Problems and paradigms.* Ashgate.

Macpherson, S.(1997), "Social Exclusion". *Journal of Social Policy.* 26(4).

McIntyre, L., Officer, S. and Robinson, L.(2003), "Feeling Poor: The Felt Experience of Low-Income Lone Mothers". *Journal of Women & Social Work.* Vol. 18 No. 3, Fall.

McNay. L.(2000), *Gender and Agency.* Polity Press.

Mcphee, D. and Bronstein, L.(2003), "The Journey From Welfare to Work: Learning From Women Living in Poverty". *Journal of Women & Social work.* Vol. 18 No. 1. Spring.

Miller, J and Glendinning, C.(1989), "Gender and Poverty", in *Journal of Social Policy.* Vol 18.

Miller, J.(1996), "Family, State and Personal responsibility : the changing balance for lone mothers in the UK". *Feminist Review.* 48.

Moore.(1996), "Mothering and social responsibilities in a cross-cultural perspective". *In Elizabeth Bortolaia Silva ed. Good Enough Mothering?.* Routledge.

Nelson-Kuna and Riger.(1995), "Women's Agency in Psychological Contexts". Gardiner. J. K ed. *Provoking Agents: Gender and Agency in Theory and Practice.* University of Illinois Press.

O' Connor, J.(1996), "From Women in the Welfare State to Gendering Welfare State Regimes". *Current Sociology 39.*

Orloff, A.(1993), "Gender and the social rights of citizenship: The comparative analysis of gender relations and welfare states". *American Sociological Review 53.*

Parnell, M and Vanderkloot, J.(1994), "Poor Woom: Making a Difference". Marsha Pravder Mirkin ed, *Women in Context : Toward a Feminist Reconstruction of Psychotherapy.* The Guilford Press.

Pateman, C.(1992), "Equality, Difference, Subordination: the Politics of Motherhood and Woman' s Citizenship". *Beyond Equality and Difference.* ed. G. Bock and S.

James. London; Routledge.

Paugam, S.(1995), "The spiral of precariousness: a multidimensional approach to the process of social disqualification in France". in Room ed. *Beyond the threshold. -The measurement and analysis of social exclusion.* The Policy Press.

Pearce, D.(1978), "The Feminization of Poverty: Women, Work and Welfare". *Urban and Social Change Review* 11.

Pearce, D.(1986), "Toil and Trouble: Women Workers and Unemployment Compensation", in Clare C. Novak and Myra H. Stober eds, *Women and Poverty.* Chicago, The University of Chicago Press.

Pearce, D.(1990), "Welfare is not for Women: why the war on poverty cannot conquer the feminization of poverty". in Linda Gordon ed. *Women, The State and Welfare.* The University of Wisconsin Press.

Peterson, J.(1987), "The Feminization of Poverty". *Journal of Economic Issues* 21.

Pujol, M.(1995), "Into the margin". Kuiper & Jolande Sap eds. *Out of the Margin.* London: Routledge.

Razavi, S.(1999), "Gendered Poverty and Well-being". *Development and Change.* Vol. 30.

Roberta S, S.(1996), "Conceptualizing gender". *Ambition & Accommodation.* The University of Chicago Press.

Rodgers, Gerry.(1995), "What is special about a "social exclusion" approach?". Gerry Rodgers, Charles Gore, Jose B. Figueiredo eds. *Social exclusion: rhetoric, reality, responses.* International Institute for Labour Studies. Geneva.

Room, G.(1990), '*New Poverty* in the European Community. Macmillan.

Room, G.(1995), "Poverty and social exclusion: the new European agenda for policy and research". in Room ed. *Beyond the threshold. -The measurement and analysis of social exclusion.* The Policy Press.

Ruspini, E.(2001), "The study of women's deprivation: how to reveal the gender dimension of poverty". *Social Research Methodology.* Vol. 4 No. 2.

Rustin. M and Chamberlayne. P.(2002), "Introduction: from biography to social policy".

in Chamberlayne, Rustin and Wengraf eds. *Biography and social exclusion in Europe: Experiences and life journeys*. The Policy press.

Sabour. M.(1999), "The socio-Cultural Exclusion and Self-Exclusion of Foreigners in Finland-The case of Joensun. in Paul Littlewood and Ignace Glorieux, Sebastian Herkommer, Ingrid Jonsson eds. *Social Exclusion in Europe: Problems and paradigms*. Ashgate.

Shaffer, P.(2002), "Poverty Naturalized: Implications for Gender". *Feminist Economics* 8(3)

Silver, H.(1994), "Social exclusion and social solidarity: Three paradigms", *International labour review*.

Silver.(1998), "Policies to reinforce social cohesion in Europe". *Social exclusion: An ILO perspective*. International Institute for Labour Studies.

Sokoloff, N. J. and Dupont, I.(2005), "Domestic Violence: Examining the Intersections of Race, Class, and Gender", in Natalie J. Sokoloff with Christina Pratt ed., *Domestic Violence at the Margins : Readings on Race, Class, Gender, and Culture*. Rutgers Univ Press.

Ulshoefer, P.(1998), "Gender and social exclusion". *Social exclusion: An ILO perspective*. International Institute for Labour Studies.

Vobruba. G.(1999), "The End of the Employment Society: Changing the basis of inclusion and exclusions" in Paul Littlewood and Ignace Glorieux, Sebastian Herkommer, Ingrid Jonsson eds. *Social Exclusion in Europe: Problems and Paradigms*. Ashgate.

Walker, R.(1995), "The dynamics of poverty and social exclusion". in Room ed. *Beyond the threshold. -The measurement and analysis of social exclusion*. The Policy Press.

Whelan, B and Whelan, C.(1995), "In what sense is poverty multidimensional?". in Room ed. *Beyond the threshold. -The measurement and analysis of social exclusion*. The Policy Press.

Wolfe, M.(1995), "Globalization and social exclusion: Some paradoxes". Gerry Rodgers, Charles Gore, Jose B. Figueiredo eds. *Social exclusion: rhetoric, reality, responses*.

International Institute for Labour Studies. Geneva.

Young. I. M.(2005), *On Female Body Experience*. Oxford University Press.

Zajczyk.(1995), "Between survey and social services analysis: an inquiry 'on two lines and three levels'. in Room ed. *Beyond the threshold. -The measurement and analysis of social exclusion*. The Policy Press.

찾아보기

숨겨진 빈곤 – 여성의 빈곤은 어디로부터 오는가?

1판 1쇄·2010년 12월 10일
1판 2쇄·2011년 5월 25일

지은이·정재원
펴낸이·한봉숙
펴낸곳·푸른사상
편 집·김재호, 강태미, 차경진 **디자인**·지순이 **마케팅**·김두천, 이경아
출판등록·1999년 7월 8일 제2–2876호
주 소·서울시 중구 을지로3가 296–10 장양B/D 7층
대표전화·02) 2268–8706(7) **팩시밀리**·02) 2268–8708
이메일·prun21c@hanmail.net / prun21c@yahoo.co.kr
홈페이지·http://www.prun21c.com
ⓒ 2011, 정재원

ISBN 978–89–5640–788–3 93330
값 17,000원